민사법연구(9)

김 상 용 저

pnc
publishing and culture
피앤씨 미디어

머 리 말

민사법연구 제9권은 저자 淨谷이 정년을 하면서 지금까지의 삶과 학문세계를 되돌아보고 조명하고 평가해 보는 내용으로 엮었다. 사람의 일생에는 3번의 변화의 계기가 있다고 하는데, 정년을 함으로써 두 번째의 변화를 끝내고 세 번째의 마지막 변화를 시작하는 시기에 들어서 있다. 태어나서 20대 말까지는 생의 준비기로서 부모님과 이웃의 도움과 사랑을 받고 성장한 시기였으며, 30대부터 정년을 하기까지의 기간은 자신이 가진 것을 다 발산하여 자신의 세계를 펼친 시기였다고 생각한다. 그리고 정년이후의 시간은 조용히 자신으로 돌아와 세상을 관조하고 즐기면서 행복을 누리고 가진 것을 다 되돌려 드리는 시기라 생각한다.

지난 날을 돌이켜 보니 참 열심히 살았다고 생각된다. 마음의 순수를 추구하였고 머리로는 법학, 그 중에서도 민법과 법사의 연구에 혼신의 열정을 다하여 많은 결실을 거두었다고 자평한다. 길지 않는 지난 날들이었지만 참으로도 많이 이루었다고 생각한다. 33년 6개월간의 교수생활을 하였고, 연구원생활을 합하면 36년간의 학문생활을 하였다. 학자로서 그리고 교수로서 내가 전공한 분야는 최선을 다해 미지의 세계를 찾아보려고 하였고, 나의 관심분야를 집대성하고자 하였다. 그리하여 물권법을 집대성하고자 하여 8권의 물권법 분야의 저서를 출판하였으며, 사상적으로는 자연법 사상에 관하여 집대성하고자 하여 3권의 자연법 관련 저서를 집필하였다. 법학은 가치의 학문이기 때문에 분명한 자기 세계관과 가치관을 가지고써 민법을 연구하고, 자신의 입장과 견해를 분명히 밝히고자 하였다. 그 결과로 자연법론의 법사상에 입각하여 민법의 세부내용을 이해하고 정리해 나왔다고 스스로 평가한다.

자연법론의 사상적 기초위에 민법을 탐구하고자 하는 학문하는 자세는 자연법 사상이 법학연구만의 기초가 아니라, 저자의 삶 전체의 사상적 기초가 되었다. 그리하여 순수의 마음으로, 진리를 추구하고, 정의를 이루고자 하였으며, 더 나아가 이웃사랑으로 평화의 사회와 세계를 이루기를 소망하고 기도하고 갈고 닦고 이루고자 하였다. 무던히도 이를 나의 삶과 학문의 세계에서 이루고 보고자 하였다. 그러나 학문의 세계에서 글로써는 그 결실을 조금 거두었다고 생각되나, 구체적인 삶속에서는 부족하기 그지없었다. 무엇보다도 이웃사랑의 아름다움을 구체적인 삶속에서 흡족하게 실천하지 못하였다. 너무 머릿속에서 글로써만 이를 실현할 것을 강조하고, 실제의 삶속에서는 충분히 이루지 못하였다. 참 아름다운 삶을 꾸리고 누려보고자 하였으나 깨달음이 부족하여 만족할 정도로 이루지는 못하였다. 남은 삶의 기간 동안은 여유를 갖고 깨달음을 얻어서 삶의 즐거움을 누리면서 그간에 받는 것들을 다 되돌려드림으로써 그 간에 이루고자 하였던 자연법 사상을 실천하고자 한다.

그 간에 사랑과 은혜를 참으로 많이 받았다. 현재의 나인 것은 나의 노력, 나의 지식, 나의 지혜로 이루어진 것이 아니라, 주님께서 지극히 사랑해 주시고 섭리해 주셨고, 부모님과 가족과 이웃들이 힘이 되어 주시고 성원해 주셨기에 가능할 수 있었다. 너무나 감사한 지난 날의 삶이었다. 참으로 복받은 삶을 살았다. 행복한 삶이었다. 이제는 받은 은혜와 사랑에 답을 하면서 살고자 한다. 학문하는 즐거움과 행복을 누리면서 나의 머릿속에 있는 지식을 글로 다 정리하고, 가진 몸과 재물은 다 되돌려 드림으로써 받은 사랑과 은혜에 답을 하고자 한다. 그것이 나의 남은 소임이고 사명이며 또한 행복한 삶의 길이라 생각한다.

저자 스스로 겸비하려고 하였던 믿음과 지식을 함께 더 닦으면서, 믿음과 지식의 겸비가 아름다운 삶의 필수조건임을 글로써 더 설득력있게 정리해 나가고자 한다. 믿음이 있는 지식이 앞으로의 변화많은 시대를 인간적으로 살아갈 수 있는 삶의 조건임을 더욱더 탐구하고 추구해 나가고자 한다.

저자의 삶에 대한 반성과 조명은 저자가 회갑을 맞이하였을 때에 민사법연구 제7권에서 처음으로 이를 정리하였으며, 지난해 연말에 고별강연의 기회에 두 번째로 하였으며, 이번이 세 번째이다. 그러나 부분적으로 저자의 삶의 조명이 이루어졌을 뿐이다. 앞으로 참회록에서 소상하게 저자의 생을 되돌아보고 반성하고 참회하여 순수의 저자의 진정한 모습을 스스로 밝히고 정리하고자 한다.

시장성이 없는 이 책을 기꺼이 출판을 해 주신 피앤씨미디어의 박노일 사장님께 마음으로부터 감사드린다. 너무나 감사하다. 피앤씨미디어의 번창을 기도하고 기원한다. 저자의 자연법 사상과 삶의 세계를 이해해 주시고 힘이 되어 주신 박노일 사장님의 건승과 하시는 출판사업의 무궁한 발전을 기원한다.

2015. 4. 9.

저자 씀

차 례

▮제1편▮ 淨谷의 基本思想

▌제 2 편▐ 民法論文

제 3 편 世界紀行

▮제 4 편▮ 淨谷의 삶과 學問生活 및 學問世界

▮제 5 편▮ 華甲 以後 淨谷의 硏究結實들

제 1 편

淨谷의 基本思想

1. 법학하는 기본방향: 자연법론과 자연법 사상

한국법사와 법정책은 서양대륙법사와 법정책과 함께 법의 發展史를 살펴보고 법사의 교훈을 통하여 가장 생명력이 있고 인간의 법생활에 가장 유익하고 적절한 법은 어떠한 법이어야 하는가하는 질문과 과제에 대한 탐구의 결실이다. 법의 역사를 단순히 과거의 사실로만 이해하고자한 것이 아니라 法史觀을 가지고서 과거의 법의 모습을 탐구하여 미래의 법의 발전을 가늠해 보고자 한 법학연구의 결과이다.

법이란 국가권력에 의하여 제정하였다고 법인 것이 아니다. 법은 그 내용이 인류보편의 가치를 담아서 이를 실천하고자할 때에 비로소 실효성이 있는 법이 되는 것이다. 前者와 같이 법실증주의적인 법사상에서 법을 살펴보고자 한 것이 아니라, 後者와 같이 자연법론에 입각하여 법을 살펴보고 발전시키고자 하는 法史觀과 법사상에 입각하여 本書를 집필하였다.

이와 같이 법을 자연법론의 입각하여 살펴보게 된 것은, 2004년 홍콩에서 개최된 기독교와 아시아문화에 관한 연구모임에 참가하여 民衆神學을 接함으로서 시작이 되었다. 그 때까지는 법을 연구함에 있어서 법을 만든 사람, 법을 집행하는 사람의 입장에서 법을 살펴보았다. 그러나 민중신학을 접하고서는 법의 적용을 받고 법의 지배를 받는 사람의 입장에서 법을 살펴보게 되었다. 동일한 법임에도 불구하고 법을 만든 자의 입장에서 보느냐 그 법의 적용을 받는 자의 입장에서 보느냐에 따라서 법의 내용이 달라지고 법에 대한 태도가 달라지게 됨을 알게 되었다. 그리하여 진정으로 법이 담아야할 내용과 법이 나아가야할 방향은 법의 지배를 받는 민중, 시민의 입장에서 살펴보아야 하고 민중, 시민을 위한 법으로 발전되어 나가야 한다는 결론에 도달하게 되었다.

민중과 시민을 위한 법이 어떠한 법일 것인가? 국가가 권력으로 제정하였다고 민중과 시민을 위한 법이 될 수 있을까? 그렇지는 않다. 그 법의 내용이 인류보편의 가치를 담고 그러한 가치들을 실현하고자 할 때에 그 법이 진정으로 민중과 시민을 위한 법이다. 그러한 법이 바로 자연법이다. 따라서 법은 자연법을 그 내용을 하여야 하며, 자연법의 방향으로 발전되어 나가야 한다.

그리고 오늘날 자연법론은 법은 정의를 그 이념으로 하며, 이웃사랑의 정신을 실천하는 내용으로 발전해 나가고 있다. 따라서 법은 정의를 이념으로 하며, 이웃에 대한 배려와 사랑을 그 내용으로 담아 모두가 인간적이고 인격적인 삶을 살 수 있도록 하는 방향으로 발전해 나가고 있다. 그리하여 법의 이상은 정의와 이웃에 대한 배려와 사랑의 실천이다.

이러한 자연법 사상은 역사의 주인은 민중, 시민이라는 인식에서 출발한다. 그리고 역사상 발전되고 선진화된 문명국가, 문화국가는 그 사회사상을 자연법 사상에 두었다. 오늘날 세계에서 문명국가, 문화국가로 칭송받는 국가는 모두가 민중, 시민이 결집하여 虐政을 한 절대군주를 제거하였거나 식민지 종주국을 敗退시킨 식민지국가들이었다. 그리고 그러한 국가들이 주창한 사상은 바로 자연법 사상이었다. 그 자연법 사상으로 민중, 시민이 결집하여 학정의 전제군주를 제거하거나 식민지종주국을 몰아낸 나라가 오늘날 가장 안정되고 평화로우며 문명국가로 문화국가로 칭송을 받는 선진국이다. 이와 같은 역사의 발전모습에서 한 나라의 사상 내지 철학은 그 나라의 주인인 민중, 시민을 역사발전의 주체로 인정하고, 민중과 시민을 인격적인 존재로 인정하며, 민중과 시민들이 인간답게 살 수 있도록 하며, 민중과 시민을 하나로 결집할 수 있는 인류보편의 가치를 그 내용으로 하고 있어야 함을 알 수 있다. 우리나라도 마찬가지이다. 자연법 사상을 내용으로 하는 자연법론이 우리법의 기본사상이어야 하며 앞으로 추구하여야할 우리 법의 발전방향이어야 한다. 이러한 자연법론의 입장에서 우리의 韓國法史를 살펴보고 우리 법이 자연법적인 법으로 발전해 나가야 함을 강조하고자 하였다.

오늘 날 우리의 법학교육은 법이론, 법사상 중심보다는 법실무 중심으로 발전해 나가고 있다. 溫情主義가 지배하였던 우리의 전통사회에 법치주의의 서양법이 계수되어 현재의 우리의 법으로 활용되고 있다. 온정주의의 우리 사회에서 계수된 서양법이 적용되고 있지만 그 계수한 서양의 법을 우리나라의 풍토에 이떻게 變用하여야 할 것인가에 대한 물음은 실무 법교육에 앞서 先行的으로 가르쳐지고 논의되어야할 과제이다. 本書가 부족하지만 이러한 우리의 법학 교육의 현실문제에 다소라도 答을 줄 수 있을 것을 기대한다.

법의 생명은 그 내용이 인류보편의 가치를 담아 그것을 실천함에 있다. 그러한 법이 바로 자연법이다. 本書는 자연법론의 입장에서 우리의 전통법을 탐구하여 엮었다. 자연법론을 너무 강조한 나머지 냉철한 이성적 분석보다는 감성에 치우진 표현도 없지 않을 것으로 생각된다. 그러나 법실증주의를 극복하고 자연법론으로 우리 법이 나아가야 한다는 점에는 변함이 없다. 법이 지킬 만한 가치를 담고 있기 때문에 국민들이 그 법을 지키는 그러한 법으로 우리 법의 내용을 지속적으로 자연법적으로 발전시켜 나가야한다. 그것이 우리 법을 좋은 법으로 발전시키는 길이며, 우리나라를 품격있는 문화국가로 만들어 나가는 길이며, 우리 국민들을 국가와 역사의 주인으로서 이성적이고 합리적이며 인격적인 사람으로 성숙케 하는 길이다.

한국법사와 법정책에 이어서 우리 법의 역사적 뿌리가 되어있는 서양대륙법의 역사와 법정책에 관해서도 가필하고 재편집하여 출판할 계획이다. 서양대륙에서와 우리나라에서의 자연법적인 법의 발전을 민중과 시민의 입장에서 탐구하고 그러한 자연법적인 방향으로의 장래의 법의 발전방향을 제안하고자 한다.

<한국법사와 법정책, 머리말, 2014>

2. 土地法의 目標로서의 平均地權 思想

목 차

Ⅰ. 개 설

토지는 인간이 창조한 물건이 아니라 神이 창조하고 인간 모두를 위한 자원으로서 인간에게 그 관리가 맡겨져 있을 뿐이다. 인간도 역시 신이 창조한 피조물로서 신이 준 토지위에 삶을 이어가야만 한다. 그러므로 인간은 토지없이 살아갈 수 없는 존재이다. 그러나 인간은 토지에 대한 소유권을 법제도로 창설하여 토지를 많이 소유한 사람도 있고 적게 소유한 사람도 있고 전혀 소유하지 못하고 있는 사람도 있다. 그러나 어느 누구이든지 인간은 땅위에서 살아가야만 하는 것이다.

토지는 가치를 가지고 있고, 資産의 저장수단이면서 동시에 자산의 증식수단이기도 하다. 이러한 토지의 특성 때문에 인간은 할 수만 있다면 토지를 더 많이 소유하여 토지가치를 더 많이 향유하고자 한다. 그로 인하여 모든 사람이 토지위에서 골고루 토지를 이용하면서 행복한 삶을 살기를 원하지만, 현실적으로는 토지를 소유한 자와 소유하지 못한 자간의 재산축적의 정도가 다르고, 토지를 소유한 자와 소유하지 못한 자간의 토지가치의 향유의 정도가 달라지는 모순 현상이 발생하고 있다. 이러한 토지가치의 향유정도의 차이는 누구나 토지를 더 많이 소유하려고 하고, 더 많이 소유하기 위하여 비정상적인 법적수단이 동원되기도 한다. 이로 인하여 인간 모두의 삶의 터전인 토지가 사회악의 원인이 되기도 한다.

토지를 누구의 소유로 할 것이며 어떠한 형태의 소유로 할 것인가는 역사적으로 변천하여 왔다. 고대에는 공동체의 소유로 하고 그 구성원은 이용을 하였다. 중세에는 토지의 소유권을 질적으로 분할하여 상급소유권은 封主에게 하급소유권은 領民에게 분할적으로 귀속시키고 상급소유권의 행사를 통하여 봉주가 영민을 지배하였다. 근세의 자유시민사회에서는 자유로운 소유권을 인정하고 모든 사람들이 자유롭게 토지를 소유할 수 있도록 하였다. 그러나 부르조아 계층이 토지소유를 독점하고 프로레탈리아 계층은 토지를 소유하지 못하였다. 또한 자유로운 토지소유권은 계약자유의 원칙과 결합하여 토지를 소유한 부르조아 계층이 토지를 소유하지 못한 프로레탈리아 계층을 합법적으로 지배할 수 있었다. 그러나 현대에 이르러서는 토지를 소유하지 못한 사람도 인간다운 생활을 할 수 있게 하기 위하여 토지소유권에 대한 법적 제한이 가하여지게 되었다. 近者에는 더욱더 토지소유권에 대한 제한은 다른 어떠한 재화에서보다 더 강해지게 되었다.

토지질서가 바로 세워지고 토지정의가 실현되어야 인간이 神이 준 토지 위에서 인간다운 행복한 삶을 살 수 있다. 이와 같이 신의 선물인 토지 위에서 인간이 행복한 삶을 꾸려가기 위하여 여러 가지의 사상이 주장되고 그것이 법적으로 실천되고 있다. 특히 오늘날에 와서 더욱더 강하게 토지정의의 실천을 위한 사상들이 주장되고 있다. 평균지권 사상도 역시 토지정의의 실천을 위한 近者의 주장 중의 하나이다.

II. 평균지권 사상의 주장과 그 내용

평균지권(equal right to land)은 토지가 갖는 가치 중에서 토지소유자의 노력이나 투자에 의하지 아니하고 당해 토지에 발생한 불로소득적인 토지가치의 증가분을 사회로 환수하여 그것을 모든 국민이 골고루 향유할 수 있도록 하자는 내용의 토지사상이다. 평균지권 사상에서는 토지의 소유권은 누구에게 속하고 있든 사회발전에 의하여 토지에 발생한 불로소득적인 가치증가분은 당해 토지 소유자의 노력에 의하지 않고 당해 토지에 발생한 불로소득이므로, 이를 국가가 환수하여 국민 모두에게 가장 골고루 혜택이 돌아갈 수 있는 곳에 씀으로써, 결과적으로 국민 모두가 사회발전에 따른 토지가치를 골고루 향유하도록 하여 토지를 소유한 사람이든 소유하지 못한 사람이든 토지에 대한 권리를 균등하게 갖도록 하고자 하는 토지사상이다.

이와 같은 평균지권사상은 중국의 孫文이 창안한 토지사상으로서 그의 三民主義 중 民生主義의 중심내용을 이루고 있다. 손문(1866－1925)은 혁명사상가이었지만 그의 평균지권의 사상은 토지법의 영원한 이상이자 목표라 평가할 수 있다. 손문은 평균지권의 실현방법으로 국민 모두에게 토지 그 자체를 골고루 배분하는 것은 그 관리가 불가능하므로, 토지는 누구나 소유할 수 있도록 하고, 또한 토지의 현재의 사용가치도 토지소유자에게 다 귀속토록 하고, 오로지 토지로부터 발생하는 불로소득적인 토지가치 증가분을 사회로 환수하여 국민 모두에게 가장 골고루 혜택이 돌아갈 수 있도록 하는 방법으로 평균지권을 실천하자는 것이다.

이러한 손문의 평균지권 사상은 자유중국 헌법에서 헌법적 가치로 규정되어 있으며, 土地增價稅法(Land Value Increment Tax Act)에 의하여 불로소득적인 토지가치 증가분을 토지증가세로 국가가 환수하여 이를 국민교육을 위한 비용으로 사용하도록 하고 있다. 국민교육비로의 토지증가세액의 사용은 사회발전에 의하여 발생한 불로소득을 국민 모두가 가장 골고루 향유할 수 있는 제도로 평가되고 있다. 이러한 방법으로 자유중국에서는 평균지권 사상을 실천하고 있다.

이와 같은 손문의 평균지권 사상은 헨리 죠지(Henry George:1839-1897)의 單一稅(Single Tax) 사상과도 脈을 같이 한다. 단일세 사상은 국가가 토지의 임대가치를 모두 환수하면 다른 조세는 불필요하다는 사상으로서 역시 토지임대가치의 수입으로 국가재정을 꾸려나가고자 하는 토지사상이다. 헨리 죠지도 역시 토지의 소유는 자유롭게 인정하면서 토지의 임대가치를 단일세로 전액 환수하여 國家財政으로 사용하자는 주장이었다.

손문은 칼 맑스(1818-1883)의 토지에 대한 사소유권을 부인하고 토지를 무상으로 一時에 몰수하여 토지를 모두 국가소유로 옮겨 가자는 사회주의에서의 토지사소유권을 否認하는 사상에는 반대하였다. 오로지 사회발전에 의하여 특정토지에 발생한 불로소득적인 토지가치 증가분만을 사회로 환수하여 다시 사회로 환원하자는 주장이었다.

Ⅲ. 토지공개념과 평균지권 사상과의 관계

우리나라에서는 토지투기가 사회적 병리현상으로 심각한 문제가 되었을 때에 토지투기를 억제하기 위하여 토지거래허가제, 토지거래신고제, 토지소유상한제, 토지초과이득세, 개발이익환수제 등을 실시하면서 그 이념적 기초로서 토지공개념이 주장되었다. 토지공개념은 토지투기를 억제하기 위하여 토지소유권에 대한 강한 공법적 규제입법을 하면서 그러한 토지소유권에 대한 강력한 공법적 규제의 정당성을 도출하기 위한 이념이었으나, 평균지권의 사상과 같이 토지에 발생한 불로소득적인 토지가치 증가분의 사회환수를 위한 사상으로서는 좀 약하였던 것이 사실이었다. 그러나 비록 토지공개념이라고 표현은 하였지만 그 내용은 평균지권의 사상과 동일하게 불로소득적인 토지가치 증가분의 사회환수와 사회환원으로 그 내용을 채워 나가야 한다고 주장을 하였다. 그러나 평균지권과 동일한 토지법 사상으로 성숙하지 못한 채 점점 약화되어 왔던 것이 사실이다.

토지공개념이 주장되었을 때에 토지에 대한 자유로운 사소유권을 지키고자 하였던 법학자 중에는 토지공개념을 사회주의라는 이름을 붙이지 아니한 사회주의 사상이라고 비판을 하였다. 그러나 토지공개념이 토지에 대한 사소유권을 무상몰수에 의한 혁명적 방법으로 사소유권을 일시에 없애고 국가소유권으로 전환하자는 것은 아니었다. 사소유권을 인정은 하지만 토지소유권에 대해서는 다른 재산권에서 보다 강한 사회적 제약을 가할 수 있다는 사상으로 이용되었던 것이다.

토지공개념이 강하게 법적으로 구체화되었을 때에는 토지이용의 촉진을 위한 개발명령제의 입법, 토지거래에 대한 허가제, 신고제, 증명제 등의 입법과 실시, 개발이익의 환수를 위한 개발부담금제의 입법과 부과, 토지초과이득세제의 입법과 부과, 택지소유상한제의 입법, 명의신탁의 금지, 중간생략등기의 금지 등의 다방면에 걸친 토지소유권에 대한 규제가 입법되고 실시되었다. 그리고 징수한 개발부담금, 토지초과이득세 등의 수익으로 토지관리 및 지역균형개발특별회계를 만들어 전 국민에게 골고루 혜택이 돌아갈 수 있는 사업에 투자하도록 입법을 하였다.

그러나 이러한 토지공개념 입법이 이루어졌으나 1997년말부터 1998년 어간의 외환위기를 겪으면서 경제회복을 위한 조치로서 이러한 토지공개념 실천법률들은 헌법재판소에 의하여 헌법불합치 결정을 받거나 폐지되고 말았다. 그리하여 택지소유상제의 폐지,[1] 토지초과이득세의 폐지,[2] 각종 개발명령제의 폐지,[3] 개발부담금 부과의 축소,[4] 토지관리 및 지역균형개발특별회계의 폐지[5] 등 중요한 토지공개념 실천법률은 모두 폐지되었다. 토지거래허가제도 대폭 약화되었으며, 토지거래신고제는 폐지되고, 명의신탁의 금지는 부동산실명제로 그 명맥을 유지하고 있다.

1) 택지소유상한에 관한 법률은 1989년 12월 30일에 제정되었으나, 1998년 9월 19일에 폐지되었다.
2) 토지초과이득세법도 택지소유상한에 관한 법률과 동일자에 제정되어 동일자에게 폐지되었다.
3) 대리건축, 대리경작, 分收林制, 草地의 대리조성제 등 개발명령제는 모두 폐지되었다.
4) 개발부담금은 개발이익환수에 관한 법률(1989. 12. 30. 제정)에 의하여 시행초기에는 개발부담금 부담률을 50%로 하였으나, 1997년 8월 30일부터는 25%로 축소되고 2014년 1월 14일부터는 20%로 더욱 축소되어 오늘에 이르고 있다.
5) 同특별회계의 근거법인 "토지관리 및 지역균형개발특별회계법"은 1989년 12월 30일에 제정되었으나 2004년 1월 16일에 폐지되었다.

이와 같이 토지공개념에 대한 오해와 토지공개념 실천법률의 폐지, 그리고 토지공개념을 평균지권의 사상으로 발전시키지 못한 잘못으로 인하여 토지공개념은 더 이상 理想的인 토지사상으로 발전하지 못하게 되고 말았다. 그러나 토지공개념은 평균지권 사상과 동일한 내용으로 발전시켰어야할 우리나라의 토지사상이 되었어야 했다고 생각한다.

Ⅳ. 평균지권 사상의 실천방법

평균지권 사상의 실천방법은 다양할 수 있다. 개발이익의 사회적 환수가 주된 내용이 될 것이므로, 실현된 개발이익과 발생되었으나 실현되지 아니한 미실현 개발이익의 환수방법이 다를 것이다. 그러나 실현된 개발이익의 환수에 주안점을 두어야 할 것이며, 미실현 개발이익은 발생되었으나 미실현의 상태에서는 토지소유자에게 부담이 적을 수 있도록 하였다가 실현되었을 때에 충분히 환수하도록 하여야 할 것이다. 그리고 금전으로 환수할 수도 있고 현물로도 환수할 수 있을 것이다. 개발이익은 이상적으로는 완전환수가 좋겠지만 개발이익의 정확한 평가가 쉽지 않으므로 토지소유자에게 큰 부담이 되지 않는 수준으로 환수하여야할 것이다.

개발이익의 환수도 중요하지만 환수한 개발이익을 일반회계의 수입으로 할 것이 아니라 특별기금을 설치하여 그 기금으로 국민들에게 가장 널리 혜택을 줄 수 있는 사업자금으로 사용하여야 할 것이다. 그러므로 양도소득세 수입을 일반회계의 재원으로 할 것이 아니라 특별기금의 수입으로 함이 바람직하다. 사실 환수한 개발이익을 국민들에게 가장 널리 혜택을 주는 일에 사용한다면 개발이익의 환수에 토지소유자들의 이해와 동의를 얻을 수 있을 것으로 생각한다. 대만에서 처럼 불로소득인 개발이익을 국민교육비로 사용한다면 가장 널리 혜택을 줄 수 있고, 국민의 장래를 밝게 할 수 있을 것이며, 토지소유자들도 개발이익의 환수에 동의할 것으로 판단된다.

특히 개발이익의 환수에는 조직적인 저항이 있을 수 있음을 망각해서는 아니 된다. 과도한 개발이익의 환수는 정치적인 쟁점이 되고 그것은 조직적인 저항으로 나타난다. 개발이익의 환수제도로서 종합부동산세제가 실시되었으나 조세저항에 의하여 부담이 약화되어 종합부동세제가 개발이익의 환수제도로서의 기능을 할 수 없는 정도에 이르고 말았다. 너무 과도하게 부담을 지우는 것은 조세저항을 가져오고 개발이익환수제의 실효성을 저감하는 효과가 발생함을 잊어서는 아니된다. 그리고 통일이 되어 북한의 국가소유토지를 처리할 때에는 개발이익이 개인에게 귀속되지 않도록 하는 특단의 방법을 강구함이 필요하다고 생각된다. 먼저 장기 토지임대제를 실시하여 국가가 임대료 수입을 얻을 수 있도록 하여 개발이익이 개인에게 全屬되지 않도록 하여야 한다. 통일 후에 곧바로 북한토지의 사유화 조치는 적절치 않다고 생각된다. 북한 주민들이 골고루 토지가치를 향유할 수 있는 평균지권 사상에 입각한 토지제도의 재편이 필요하다고 생각한다.

그리고 하나의 사상은 국민들의 의식속에 刻印되어야 한다. 그럴려면 지속적으로 시행하고 너무 자주 제도와 사상을 바꾸지 않는 긴 장기적인 안목으로 국민들을 설득하고, 국민들의 이해를 구하며, 국민들이 수용할 수 있는 정도의 입법을 하고 실천을 하여야 한다. 그 간의 우리의 토지사상과 토지법은 너무 자주 그리고 너무 쉽게 바뀌어서 국민들의 의식속에서 심어지지를 못하였다. 또한 입법은 어렵게 하였으나 폐지는 너무 쉽게 한 토지법의 운용의 잘못을 되풀이하지 말아야 한다. 그리고 우리나라는 경제가 침체하면 토지경제를 부추켜서 경제침체의 문제를 풀려고 하여 왔다. 토지경제가 우리나라의 전체 경제에 차지하는 비율을 낮추어야 한다. 토지경제를 중심으로 나라의 경제운용을 하는 폐단은 시정하여야 한다. 국민들도 이제는 토지로부터 横財를 얻겠다는 의식을 버리고 노동을 통하여 소득을 올리고, 토지는 삶과 생산을 위한 자원일 뿐이며 토지를 재산축적의 수단으로 인식하고 이용하는 舊習에서 벗어나야 한다.

V. 맺는 말

토지는 비록 그것을 특정인이 소유하고 있다고 하더라도 하나님이 인간 모두에게 주신 삶의 기초를 수탁자로서 관리하고 있을 뿐이다. 피조물인 인간은 역시 피조물인 토지의 본래의 창조목적과 창조질서에 충실하게 관리하고 이용하여야 한다. 그것을 致富의 수단으로 활용하는 것은 신의 창조질서에 반하는 것이다. 토지가 갖는 물건으로서의 가치를 극대화할 수 있도록 이용하는데 중점을 두어야 한다. 불로소득적인 가치의 취득을 위하여 토지를 소유하여서는 아니된다.

이와 같은 피조물인 토지의 창조질서와 창조의 목적을 충실히 실현하고자 하는 토지사상이 바로 평균지권 사상이라 파악된다. 인간의 관리능력으로는 토지 그 자체를 나누어 평균지권을 실현하기는 어렵고 그것이 다시 腐敗의 원인이 될 수 있다. 토지의 소유는 각 개인이 하고 그 토지소유자의 투자와 노력에 의한 토지의 가치증가분은 전적으로 그 토지소유자에게 귀속되어야 한다. 그러나 토지소유자의 노력에 의하지 아니한 불로소득적인 토지가치의 증가분은 국민 모두의 것이지 당해 토지소유자의 것이 아니다. 단지 당해 토지에 발생했을 뿐이지 그 향유권자는 국민 모두이다. 이러한 불로소득적인 토지의 가치증가분을 사회로 환수하여 그것을 국민 모두가 향유할 수 있도록 사회로 다시 환원하고자 하는 것이 평균지권 사상이다. 이러한 토지사상을 부인할 수는 없을 것이다.

우리나라도 토지법의 기본사상이면서 토지법이 이루어 나가야할 목표는 평균지권이라 생각한다. 평균지권의 실천은 지속적으로 중단없이 계속되어야 하며, 모든 국민들의 의식속에 刻印되어야할 진리라 생각한다.

<한국토지법학회 학술대회 기조발표문, 2011. 6. 24.>

3. 토지법에 대한 淨谷의 기본사상

부족하기 그지 없는 저가 이렇게 값진 한국토지법학회의 학술상을 수상하게 되어 저로는 분에 넘치는 더 없는 영광이지만, 여기 참석하신 존경하는 한국토지법학회의 여러 회원님들께는 한편으로는 감사하기 그지 없고 다른 한편으로는 저가 너무 부족하여 부끄럽습니다. 과연 저가 이렇게 값진 학술상을 받을 자격이 있는지, 그 만한 학문적 업적을 쌓았는지, 저 스스로 너무 부족하다고 생각합니다.

그 동안 사실 토지법을 중심으로 하여 저의 법학세계를 탐구하고 구축하여 왔다고 스스로 평가해 봅니다. 저가 법학을 학문으로 연구하기 시작한 것이 바로 토지법이었습니다. 저가 토지법을 연구하기 시작할 때를 되돌아 보면, 당시에는 정권섭 명예이사장님의 법학박사학위논문이 토지법의 모범이었습니다. 저도 정권섭 이사장님의 학위논문을 모범으로 하여 토지법을 연구하였습니다. 그것이 緣이 되어 한국토지법학회의 회원으로 참여하여 왔고, 회장의 직임을 맡기도 하였으며, 공로상도 받고, 오늘 이렇게 학술상 까지 수상하게 되었습니다. 제대로 학회를 위하여 일하지도 못하고 혹시나 누가 되는 일만을 한 것이 아니었던가 반성도 하게 됩니다. 기여보다는 부담을 드린 것이 더 많지 않았는가 자신을 뒤돌아 보게 됩니다. 드린 것 보다는 받은 것이 훨씬 더 크고 많습니다. 과거의 저의 부족함과 不察과 허물은 사랑의 보자기로 덮어주시고, 앞으로 회원 여러분들과 함께 학회에 참여하면서 토지법의 발전을 위해서 부족하지만 동참하면서 함께 노력해 나가도록 하겠습니다.

토지법에 관하여 그 동안 연구해 오면서 저 나름대로 토지법의 여러 문제에 관하여 일반적인 견해와는 다른 견해를 취한 경우가 적지 않았다고 생각합니다. 먼저 토지법은 私法의 영역에서 속하는 것이 아니라 社會法의 영역에 속한다고 생각하여 왔으며, 이러한 사회법으로서의 토지법은 독일통일과정과 그 후의 토지문제의 처리과정에 대하여 연구하면서 더욱더 확신을 갖게 되었습니다. 그리고 토지소유권도 보호하여야 하지만 토지이용권을 좀 더 강하게 보호하는 방향으로 토지소유권에 대한 제한에 찬성하는 입장을 견지해 왔습니다. 그 생각은 아직도 견지하고 있습니다. 이용권 보호의 강화와 함께 토지가치 중에서 토지소유자의 노력에 의하지 않은 불로소득적 가치는 전부 사회로 환수하여 국민모두가 평등하게 향유하여야 한다고 생각하고 있습니다. 그리고 토지거래부문에서는 정상적인 거래가 일어날 수 있도록 하여야 하고 변칙적인 거래, 음성적인 거래행위에 대해서는 강한 반대의 입장을 갖고 있습니다. 그리하여 중간생략등기의 무효화, 명의신탁의 금지, 등기원인증서의 공증제도화의 실현을 강하게 주장하여 왔으며, 부동산담보시장의 활성화를 위하여 담보신탁제도의 법적 뒷받침, 권원조사제도와 권원보험의 부분적인 실시, 에스크로 제도의 법제화, 저당권유동화의 활성화, 부동산거래가격의 集積과 집적을 통한 토지거래가격의 정상화를 주장하고 입법과정에도 참여하여 왔습니다.

그리고 토지시장은 매매시장, 임대시장, 담보시장이 있다고 나름대로 분류하고, 매매시장에 관련된 토지법, 토지담보시장에 관련된 토지법은 나름대로 연구하고 정리하고자 하였으며 지금도 진행하고 있습니다. 그러나 임대시장에 관한 여러 법적 및 법외적 문제에 관하여는 충분히 연구하지 못하였습니다. 토지개발과 관련하여 임차인들이 자신의 뜻과 관련없이 都心에서 밀려나 교외로 밀려나게 되는 사회현상과 대응책에 관하여 충분히 연구하지 못하였습니다. 세입자들이 도심의 개발이 있을 때 마다 개발기업과 충돌하는 문제에 관하여 토지법의 측면에서 더욱 연구하여야할 것으로 생각하고 있습니다.

그리고 통일에 대비하여 북한의 사회주의 토지제도의 개편을 위한 방안에 관하여 조금 연구는 하였지만, 북한주민의 생존을 위한 북한토지관련 법에 대한 연구에 더욱더 매진하여야하겠다는 생각을 가지고 있습니다. 그리고 저의 법학연구의 최종적인 집대성으로서 平均地權 내지 土地均富論을 정리하고자 합니다. 인간이 만들지 않은 토지에 대해 인간이 만든 물건에 대한 법을 그대로 적용하여서는 아니된다고 저는 생각하고 있습니다. 대한민국에 태어난 국민은 대한민국 토지에 대해 헌법상 내지 천부인권적인 평등권을 갖는다고 생각합니다. 토지소유의 양극화 내지 토지가치향유의 양극화를 극복하고 토지에 대한 평등권을 실현할 수 있는 평균지권 내지 토지균부론을 더욱 연구하여 정리해 나가고자 합니다. 저는 시장경제주의자이기는 하지만 토지시장만은 신자유주의적 시장으로 발전해 나가서는 안된다는 생각을 갖고 있습니다. 이러한 저의 토지법에 대한 나름의 생각을 어떻게 잘 정리하여 국민들로 하여금 이해하고 받아드릴 수 있도록 법이론을 정립해 나가는 것이 토지법을 연구해 온 저로서의 앞으로의 연구과제로 삼고 있습니다. 그러므로 저의 앞으로의 토지법에 관한 연구과제는 평균지권론 내지 토지균부론이라 할 수 있을 것입니다. 그것이 저가 추구해 오고 고민해 왔던 토지법에 관한 저의 결론적인 생각입니다. 미력이지만 더욱 연구하여 작은 책으로 엮어낼 생각을 하고 있습니다. 토지정의를 실현할 수 있는 저의 소박한 생각을 담아 보려고 계획하고 있습니다.

학문연구에 인간적인 유대관계로 엮여진 한국토지법학회가 더욱 오고 싶고, 참여하고 싶고, 발표하고 싶은 학회로 운영되어 나아가길 소망하고 기도하며, 부족한 저도 힘을 보태어 나가도록 하겠습니다.

<한국토지법학회 학술상 수상 소감으로 발표, 2013. 2. 25.>

4. 純粹知性의 힘

목 차

Ⅰ. 성경구절과 순수지성의 개념

1. 성경구절: 룻기 1: 16-17.

"어머니께서 가시는 곳에 나도 가고, 어머니께서 유숙하는 곳에서 나도 유숙하겠나이다. 어머니의 백성이 나의 백성이 되고 어머니의 하나님이 나의 하나님이 되시리니 어머님께서 죽으시는 곳에서 나도 죽어 거기 장사될 것이라. 만일 내가 죽는 일 외에 어머니와 떠나면 여호와께서 내게 벌을 내리시고 더 내리시기를 원하나이다."

나는 룻기를 참 좋아합니다. 룻은 이방여인이었습니다. 그의 시어머니는 나오미였습니다. 성경의 말씀에 의하면, 나오미는 유다지방 베들레헴에 흉년이 들어 두 아들을 데리고 모압지방[1]으로 갔습니다. 거기서 두 아들을 이방 여인과 결

1) 지금의 요르단 땅이며, 모압족은 유대인들에 대하여 가장 敵對的인 민족이었다.

혼을 시켰습니다. 그런데 두 아들이 다 죽었습니다. 나오미가 유다땅으로 돌아오려고 할 때에 두 이방 며느리에게 새로운 남자를 만나서 그들의 고향 땅 모압에서 살 것을 권유하였습니다. 한 며느리는 돌아갔습니다. 그러나 룻은 그의 시어머니 나오미를 따라 났었습니다. 그 때에 룻이 나오미에게 한 말이 바로 위의 성경구절입니다. "어머니께서 가시는 곳에 나도 가고, 어머니께서 유숙하는 곳에서 나도 유숙하겠나이다. 어머니의 백성이 나의 백성이 되고 어머니의 하나님이 나의 하나님이 되시리니 어머님께서 죽으시는 곳에서 나도 죽어 거기 장사될 것이라"고 하였습니다. 룻의 이 말에 나오미는 룻을 데리고 유다지방 베들레헴으로 돌아왔습니다. 룻은 시어머니 나오미의 말을 절대 순종하였습니다. 그리하여 보아스를 만나 아들 오벳을 낳았습니다. 룻의 아들은 다윗왕의 할아버지입니다. 다윗왕[2)]은 예수님의 조상입니다.

이렇게 이방 여인 룻이 예수님의 먼먼 할머니입니다. 룻의 시어머니 나오미는 룻이 자기를 따라서 오지 말고 새로운 남편을 만나서 살도록 얘기하였습니다. 그러나 룻은 나오미를 따랐습니다. 어떻게 룻이 나오미의 마음을 돌릴 수 있게 하였으며, 다윗왕의 증조할머니가 될 수 있었다고 생각합니까? 저는 룻의 순수한 마음이었다고 생각합니다. 룻의 순수한 마음이 나오미의 마음을 움직였을 뿐만 아니라 인류를 구원하신 예수님의 조상이 될 수 있었다고 생각합니다. 바로 순수가 인류구원의 근본바탕이 되었다고 생각합니다.

2. 순수, 순수지성의 의미

순수란 무엇입니까? 순수란 흠집이 없다는 뜻이며, 모순이 없는 올바름이라 생각합니다. 거짓이 없다는 뜻입니다. 있는 그대로란 뜻입니다. 계산이 없다는 뜻입니다. 인간은 하나님의 형상을 따라서 창조되었다고 성경이 말하고 있습니다. 하나님의 형상이 바로 순수의 모습이라 생각합니다. 인간은 원죄로 인하여 하나님의 형상을 잃어 버렸습니다. 우리는 하나님의 형상의 회복을 기도하고 있습니다. 그러한 기도는 하나님의 형상을 따라서 창조된 원초적인 순수한 인

2) 다윗왕은 예수님의 28대 할아버지이다.

간의 모습으로 되돌아가려는 소망입니다.

또한 지성이란 무엇입니까? 이 세상을 살아갈 수 있는 지식을 가진 사람이라는 말입니다. 인간은 갖고 있는 지식으로 인간에게 유익하고 이익을 가져다 주는 일을 할 수 있지만 인간에게 유해하고 불행을 초래하는 일도 합니다. 인간이 갖고 있는 지식을 유익하게 사용할 수 있기 위해서는 인간은 인격을 갖추어야 하며, 그 인격의 가장 숭고한 상태가 순수라고 생각합니다. 순수한 인격을 가진 인간만이 자기가 터득한 지식을 인간을 위하여 가장 유용하게 사용할 수 있다고 생각합니다. 그러므로 지성인이 갖추어야 할 조건은 지식과 순수인격이라 생각합니다.

이 세상에 가장 강력한 힘은 바로 순수지성에서부터 나온다고 생각합니다. 순수한 마음과 인격의 소지자로부터 인류의 역사를 이끌어가고 역사를 바꿀 수 있는 지식과 지혜와 힘이 나온다고 생각합니다. 오늘 저는 순수가 역사발전의 근본이라는 진리를 사례를 통하여 말씀드리고자 합니다.

II. 순수의 힘

순수의 힘이 가장 위대하였던 사례는 아마도 로마제국의 박해를 받던 초대교회의 교인들의 신앙이었다고 생각됩니다. 초대교회의 교인들은 견디기 힘든 박해 속에서도 신앙을 지켰습니다. 로마제국에서 박해를 하고 교인들을 붙들어 심문을 해도 기독교인들에게는 기독교를 믿는 것 이외에는 로마사회에 해를 끼친 어떠한 사실도 발견하지 못하였습니다. 모진 박해는 300년 가까이 계속되었습니다. 그러나 초대교회의 교인들의 순수한 신앙이 로마제국으로 하여금 기독교 신앙의 자유를 얻게 하였으며, 기독교를 로마제국의 국교가 되도록 하였습니다. 초대교회의 교인들의 순수한 신앙이 그 강대한 로마제국의 변화를 가져왔습니다. 이러한 로마제국의 변화를 가져다 준 가장 위대한 힘이 바로 순수함에 있다는 진리를 보여준 가장 대표적인 사례라 생각합니다. 물론 박해시대의 교황들은 신앙의 순수함을 지키다가 모두 순교하였습니다.

그리고 그 후에도 기독교가 발전해 오는 과정에서 교회의 위기가 많았습니다. 첫 번째는 황제가 교회의 성직자를 임명하는 敍任問題로 일어난 교회에서의 세속권력과의 다툼에 있어서도 수도원을 중심한 신앙의 순수함의 회복으로 극복을 하였습니다. 그리고 중세에 교회가 부패하여 종교개혁이 일어났을 때에도 오로지 은혜로 극복하였습니다. 오로지 은혜라는 것은 순수의 극치라 생각합니다. 오로지 순수의 힘으로 위기를 극복하였습니다.

순수하면 담대해 집니다. 순수하면 어떠한 박해도 이길 수 있는 힘이 생깁니다. 지난 8월에 방한하셨던 프란체스코 교황에 대한 우리 국민들의 환영과 존경의 마음도 교황님의 순수한 모습과 말씀의 실천에서 나왔다고 생각합니다. 순수가 사람을 끄는 힘이 그렇게 위대한 것입니다. 그리고 福者로 諡福된 우리의 순교자들도 그들은 신앙의 순수성을 몸소 실천한 사람들이라 생각합니다.

이처럼 순수는 아무런 힘이 없을 것 같지만 가장 강력하고 위대한 힘의 원천입니다. 상대방의 마음을 움직이는 힘이며, 진리를 알고 진리를 지키게 하는 가장 강력한 힘입니다. 순수는 어떠한 논리로도 총칼로도 이길 수 없는 힘이 있습니다.

John Locke와 같은 근대 자연법론자들의 자연법사상은 당시의 無所不爲의 절대왕정을 무너뜨렸습니다. 근대의 자연법 사상이 강력한 절대군주의 절대권력을 무너뜨린 것입니다. 그것은 근대 자연법론자들의 자연법 사상의 순수성에 있었다고 생각합니다. 어느 누구도 반박할 수 없고 비판할 수도 없는 모순이 없는 순수한 사상이었기 때문이라 생각합니다.

이와 같이 역사는 순수함에 의해서 변화가 오고 발전을 한다고 생각합니다. 인류의 역사만이 아니라, 개인도 인격이 순수하였을 때에 그가 주장하는 사상이 힘이 있고, 결과를 낳을 수 있습니다. 재주로 글을 쓰는 것이 아니라 순수함으로 글을 썼을 때에 독자들의 마음을 움직일 수 있다고 생각합니다.

지성은 순수하여야 자신의 일을 힘 있게 이루어나갈 수 있습니다. 오늘날의 지성은 너무 때가 많이 묻었습니다. 세속에 너무 물들었다는 것입니다. 자신의 일의 가치를 권력과 돈과 연결하여 혼탁해져 있습니다. 혼탁하면 힘이 없습니다. 상대방이 감동을 받을 수 없습니다. 국회에서 하는 인사청문회를 보면 하나같이 순수하지 못합니다. 그러한 분들이 권력을 담당하니 국민들에게 감동을 줄 수 없습니다. 국민들로부터 신뢰를 얻을 수 없습니다. 아무리 털어도 먼지 날 것이 없는 순수한 사람이 국가권력을 행사하여야 감동이 있고 뜻하는 대로 잘 이루질 것입니다.

지금 채플에 참석한 여러분들은 아직 세속에 물들지 않는 순수함을 간직하고 있다고 생각합니다. 이 순수함을 더 키워서 설득력있는 인격으로 성장시켜 이웃에게 유익이 되고 감동을 줄 수 있는 인물로 커 나가기를 기원합니다. 순수함을 유지하였을 때에 비로소 자신의 뜻을 제대로 펼칠 수 있습니다. 때 묻지 않고 모순이 없는 밝고 맑은 인격의 소지자가 바로 순수한 사람이라 생각합니다. 그러한 사람으로 자신을 잘 길러 나갈 것을 기원합니다. 순수가 성공과 승리의 비결이고 바탕이라 생각합니다.

Ⅲ. 순수의 훈련

어떻게 하여야 순수함을 개발하고 유지하여 큰 힘의 원천으로 사용할 수 있겠습니까? 인간은 하나님으로부터 선한 마음을 받았으나 원죄로 인하여 악한 마음을 갖게 되었다고 생각합니다. 그러나 태어난 후에 善은 키우고 惡은 제거하는 노력을 평생토록 하여야 한다고 생각합니다. 그것이 인간의 본성이 아닐까 생각합니다. 인간의 마음도 선을 키우면 선이 더욱 자라서 크고, 악을 키우면 악한 마음이 자라서 악한 일을 하게 된다고 생각합니다.

내면의 순수성도 키워야 더욱 자라게 된다고 생각합니다. 기도를 하고, 성서의 말씀을 읽고 묵상하고, 나날이 자신을 성찰하고 노력하면 내면의 순수성이 더욱더 커나갈 것입니다. 자신을 교육시키고, 순수한 마음을 가지려고 노력하고, 항상 기도하고 전능자의 도움을 구하면 분명히 내면의 순수성의 씨앗을 싹틔우고 자라게 하고 장성하게 하여 큰 일을 할 수 있다고 생각합니다.

불교에서도 한 번 깨달으면 그 깨달음이 계속 유지되는 것이 아니라 계속해서 깨달음을 유지하려는 노력을 기우려야 한다고 합니다. 이것을 頓悟漸修라 합니다. 한 번 깨달으면 그 깨달음이 계속된다는 頓悟頓修의 주장이 있기는 하지만 깨달음도 부단히 노력하여야 유지할 수 있다는 돈오점수가 맞다고 생각합니다. 마음의 순수함도 계속 키우고 길러야 유지되고 더욱더 순수해 진다고 생각합니다. 부단히 그리고 평생을 두고 노력하여야 순수함도 유지된다고 생각합니다.

공부를 하는 젊은 여러분들은 세상에 물들지 않은 이 때에 하나님이 주신 순수의 선물을 잘 가꾸고 키우고 길러서 장성하게 하면 여러분들은 순수의 힘으로 큰 일을 할 수 있을 것입니다. 또한 아름다운 삶을 살 수 있다고 생각합니다. 나날이 갈고 닦으면 순수해 집니다. 순수함이 흐려지지 않도록 부단히 갈고 닦아야 한다고 생각합니다. 순수의 훈련을 스스로 끊임없이 하여야 합니다. 그러면 하나님은 여러 분들에게 복에 복을 더하여 주실 것입니다. 사랑의 주님을 가슴으로 영접하고, 내면의 순수를 키워 나가면 주님은 복에 복을 더하여 주실 뿐만 아니라 이웃과 세상을 위하여 큰 일을 할 수 있는 지혜와 힘을 주실 것입니다. 믿고 기도하면서 그렇게 자신을 순수의 인격자로 키워 나가면 가장 보람되고 가치있는 삶을 살 수 있을 것입니다. 이것은 저가 36년간의 학문생활을 통하여 얻은 최종 결론입니다. 순수로 나아가야 합니다. 사람의 재주로 호소할 것이 아니라 마음으로 호소하여야 일이 성사됩니다. 그러면 공부도 잘 됩니다. 그러면 삶의 성공을 약속받을 수 있습니다. 저는 이것을 진리로 받아드리고 있습니다.

Ⅳ. 순수지성의 결과

지식에 순수함이 더해진 순수한 지성은 담대해 지며, 힘이 있습니다. 무슨 일을 하든지 겁이 없습니다. 옳음과 그름을 정확히 판단할 수 있는 안목이 생기며, 서로가 이웃으로 평화롭게 살아갈 수 있는 형제애의 정신을 발휘할 수 있습니다. 순수하지 아니하면 이러한 사회를 위하여 유익한 일을 할 수가 없습니다. 순수하여야 시작한 일을 계속할 수 있습니다. 순수하여야 전능하신 주님으로부터 은혜를 구하고 은혜를 받을 수 있습니다. 사람의 마음은 맑고 투명해야 합니다. 그러해야만 추진할 수 있는 힘이 생깁니다.

순수한 마음의 지성인만이 진리를 발견할 수 있고 진리를 실천할 수 있습니다. 저는 순수가 가장 강력한 힘이며 불의에 저항할 수 있고, 바른 길로 갈 수 있으며, 자신과 이웃과 인류에게 희망을 줄 수 있다고 생각합니다. 우리 여기 모인 젊은이들은 순수의 마음을 언제나 간직해서 불의에 저항하고 바른 사회를 만들도록 하여야 할 것입니다. 여기에 모인 여러 학생들은 이 사회에 엘리트들입니다. 엘리트들이 가져야 할 인격은 순수입니다. 순수에 지식을 더하여야 힘이 생깁니다.

순수한 아름다운 마음으로 세상의 빛이 되어 일하는 젊은이들을 소개하고자 합니다. 저는 지난 6월 초에 스위스 로잔의 로잔공과대학에서 열린 유네스코가 주최한 “개발을 위한 기술, 무엇이 핵심적이고 본질적인가?”라는 국제회의에 참석하였습니다. 그 회의에서 세계 각국의 젊은이들이 저개발 국가의 사람들을 인간답게 살 수 있게 할 수 있는 기술을 개발하여 이를 저개발국에 보급하는 내용에 관한 논의를 하였습니다. 젊은이들이 저개발국의 인간다운 생활을 하지 못하는 사람들을 위하여 자기가 가진 재능을 순수한 마음으로 기부하고자 하는 아름다운 모습에서 큰 감동을 받았습니다. 우리도 자신만의 출세를 넘어 이웃을 위하여 헌신할 수 있는 형제애의 정신을 가진 젊은이들을 교육하여 배출하여야 하겠다는 생각을 강하게 가졌습니다. 그들이 가진 마음은 너무나 순수하였습니다. 자기가 가진 기술을 인간다운 삶을 살지 못하는 저개발국가의 주민들을 위하여 사용하고자 하는 너무나 아름다운 순수한 마음의 소지자들이었습니다. 우리나라에서도, 특히 기독교 정신에 입각하여 교육하는 우리 연세대학교에서 이러한 순수한 이웃사랑의 형제애를 실천하는 사람을 많이 배출하여야 하겠습니다. 이것이 정년을 앞둔 저의 그간의 교수생활을 통하여 터득한 핵심적인 교훈입니다. 순수의 마음을 가진 지식과 신앙을 갖춘 젊은이들이 많이 배출되어야 한다는 것이 나의 교수생활의 결론입니다. 그런 사람이 많을 때에 이 나라와 세계는 소망과 희망을 읽을 수 있습니다.

순수지성만이 이 세상을 살만한 세상으로 만들 수 있다고 생각합니다. 순수지성이 우리 대학교육의 궁극적인 목표라 생각합니다. 입신양명의 교육이 아니라 순수지성의 양성이 교육의 목표가 되어야 하겠습니다. 기독교 학교인 우리 연세대학교가 더욱더 순수지성 양성의 요람이 되어야 하겠습니다.

V. 맺는 말

인류의 역사는 일시적으로 불의의 세력이 지배하기도 하였지만, 궁극적인 역사발전의 방향은 순수의 방향으로 진행하여 왔습니다. 그것이 인류가 가야할 진정한 방향입니다. 순수함이 가장 위대하고 가장 강력합니다. 순수는 마음을 움직이는 힘입니다. 순수가 지식을 가장 선한 곳에 쓰도록 이끌어 갑니다. 순수함과 지식을 결합하여 갖춘 순수지성이 가장 이상적인 인간의 모습이라 생각합니다.

성서의 인물들이 거의 대부분 순수하였지만, 룻은 너무나 순수하였습니다. 그 순수가 하늘에 상달되어 예수님의 먼 할머니가 되도록 하였습니다. 우리 대학생들은 지식의 탐구를 1차적인 목표로 하고 있지만 자신을 순수하게 마음을 닦아야 그 지식을 제대로 활용할 수 있고, 본인의 행복과 이웃에 대한 사랑을 실천할 수 있습니다. 교수로서의 학문생활을 통하여 터득한 가장 소중한 교훈은 바로 순수이었습니다. 순수하여야 지식을 유용하게 활용할 수 있습니다. 순수하지 않으면 지식이 독이 될 수 있습니다. 순수함, 깨끗함, 바름, 옳음은 공부하는 여러분이 갖추어야 한 가장 귀한 덕목이라 생각합니다. 순수지성이야 말로 힘과 축복의 조건입니다. 순수한 사람만이 역사를 바꾸어 놓을 수 있습니다. 순수가 가장 위대하고 강력한 힘입니다.

다시 강조하지만, 세속에 오염되지 않는 지성, 모순없는 지성, 옳고 바른 지성, 신앙과 지식을 겸비한 사람, 룻과 같은 심성의 사람, 어린아이와 같은 모습, 하나님의 형상을 회복한 사람이 순수지성이며, 이러한 순수지성이 가장 파워풀한 사람, 이상적인 인간상, 기독인의 이상형, 악에 저항할 수 있는 지성, 불의에 맞설 수 있는 지성이라 생각합니다. 우리는 자신을 이러한 순수지성으로 기도와 말씀과 지식으로 만들어 나가야 하겠습니다.

<연세대학교 학부 채플 발표, 2014. 11. 20.>

5. 信仰과 學問의 調和

목 차

Ⅰ. 성경말씀과 연세대학교의 교훈

저는 오늘 우리 연세대학교의 교훈의 말씀을 가지고 학문하고 진리를 찾는 곳인 우리 대학교에서의 신앙과 학문과의 관계에 대하여 좀 생각을 해 보고자 합니다. 학문생활 36년을 마무리하면서 평생토록 추구해 왔던 학문과 내가 믿고 간직하고 실천하려고 했던 신앙과의 상호관계에 관하여 그 동안 내가 느꼈던 양자의 관계에 관하여 저의 생각을 정리해 보고자 합니다.

요한복음 8장 32절에는 이렇게 쓰여져 있습니다. “진리를 알찌니 진리가 너희를 자유케 하리라”고 하였습니다. 여기서의 진리는 무엇입니까? 진리의 순수한 우리말은 참이라고 할 수 있습니다. 여기서의 진리는 주님으로 해석할 수도 있을 것이고, 성서의 말씀으로 해석할 수도 있을 것입니다. 진리는 변함이 없는 것이고 인간의 지식과 지혜로는 입증할 수 없는 것입니다. 진리는 우리가 고백하고 받아드릴 수 밖에 없는 것입니다. 진리는 인간이 입증할 수 없지만, 인간은 진리를 벗어나서는 온전히 살 수가 없습니다.

이 요한복음 8장 32절은 우리 연세대학교의 교훈입니다. 우리 대학교는 우리나라에서 다른 대학교의 교훈과는 좀 다릅니다. 미국의 대학들은 성서의 말씀을 그대로 교훈으로 삼는 곳이 많다고 합니다. 진리가 너희를 자유케 하리라는 말씀은 예수님과 성서의 말씀을 받아드리고, 그것을 우리의 삶의 지표를 삼아 실천하면 이 세상에 두려움도 아무런 장애도 없는 거칠 것이 없이 자유롭게 살 수 있다는 말씀입니다.

그러면 어떻게 진리를 터득할 수 있다고 생각하십니까? 신앙만 가지면 자유롭게 되겠습니까? 신앙을 배격하고 학문만 하면 자유롭게 살 수 있겠습니까? 저는 양자를 겸비하여야 좀 자유롭게 살 수 있지 않을까 생각합니다. 이 세상을 거침없이 진정으로 자유롭게 살기 위해서는 지식도 필요하고 신앙도 필요하다고 생각합니다. 어느 하나만으로는 부족하다고 생각합니다. 양자를 겸비하여야 한다고 생각합니다.

II. 진리로서의 신앙과 학문

무엇이 진리입니까? 성서에서는 예수님과 성서의 말씀을 진리라고 하였습니다. 예수님을 믿고 성서의 말씀을 받아드리는 것만으로 인간은 이 세상에서 거침없이 아무런 장애없이 자유롭게 살 수 있을까요? 다시 말하면 신앙 하나 만으로 자유롭게 살 수 있을까요? 세상에 발을 딛고 사는 인간은 신앙만으로는 온전히 살 수 없다고 생각합니다. 이 세상에 대한 지식인 학문을 터득하여야 한다고 생각합니다. 또 학문만으로서 자유로울 수도 없다고 생각합니다. 그러면 인간이 자유롭게 살 수 있기 위해서는 理想으로서는 신앙이 필요하고 현실로서는 학문이 필요하다고 생각합니다. 이렇게 이상과 현실이 조화를 이루어야 자유롭게 살 수 있다고 생각합니다.

신앙도 진리이고 학문도 진리라고 생각합니다. 신앙은 이상을 추구하는 진리입니다. 이상만으로 사람을 살아갈 수 없습니다. 현실의 장애를 극복해야 합니다. 그러므로 학문이 필요합니다. 학문은 현실의 문제에 대해 답을 줍니다. 신앙으로 이상만 추구하면 신비적으로 발전할 수 있습니다. 신앙은 신비하긴 하지만 합리성이 있어야 합니다. 인간의 이성적 판단에 의하여 합리적이라고 할 수 있을 때에 그것이 진리가 될 수 있습니다. 물론 신의 啓示에 의해 진리를 알 수 있는 경우도 있겠지만 일반적으로는 인간이성에 의하여 합리성이 인정될 때에 그것이 진리일 수 있다고 생각합니다. 그러므로 신앙이 중요하지만 그렇다고 신앙만을 극단적으로 강조하는 것은 진리를 벗어날 수 있습니다. 따라서 신앙은 학문에 의하여 합리성의 검증을 받아야 한다고 생각합니다.

반대로 학문도 학문 독자적으로 존재하기는 힘들다고 생각합니다. 신앙에 의한 이끌림을 받아야 한다고 생각합니다. 학문을 위한 학문도 존재할 수 있기는 하지만, 그러한 학문은 위험스럽습니다. 과학이라는 학문의 이름으로 서구에서는 자살방조기계가 만들어져 시판되고 있습니다. 그리고 과학이라는 학문의 발전에 힘입어 인간복제도 시도될 가능성이 있습니다. 이러한 학문이라는 이름하에서 인간에게는 위험스러운 결과를 낳을 수 있는 학문의 발전을 추구하여도 괜찮을까요? 학문, 특히 과학은 과학 그 자체가 스스로 나아가는 추진력(self-propelling)이 있다고 합니다. 학문의 발전을 아무런 통제나 지도도 없이 그냥 발전하도록 방치해도 좋을까요? 저는 아니라고 생각합니다. 신앙의 지도와 규율을 받아야 한다고 생각합니다. 신앙은 이 세계의 창조자의 뜻을 찾고 그 뜻을 실천해 나가는 것이라고 생각합니다. 학문이 바르게 창조자의 뜻에 맞게 발전하도록 하는 것이 바로 신앙이라고 생각합니다.

그러므로 신앙과 학문은 별개로 다루어질 과제가 아니라 결합적으로 다루어야할 과제라 생각합니다. 신앙은 학문하는 방향을 제시해 주고 학문을 함에 힘을 실어주며, 학문은 신앙에 합리성을 부여하여 신앙이 신비적인 방향으로 逸脫하는 것을 방지해 준다고 생각합니다. 그러므로 공부를 잘 하려고 하는 사람은 신앙을 돈독히 기르고, 깊이 있는 신앙을 갖고자 하는 사람은 공부를 더 열심히 해야 한다고 생각합니다. 양자를 겸비한 사람이 진정으로 인격적으로 힘차게 학문을 하여 학문을 통하여 인류애를 실천할 수 있다고 생각합니다. 그것은 나의 경험이기도 합니다. 나의 경험으로는 신앙의 힘이 아니었다면 현재의 학문적인 결실을 거둘 수 없었음을 솔직히 고백합니다. 신앙이 있었기 때문에 더 좋은 학문의 결과를 얻었다고 확신합니다.

그러나 일상생활에서 양자를 어떻게 조화있게 길러 나갈 수 있을까요? 신앙도 학문도 갈고 닦아야 성장하고 깊이는 더하는 것입니다. 한 순간에 이루어지는 것이 아니라 평생을 두고 묵묵히 갈고 닦아야 이룰 수 있는 보배로운 가치들입니다. 나날이 無時로 기도하고 말씀을 읽고 묵상하여야 합니다. 그리고 자기의 전공분야는 정성을 다하여 탐구하여야 합니다. 신앙으로 학문의 이상적인 방향을 설정하여야 하고, 학문을 통하여서는 신의 오묘한 세계에 감탄할 수 있어야 합니다. 수많은 지적 호기심을 잘 활용하면 양자를 겸비하여 신앙과 학문을 어느 정도는 이룰 수 있다고 생각합니다. 물론 전능하신 주님께서 학문과 신앙의 아름다운 조화를 이룰 수 있도록 섭리해 주신다고 생각합니다. 여러분들도 믿고 무던하게 실천해 보십시오. 좋은 결과에 도달할 것입니다.

Ⅲ. 신앙과 학문과의 관계 정립

신앙과 학문을 상호보완적이라고 생각합니다. 신앙은 학문을 순수하게 할 수 있도록 이끌어 준다고 생각합니다. 그리고 학문을 혼신의 열정을 다하여 할 수 있는 힘을 제공하여 준다고 생각합니다. 조용히 묵상하면 지혜의 주님께서는 자신이 깨닫고자 하는 학문의 문제를 풀도록 아주 조용히 영감을 주십니다. 그러면 그 영감은 학문에서의 정답입니다. 신앙은 학문을 정열적으로 그리고 문제를 풀어주는 원천이라 생각합니다. 그리고 학문은 신앙이 正道를 걷도록 균형을 잡아 줍니다. 학문은 인간의 이성적 판단으로 타당하다는 것만을 진리를 받아드리도록 합니다. 과학으로 입증할 수 없는 신비의 세계를 학문에서 진리로 인정하지는 않습니다. 신앙에는 한계가 없는 것입니다. 그러므로 비정상적인 방향으로 신앙이 이끌릴 수 있는 가능성이 있습니다. 신앙도 고급화되어 나가야 한다고 생각합니다. 신앙의 고급화를 가능케 하는 것은 학문이라 생각합니다. 이성적 판단으로는 도저히 판단할 수 없는 영역으로 신앙이 너무 傾度되면 신앙이 개인과 사회의 불행을 초래합니다. 신앙을 합리적으로 이끌어주는 것이 또한 학문이라 생각합니다. 그리므로 신앙과 학문은 상호보완관계에 있고 또한 상호보완관계에 있어야 한다고 생각합니다. 따라서 신앙과 학문은 조화를 이루어야 한다고 생각합니다. 양자가 조화를 이루었을 때에 자신과 인류는 평화와 행복을 누릴 수 있다고 생각합니다.

특히 학문을 극단적인 수준으로 발전시켜 가고 있는 오늘날에는 신앙이 더욱 강조되어야 한다고 생각합니다. 바른 방향이 아닌 방향으로의 학문의 무한 발전은 인류에게 危害가 될 수 있다고 생각합니다. 신앙의 입장에서 충분히 고려되고 인류에 유익한 학문을 발전시키도록 하여야 할 것입니다. 학문하는 사람, 특히 학문하기로 작정하고 연세대학교 대학원에 재학중인 여러분들은 특별히 신앙의 기초를 단단히 하고 학문을 하면 좋겠습니다. 그러면 전능하신 주님은 여러분들을 가장 적절한 곳에서 학문을 통하여 이웃을 위하여 일할 수 있도록 인도해 주실 것입니다. 가장 바른 방향으로 학문하도록 인도해 주실 것입니다. 저는 법학을 하지만 주님의 인도로 법학에서 가장 인도적인 자연법을 연구하게 되었습니다. 거의 모든 법학자들이 관심을 갖지 않는 교회법과 자연법을 저가 연구하게 된 것은 전적으로 주님의 섭리라 믿습니다. 저는 여려 분들께 권하고 싶습니다. 신앙의 바탕위에서 학문을 해 나가도록 말입니다. 물론 지속적으로 양자를 갈고 닦아 나가야 함은 말할 것도 없습니다.

Ⅳ. 신앙과 학문의 조화를 이룬 사례

참으로 감동깊은 학문을 인류의 행복을 위하여 신앙의 힘을 얻어 실천하는 사례를 체험한 바가 있습니다. 그것은 지난 6월 초에 스위스 로잔의 로잔공과대학에서 유네스코가 주최한 국제회의였습니다. 그 국제회의의 주제는 “개발을 위한 기술: 무엇이 핵심적이고 본질적인가?”였습니다. 거기에 참가한 분들은 자기의 지식을 저개발국의 인간다운 생활을 하지 못하고 있는 사람들을 위하여

기술을 개발하고 그것으로 현지민들로 하여금 조금이라도 인간답게 살도록 하고자 하는 아름다운 마음을 가진 사람들의 아름다운 일을 체험하였습니다. 자기가 터득하고 쌓은 학문의 결실인 지식을 자신의 부귀영화를 위하여 이용하지 아니하고 이웃과 함께 나누는 너무나 아름다운 큰 감동을 주는 일이었습니다. 출생하는 신생아중 아직도 출생신고를 하지 못해 인간으로의 대접을 받지 못하는 아이들이 지구상에 약 2억명 정도가 된다고 합니다. 출생신고를 할 수 있도록 출생신고를 쉽게 할 수 있는 소프트웨어를 개발하여 아이들이 교육과 의료의 혜택을 받을 수 있게 하는 모습에서 진한 감동을 받았습니다. 출생신고가 되지 않기 때문에 국적도 없고 사람이기는 하나 사람대접을 어디에서도 받을 수 없는 사람들을 위하여 이름도 없이 빛도 없이 일하는 젊은이들의 모습이 너무나 아름다웠습니다.

우리가 가진 학문을 통하여 얻은 지식을 신앙이 가르쳐 주는 인류의 행복을 위하여 활용할 수 있도록 해 준 대표적 사례로 저는 생각하고 있습니다. 이러한 사례에서 신앙과 학문은 결합되어야 할 두 영역이라 생각합니다. 이러한 결합을 위한 마음과 행동도 노력하면 이루어질 수 있다고 생각합니다. 이러한 일을 위하여 기도하고 사명감을 얻어 나아가면 터득한 지식을 가장 효과적으로 활용할 수 있다고 생각합니다. 평생을 이러한 일만 할 수는 없겠지요. 짧은 기간이라도 신앙과 학문을 결합시킨 일을 해보는 것은 자기의 삶을 더욱 아름답게 꾸려갈 수 있게 하는 귀한 일이라 생각합니다. 이러한 일도 찾고 구하면 발견하고 참여할 수 있다고 생각합니다.

기독교 학교인 우리 연세대학교는 이러한 신앙과 학문을 결합하여 자신도 위하고 이웃과 인류를 위하는 아름다운 일을 할 수 있도록 교육도 하고 신앙도 길러주는 전당이 될 것을 기원합니다. 믿음도 유익하고 아름답습니다. 학문도 가치있고 아름답습니다. 모두가 다 인류에게 한없는 희망을 가져다 줍니다. 이 양자를 다 여러분의 한 몸에서 이루어보지 않겠습니까? 이러한 삶이 가장 아름답고 가치있는 삶이라 저는 생각합니다.

V. 법의 발전방향으로서의 법학과 신앙의 결합

저가 전공하는 법학에서의 법의 이상 내지 법의 이념이 무엇이냐에 관하여 역사의 발전과 함께 계속 논쟁의 대상이 되어 왔습니다. 그러나 저는 법의 이상은 정의와 사랑의 실천이라 생각합니다. 정의는 학문으로서의 법학의 이념입니다. 바름, 옳음이 법이 추구해야할 이상이자 이념입니다. 그러나 정의만으로 사람의 삶이 평안하고 평화롭습니까? 정의에 사랑이 보태어 져야 한다고 생각합니다. 정의에 사랑이 결합되어야 법을 통해서 살만한 사회를 만들어 나갈 수 있다고 생각합니다. 법학의 학문에 신앙의 핵심인 이웃사랑이 보태어져 양자가 결합된 법이 이 세상을 규율할 때에 모든 사람들이 신바람을 느낄 수 있는 살만한 사회가 될 수 있다고 생각합니다. 그러한 법을 따르고 실천하면 모두가 다 인격적인 삶을 살 수 있고 구원에 이를 수 있다고 생각합니다. 저는 이러한 정의와 사랑이 결합된 법을 추구합니다. 이는 바로 학문, 그 중에서 법학과 신앙의 결합의 모습이라 생각합니다. 다른 학문분야도 마찬가지라 생각합니다. 저는 법을 통하여 사랑을 실천할 수 있는 그러한 법학을 추구합니다.

Ⅵ. 맺는 말

인생은 짧고 할 일은 많습니다. 짧은 인생이지만 그 짧은 인생을 어떻게 꾸려 나가느냐에 따라서 역사를 바꾸어 놓을 수 있는 큰 일을 할 수 있습니다. 세상의 학문을 하고, 주님에 대한 신앙을 돈독히 가지면 전능하신 주님께서 터득한 지식으로 아름답고 엄청난 큰 일을 할 수 있게 해 주신다고 생각합니다. 부단히 이러한 마음을 갖고 찾고 구하고 문을 두드리면 꼭 이루어 진다고 저는 믿습니다. 인간적으로는 안될 것 같지만, 주님안에서는 이룰 수 있다고 믿습니다. 그것이 나의 신앙체험입니다.

신앙과 학문이 결합되어야 한다는 명제는 저가 학문생활 36년을 거치면서 얻은 핵심적인 명제입니다. 그렇게 하면 자신과 가족의 행복은 물론 이웃과 인류의 행복도 이루어나갈 수 있다고 믿습니다. 연세대학교의 학문방향은 바로 신앙과 학문을 결합하여 이 세상을 더 아름답고 행복한 사회를 만들어 나가는 일이라 생각합니다. 그러면 이 사회는 살만한 사회가 될 것입니다. 학문과 신앙의 두 진리가 결합하여야 자신과 가족과 사회와 인류는 자유로워 질 수 있다고 생각합니다.

〈연세대학교 대학원 채플발표, 2014. 11. 21.〉

6. 東北亞의 平和를 위한 提言

목 차

오늘 이렇게 훌륭한 두만강포럼 전체회의에서 기조발표를 하게 되어 너무나 영광입니다. 오늘 기조발표의 제목은 동북아의 평화를 위한 제언입니다. 평소에 가지고 있었던 동북아의 평화에 대한 저의 생각을 발표하고자 합니다. 저는 평소에 늘 동북아에서 평화가 정착되어 동북아가 평화지역으로 발전하고, 동북아의 주민들이 동북아지역의 동북아시민으로서 평화롭고 행복하게 살 수 있기를 소망해 왔습니다. 오늘 저는 이러한 평소의 저의 생각을 정리하여 동북아의 평화를 호소하고자 합니다.

Ⅰ. 서론: 평화의 동북아 건설을 제언하고 호소함

세계 각 지역은 지역공동체를 형성하여 당해 지역의 평화와 공동번영을 위한 노력을 하고 있습니다. 그러나 동북아에서는 아직도 공동체 형성의 시작을 위한 여건이 충분히 성숙하고 있지 못한 상태입니다. 그러나 정치적으로는 동북아공동체의 형성이 더디다 하더라도 순수한 민간차원에서는 동북아지역에서 평화를 위한 일은 이미 시작이 되었다고 생각합니다. 이 두만강포럼이 바로 동북아지역의 평화를 위한 이 지역 지식인들의 평화운동의 시작이라 생각합니다.

동북아 지역의 국가들은 지리적으로, 역사적으로, 그리고 운명적으로 함께 이웃하면서 살아가야하는 이웃국가입니다. 이 동북아지역의 주민들은 동북아지역의 시민으로서 역시 함께 더불어 이웃으로 살아가야할 사람들입니다. 이웃간의 관계는 사랑의 관계입니다. 서로 사랑하면서 서로 이해하면서, 서로 존중하고 서로 寬容하면서 함께 더불어 살아가야할 이웃입니다. 동북아의 국가와 동북아의 시민들은 서로 소속된 국가는 다르지만 서로 이웃하는 국가에서 서로 이웃으로 살아가는 아주 친밀한 관계에 있는 국가이고 시민들입니다.

동북아의 평화란 이 지역의 국가와 시민들이 서로 이웃국가이고 서로 이웃이라는 인식을 새롭게 하고 서로 사랑하면서 살아가는 상태라 생각합니다. 사랑이란 그렇게 어렵지 않습니다. 서로 상대를 이해하고, 상대를 존중하고, 서로 관용하고, 서로 나누면서 살아가는 것입니다.

사람이 혼자서만 살아갈 수 없듯이 국가도 고립된 국가로만 살아갈 수 없습니다. 오늘날과 같은 국제화시대에는 더욱더 혼자서, 그리고 고립되어 살아갈 수 없으며, 서로 의지하고 서로 돕고 서로 주고 받으면서 살아가야하는 시대에 우리는 살고 있습니다. 국제화의 시대는 상호의존하면서 공동의 번영을 향하여 발전해 나가는 시대의 흐름이라 생각합니다.

동북아의 공동번영은 동북아에 평화가 정착되었을 때에 그 결실을 충분히 얻을 수 있다고 생각합니다. 이와 같이 동북아의 평화는 동북아지역의 국가와 시민들이 모두 함께 잘 살기 위한 조건이면서 잘 사는 내용이기도 합니다. 또한 동북아의 평화는 동북아시민들이 제대로 인간답게 사는 그 상태라 생각합니다. 그러므로 동북아의 평화는 동북아의 시민들이 제대로 인간답게 살기 위한 조건이면서 인간답게 사는 그 상태라 생각합니다. 바로 이러한 소박한 생각이 동북아에서의 평화사상이라 생각합니다.

II. 평화의 개념과 동북아 지역의 평화의 필요성

동북아지역의 山河는 너무나 牧歌的이고 동북아의 시민들이 이웃으로 함께 잘 살아갈 수 있도록 연결해 주고 있습니다. 국경이 접하여 있고, 강물은 여러 국가를 거쳐 흐르면서 동북아의 시민들이 살아갈 수 있도록 동북아시민들에게 먹을 물을 공급해 주고 있습니다. 바다는 동북아의 여러 나라를 서로 연결해서 물자를 서로 교환할 수 있도록 해 주고 있습니다. 철새들도 국경없이 동북아의 각국을 자신들의 삶의 터로 삼아 옮겨가며 평화롭게 살아가고 있습니다. 철도와 항공편은 동북아시민들이 국경을 넘어 서로 다른 나라를 오고 가기 쉽도록 연결해 주고 있습니다. 이처럼 동북아의 자연은 너무나 자연스럽게 동북아의 국가와 동북아의 시민들을 서로 이웃으로 함께 잘 살 수 있도록 자신을 값없이 내어주고 있습니다.

이러한 동북아의 자연과 마찬가지로 동북아의 국가와 동북아의 시민들도 서로 이웃이라는 인식을 새롭게 하고, 이웃으로서 서로 사랑하면서 살아가는 평화의 상태를 이루어야 하겠습니다. 동북아의 자연처럼 동북아의 어느 국가냐 동북아의 어느 주민이냐의 구별함이 없이 단지 이웃이라는 사상의 싹을 틔우고, 서로 이웃으로서 서로 사랑하면서 살기를 간절히 기대합니다. 사랑은 서로 믿고, 서로 의지하고, 서로 이해하고, 서로 존중하고, 서로의 잘못과 허물은 관용으로 용서해 나가는 것이라 생각합니다. 사랑은 서로가 서로에게 필요한 존재인 이웃이라는 인식을 가지고, 이웃 없이는 나 자신의 존재도 있을 수 없다는 생각으로 자연스럽게 서로 다가가고, 서로가 서로에게 의지가 되고 힘이 되며, 서로에게 부족한 것을 서로 보충해 주는 것이라 생각합니다. 동북아 지역의 나라도 동북아지역의 주민과 마찬가지라 생각합니다. 이렇게 서로 의지하면서, 서로 사랑하면서, 서로가 행복하게 살아가는 것이 평화라고 생각합니다. 이러한 평화의 상태를 동북아에서 지식인이 앞장서서 이루어 나가야 한다고 생각합니다. 동북아 지역의 이웃국가들도 동북아의 시민들과 마찬가지로 서로 의지가 되고, 서로 힘이 되고, 부족한 것을 서로 채워나가는 자연스럽고도 평화스런 관계가 되어야 한다고 생각합니다.

이러한 평화를 위한 서로의 사랑은 유럽연합에서 잘 알 수가 있습니다. 유럽연합에서는 경제가 어려울수록 서로 더 잘 돕고 있습니다. 대표적으로 경제위기에 처한 그리스를 유럽연합이 도와서 함께 잘 살아가자고 하고 있습니다. 유럽연합의 구성국가만이 그리스에 대한 협력과 지원에 동참할 뿐만 아니라, 유럽연합의 시민들이 이를 이해하고 동의하고 있습니다. 동북아지역도 유럽연합 못지 않게 이렇게 서로 이해하고 협력하고 지원하는 사랑을 실천하여 평화로운 지역으로 발전시켜 나가야 하겠습니다.

Ⅲ. 동북아에서의 평화의 조건으로서의 四海同胞主義

동북아에서의 평화는 동북아국가들과 동북아시민들의 영원한 소망이라 생각합니다. 그러나 동북아에서 평화를 이루기 위해서는 동북아국가들과 동북아시민들이 공동으로 높은 차원의 가치를 공유하여야 한다고 생각합니다. 그 가치는 바로 인류보편의 가치입니다. 사해동포적인 가치입니다. 동북아 지역이 운명적으로 이웃국가라는 사실을 인간의 힘으로는 바꿀 수 없는 不變의 眞理임을 이해하여야 하겠습니다. 그리고 동북아지역에 살고 있는 동북아의 시민들도 다른 어떠한 사람들보다 가장 가까운 이웃이라는 진리를 깊이 인식하고 마음에 새겨두어야 하겠습니다. 그리고 이웃간의 관계는 사랑의 관계라는 인식도 잊지 말아야 하겠습니다. 그리고 인간도 국가도 혼자만으로는 영원히 살아갈 수 없다는 인식을 깊이 하여야 하겠습니다. 그리고 이웃간에는 서로 이해하고 서로 존중하고 서로 부담이 되지 않도록 하고, 서로 믿고 서로 오고가는 관계로 서로가 발전시켜 나가야 하겠습니다. 이웃간에는 허물없이 지내도록 노력해야 하겠습니다.

바로 그렇게 평화스럽게 서로 오고 가고 이해하고 존중하고 관용하는 것이 인간이 인간답게 사는 것이며, 그것이 인간이 이 땅에서 허락받은 인간삶의 幸福이라는 진리를 깊이 인식하여야 하겠습니다. 서로 이해하고, 서로 존중하고,

서로 관용하고, 서로 돕는 것은 자신의 마음을 조금만 비우고 자기의 위치를 조금만 낮추면 가능한 것입니다. 동북아의 시민들과 동북아의 국가도 스스로 조금만 비우고 조금만 상대를 생각하고, 상대방을 위해 스스로 무엇을 할 수 있으며 무엇을 해야 할 것인가를 생각하면 그렇게 어렵지 않게 할 수 있습니다. 스스로 自己中心, 自國中心에서 조금만 마음을 바꾸어 四海同胞的으로 살아야 하겠다는 생각을 가지면 얼마든지 가능한 일이라 생각합니다.

이러한 사해동포적인 평화사상은 역사적으로 오래되었습니다. 紀元前 그리스의 스토아哲學에서 이미 사해동포적 사상이 胚胎가 되어 世界精神으로 주장되고 世界國家의 건설이 주장되었습니다. 스토아철학에서의 사해동포사상은 칸트의 永久平和論의 사상적 기초가 되었습니다. 또한 칸트의 영구평화론은 지금의 國際聯合의 사상적 기반이 되었습니다. 이처럼 평화는 인류보편의 가치이고 사해동포주의는 동북아에서 동북아 국가의 국가사상으로 발전되어야 하며, 동북아의 시민들이 추구하고 실천하는 최고의 가치가 되어야 하겠습니다. 또한 법에 있어서도 평화는 법의 목적입니다. 평화는 법의 목적이며, 법은 평화를 그 가치로 하는 평화를 위한 수단이라 생각합니다.

Ⅳ. 동북아 평화운동의 전개

동북아에서의 평화운동은 먼저 민간차원에서 뜻있는 학자들과 지식인들이 주축이 되어 작은 사업부터 시작함이 좋을 것으로 생각합니다. 정치적으로는 공동체의 형성에 장애가 적지 않다고 생각되므로, 지식인들이 뜻을 모아 동북아를 평화를 위한 논의와 사업을 작고 쉬운 것부터 전개해서 동북아를 理解共同體, 平和共同體로 만들어 나가는 일이 먼저 해야할 일이라고 생각합니다. 동북아의 평화에 기여하고자 하는 학자들과 지식인들이 모여 동북아의 평화를 논의하고 그 논의결과를 동북아 각국의 정치지도자들에게 알리고, 각국의 학교교육과 언론을 통하여 동북아의 평화사상과 평화운동을 알려 동북아시민들이 동참하게 하고, 공동으로 각국의 역사와 문화의 대한 비교연구와 발표 및 홍보를 통하여 상호이해의 폭을 넓혀서 상호관계와 상호의존성에 대한 인식을 공유하고, 공동으로 東北亞平和學의 저서를 집필하고, 異常氣候에 대한 공동의 대처방안, 동북아의 持續可能한 개발을 위한 공동의 사업을 동북아의 평화사업으로 전개해 나갈 수 있기를 기대합니다. 이렇게 작은 일부터 동북아의 평화를 위하여 일해 나가면, 이러한 노력과 결실이 모이고 쌓여 시대가 흐르면 흐를 수는 동북아의 이해와 평화공동체는 경제공동체로 발전해 나갈 것으로 생각합니다. 실망하지 아니하고 포기함이 없이 국가와 사회로부터 혜택을 더 많이 받은 학자들과 지식인들이 지식과 지혜로 정성을 모아 나가면 분명히 동북아에도 평화가 깃들고 더불어 평화롭고 번영하는 동북아의 공동체를 만들 수 있을 것으로 확신합니다. 뜻이 있는 곳에 길이 있듯이 동북아에도 다른 세계의 어느 지역 못지 않은 평화와 번영을 누리는 공동체로 발전할 수 있을 것입니다.

이처럼 평화는 주어지는 것이 아니라 이루어 나가는 것입니다. 서로 손을 맞잡고 협력해야 평화를 이룰 수 있습니다. 마음의 문을 닫고 있어서는 평화를 이룰 수 없습니다. 마음의 문을 열고 相對를 받아들여야 평화의 길을 갈 수 있습니다. 지금 예상할 수 있는 동북아 공동체의 바람직한 모습은 경제공동체의 건설일 것입니다. 경제공동체가 가능하기 위해서는 동북아의 평화동공체가 전제가 되어야 할 것입니다. 평화는 동북아시민들이 서로 이웃임을 인식하고 평화를 사랑하고 평화롭게 살기를 소망하는 동북아시민들의 理解와 聲援이 있어야만 가능합니다. 뜻있는 동북아의 지식인과 학자들이 전공분야에 관계없이 자신이 가지고 있는 평화를 향한 소망과 신념을 가지고서 동북아의 평화와 번영을 위해 함께 힘쓰도록 할 것을 호소합니다. 그러한 일이 바로 선택받고 혜택을 입은 지식인과 학자가 된 동북아의 앞서가는 지도계층에 속하는 분들의 使命이라 생각합니다.

千里길도 한 걸음부터 시작되듯, 동북아의 평화의 길이 힘들고 어려운 길일지라도 지금부터 작은 일부터 상호이해와 상호존중 그리고 관용의 美德을 동북아지역에 심어나가고 확산시켜 나가도록 합시다. 그리고 동북아시민들 서로가 사랑하는 이웃임을 잊지 맙시다. 그것이 저가 제언하고 호소하고 싶은 동북아의 평화입니다, 동북아지역이 평화의 지역으로 발전해 나갈 때에 동북아 각국의 공동번영이 이루어질 것이며, 동북아시민들은 보람되고 행복한 인간다운 삶을 살 수 있을 것입니다. 그 일을 위하여 동북아의 지식인과 학자들이 동북아의 평화와 공동의 번영을 위하여 智慧를 모아 나가도록 합시다.

V. 맺는 말

평화는 아무리 강조해도 지나치지 않습니다. 東西古今을 不問하고 학문하는 사람들은 거의 모두가 평화의 철학을 가지고 있었다고 생각합니다. 사람은 평화롭게 살 자연적인 권리를 가지고 이 땅에 태어 났습니다. 인간은 평화를 누리면서 살아갈 天賦의 권리가 가지고 태어났다고 생각합니다. 그러나 그 평화는 혼자만이 간직해서는 그 스스로의 평화도 유지하기 힘이 듭니다. 서로 이웃으로 사랑하고 이해하고 존중하고 용서하고 관용할 때에 비로소 지켜지는 것입니다. 평화는 순순히 개인의 가치가 아니라 모두가 함께 享有하여야할 人類普遍의 가치입니다. 평화를 갖기 위해서는 자기중심을 극복하고 이웃을 생각하는 사해동포적인 인식과 사상을 가져야 합니다. 사람은 이웃없이 혼자만이 고립해서는 살아갈 수는 없습니다. 그렇기 때문에 평화가 필요하고 또한 중요합니다. 국가와 국가간의 관계도 마찬가지입니다. 평화로운 이웃국가로서의 관계를 유지하여야 합니다. 그리하여야 공동의 번영을 누릴 수 있습니다. 이것은 不變의 진리라고 생각합니다.

학문과 지식탐구는 사랑과 평화를 이루는 방향과 방법을 제시하고 실천하도록 하는 知的努力이라 생각합니다. 동북아의 평화는 지식인과 학자들이 合心하여 작은 일, 쉬운 일로부터 시작할 것을 소망합니다. 그것이 자라서 더 큰 평화로 성장해 나갈 것을 확신합니다. 동북아의 지식인과 학자들이 동북아의 평화를 위하여 지혜와 지식과 힘을 모아 나가도록 합시다. 평화를 위한 방법은 지혜를 모으면 多方面으로 많이 발견해 낼 수 있을 것입니다. 역사적, 지리적, 그리고 운명적으로 서로 이웃인 동북아지역의 동북아 시민들이 뜻을 모아 함께 이웃으로서 평화롭고 풍요롭고 인간답게 살 수 있는 동북아의 평화를 이루어 나가도록 합시다. 뜻을 두고 실천해 나가면 반드시 평화의 동북아가 이루어질 것을 확신합니다.

<연변대학 개최, 두만강포럼 전체회의 기조발표: 2013. 10. 21.>

제 2 편

民法論文

7. 근세 자연법론이 근대 민법의 입법에 미친 영향

목 차

Ⅰ. 개 설

근세의 시민사회는 神 중심이었으며 身分拘束的이었던 중세를 극복하고 人間 중심의 자유롭고 평등한 사회로 발전된 사회였다. 이러한 인간중심의 자유·평등의 근세는 시민혁명을 통하여 舊體制를 제거하고서 이룩된 사회였다. 이러한 근세는 신대륙의 발견(1492), 종교개혁(1517)을 시발점으로 하여 절대권위의 신중심의 중세로부터 인간을 중시하고 인간을 인격적 존재로 인정함으로써 이루어진 새로운 시대였다.

그러나 신중심에서 인간중심으로의 사회의 변화는 시대의 흐름에 따라서 자연적으로 이루어진 것이 아니라 시민에 의한 대혁명을 거쳐서 비로소 이룩되었다. 중세의 신중심의 기독교사회가 약화되기 시작하자 정치적으로는 절대주의 사상에 기초한 절대군주에 의한 절대왕정이 나타났다. 그 절대왕정은 인간을 인격적인 존재로 인정한 것이 아니라 절대왕정의 소유물로 인정하고 인간을 절대왕정의 강화와 팽창에 동원하였을 뿐이었다. 그러므로 절대왕정하에서는 인간은 인격적인 존재로 대접받지 못하였다.

이러한 절대왕정의 인간에 대한 지배를 극복하고 인간을 자유롭고 평등한 인격적인 존재로서 인정하고 인격을 실현할 수 있는 사상이 배태되고 성장하게 되었다. 그러한 인간존중의 사회사상이 바로 근세 자연법론이었다. 근세 자연법론은 인간의 인격적 존재로서의 가치를 최고의 가치로 인정하고, 인간의 인격적 존재를 부인하고 인간을 지배하는 절대왕정에 저항하는 사상을 제공하였다. 그리하여 근세 자연법론은 인간이 평등하고 자유로운 존재로서 평화롭게 살았던 자연상태를 인정하고, 그러한 자연상태를 유지하기 위하여 사회계약에 의하여 국가권력자에게 인간의 권리를 이양하고, 국가권력자가 사회계약을 위반하여 인간의 자유와 평등을 지키지 못할 때에는 그 국가권력자를 제거할 수 있는 사상인 저항권을 인정하였다.

절대왕정은 결국 근세 자연법론에서 제시된 인간 존중의 사회를 실현하지 못하고 인간을 지배하는 절대권력을 행사함으로 시민들은 근세 자연법론이 인정한 저항권을 시민혁명에 의해 행사하여 절대군주를 제거함으로써 절대왕정을 타파하고 자유롭고 평등한 인간 중심의 근세의 시민사회를 이룩하였다. 물론 근세 시민사회의 형성에 있어서 각국의 형성모습이 동일한 것은 아니었다. 프랑스는 시민들에 의한 대혁명(1789)에 의해 아래로부터 절대왕정의 구체제를 근원적으로 없애고 인간이 주인인 시민사회를 이루었다. 그러나 프러시아는 아래로부터의 시민혁명이 일어나지 않았다. 절대군주가 계몽적인 군주가 되어 위로부터 시민들에게 인간으로서의 존재가치를 인정하고 인간이 인격적인 존재로 활동할 수 있도록 인간의 권리를 인정하고 이를 법적으로 뒷받침하였다. 그러므로 프러시아는 근세 자연법론의 사상을 부분적으로 실천을 하였지만 프랑스에서와 같이 구체제를 완전히 不息하지는 못하고 여전히 신분구속적인 중세의 잔재를 간직하고 있었다.

이와 같이 시민혁명과 계몽주의의 사상적인 영향에 의한 인간 중심의 근세사회가 확립됨에 따라서 인간이 인격적인 존재로서 인간답게 살아가기 위해서는 근세 자연법론의 사상을 법적으로 문서화해 둘 필요가 있었다. 이러한 근세 자연법론에 의한 인간중심의 사상의 법제도화는 국가권력자들로 하여금 다시는 구체제로 되돌아가지 못하게 하며, 또 한편으로는 근세 자연법론에서 제시된 인간의 天賦的인 권리들을 확인하고 이를 국가권력자와 인간이 모두 실천해 나가도록 함에 있었다. 이러한 근세 자연법론이 제시한 사상은 공법적로는 물론 사법적으로도 이를 문서화하였다. 공법적으로는 인권선언, 독립선언, 권리장전 등으로 문서화하고, 사법적으로는 근대 민법전의 제정으로 문서화하였다. 따라서 근대 민법전은 바로 근세 자연법론이 제시한 사상의 실천법률이다. 오늘날의 각국의 민법전은 근세 자연법론에 기초한 법전이며, 우리 현행 민법전도 역시 그 사상적 기초는 근세 자연법론에 두고 있다.

II. 근세 자연론법의 생성과 내용

근세 자연법론은 인간은 이성적, 인격적 존재로서 그러한 인간이 인간으로서의 가치를 스스로 실현할 수 있도록 하는 사회사상이며 사회철학이었다. 중세의 인간은 봉건적인 사회체제 내에서 신분에 구속된 不自由한 존재였다. 그러나 근세는 신중심에서 인간중심으로 바뀜으로써 인간이 중심이 되어 인간이 인간답고 자유롭게 자신의 인격을 전개할 수 있는 사회로 발전된 사회였다. 그러한 인간으로 하여금 인격적인 존재로서 자유롭게 자기의 인격을 전개할 수 있는 사회로 이끈 사회사상이 바로 근세 자연법론이었다. 그리하여 근세 자연법론에서는 본래 인간은 인격적 존재로서 인간이 자유롭게 그리고 평화롭게 살던 사회였던 자연상태를 想定하고, 그러한 자연상태는 인간사회가 사회상태로 들어감으로써 인간은 부자유하고 인간사회는 평화롭지 못한 상태로 진행되었으며, 특히 근세의 절대왕정 시대에는 더욱더 인간은 절대군주의 소유물로 다루어져 인간의 인격이 인정되지 못하고 억압받는 상태로부터 자연상태에서의 인간과 사회의 모습을 실현하기 위한 사상을 담고 있었다.

이러한 절대왕정하에서 인간의 부자유와 인간사회가 평화롭지 못한 현실에 직면하자, 이러한 절대왕정을 극복하고 이상사회였던 자연상태를 회복하여 인간이 자유롭고 평화롭게 살 수 있는 상태로 발전해 나갈 것을 도모한 사상이 바로 근세 자연법론이었다. 그러므로 근세 자연법론은 자연상태에서의 인간의 회복을 위하여 사회상태인 절대왕정에 대한 저항사상을 주장하게 되었다.

그 결과로 근세 자연법론은 인간이 인간다울 수 있기 위해서는, 자연상태에서 인정되었던 自然權을 天賦人權으로 인정하고 절대군주의 절대권력을 제한할 수 있는 법원리를 주장하였다. 그리하여 모든 인간은 평등하며, 생명, 신체, 건강, 자유의 天賦人權을 가지며, 인간이 인격자로서 자유로이 자기 인격을 展開하기 위해서는 재산적 기초가 마련되어야 하므로 소유권을 중심한 재산권을 역시 천부인권으로 인정하였다. 그리고 절대군주의 절대권력을 제한하기 위한 법원리로서 주권재민, 권력분립을 인정하고, 사회계약에 위반하여 권력을 행사하는 국가권력담당자를 제거할 수 있는 抵抗權을 천부인권으로 인정하였다.

이렇게 근세 자연법론의 사상내용이 공법적으로는 인간이 인격적이고 이성적 존재로서 자유롭고 평화롭게 살아가게 하기 위한 법원리로서 만민평등, 천부인권, 사유재산의 보호, 주권재민, 권력분립, 저항권을 주장하고, 시민혁명을 거쳐 이를 확립하고, 이들을 인권선언, 권리장전, 독립선언등의 법문서로 확인하였다. 그리고 이러한 근세 자연법론에서의 인간의 기본가치 내지 기본법원리들은 근대 입헌주의 헌법에서 다시 법적으로 확인되었다.

다른 한편으로 근세 자연법론에서 주장된 인간을 존중하는 가치와 법원리들은, 私法에서는 자유(Freiheit), 평등(Gleichheit), 박애의 정신으로 표현되고, 자유, 평등, 박애 내지 兄弟愛(Brüderlichkeit)의 기본가치들은 근대 민법전에 구체화되어 민법전의 개별규정으로 입법이 되어 오늘에 이르고 있다.

이와 같이 근세 자연법에서 인간의 이성적·인격적 존재성을 인정함에 있어서, 그 인간은 구체적인 인간(Mensch)이 아니라 추상적 인간(Person)이었으며, 無産者인 인간(proletariat)이 아니라 有産者인 인간(bourgeoisie)이었다. 따라서 근세의 자연법론은 모든 시민을 유산자인 인간으로 보았으며, 유산자인 인간의 자유인격과 인격의 자유전개를 가능하게 할 수 있는 법원리를 담고 있었으며, 이러한 인간의 자유를 억압하는 국가권력의 제한과 절대국가권력자를 제거할 수 있는 법원리를 담고 있었다. 그 결과 인하여 근대 민법은 인격적이고 이성적이며 자기의 인격을 자유로이 전개하고 그 인격의 자유전개를 가능케 하는 재산을 가진 유산자, 그 중에서도 資本家를 人間相의 模範으로 하여 입법이 되었다.

Ⅲ. 근대 민법전의 제정과 사상적 기초

근대 민법전을 제정함에 있어서는 그 소재는 계수된 로마법, 교회법, 그리고 大陸諸國의 고유법인 게르만법으로 하였으며, 근세의 자연과학의 발전에 의하여 주장된 민법도 과학세계에서와 같이 질서정연하게 체계화하여야 한다는 근세의 입법론의 영향을 받았다. 그리고 절대왕정 시대의 중상주의, 중농주의에 의하여 대표되는 초기 자본주의 경제질서하에서 자본가들의 자유로운 경제활동이 원활히 그리고 왕성하게 일어나게 하기 위해서는 경제절서에 관한 민법을 제정하여 경제활동의 예측가능성과 법적안정성을 도모하여야할 필요성이 요청되었으며, 시민혁명에 의하여 폭발된 시민들의 자유로운 경제활동과 그 결과로 얻은 富를 유지하고 보호함으로써 신분구속적인 중세 내지 인간의 자유인격을 부인하던 절대왕정시대로의 回歸를 방지하기 위해서 근대 민법의 제정이 요청되었던 것이다. 또한 근세 자연법론에 의하여 사법에서 인정된 인간의 자유, 평등, 박애의 정신을 입법적으로 명확히 하여 그 정신을 법제도적으로 확실히 할 필요성이 인정되고 요청되어 근대 민법전이 제정된 것이었다. 이러한 근대민법전의 제정의 전제조건 중에서도 근세 자연론법에 의하여 주장·제시된 인류보편의 가치인 자유, 평등, 박애의 정신과 가치가 근대민법의 기본사상으로 정착하게 된 것이 가장 중요하다고 평가된다.

이와 같이 민법전이 제정되기 위한 전제조건들, 즉 민법제정을 위한 법소재의 확보, 민법제정을 위한 사회·경제적 필요성의 성숙, 근세 자연법론에 의한 자유, 평등, 박애의 시대정신의 확립, 시민혁명에 의하여 민법 제정을 위한 시민세력의 결집 등이 충족되어 비로소 근대 민법전이 제정될 수 있게 되었다. 이러한 민법제정의 전제조건의 성숙으로 근대 민법전이 제정되어 인간의 자유와 평등이 사법적으로 보장되고, 인간의 인간에 대한 박애, 사랑 내지 형제애의 실천이 私法的으로는 상대방에 대한 配慮義務의 법원칙으로 규율되게 되었다.

그리고 근대의 자연법론에 기초한 근대 민법전은 프로이센 일반주법(1794), 프랑스민법(1804) 그리고 오스트리아 민법(1811)이다. 독일민법전(1896)은 독일에서 프로이센 일반주법을 대체하는 민법전으로서 근세 자연법 사상을 이어받아 제정되었지만, 프로이센 일반주법의 제정·시행 후에 독일에서 나타난 계수된 로마법을 학문적으로 연구하여 체계화한 법학이었던 판덱텐법학(Pandektenwissenschaft)에 기초하여 제정되었다. 근세 자연법론에서 주장 · 제시된 인류보편의 가치들인 자유, 평등, 박애의 사상은 판덱텐법학의 기본사상이 되었다. 그러므로 결국 근세 자연법론에서의 자유, 평등, 박애의 사상은 판덱텍법학의 기초사상이 되었으며, 독일민법전은 판덱텍법학에 의하여 이룩된 학문적 결과를 소재로 하여 제정되었기 때문에 독일민법전도 역시 근세의 자연법론에서 주장된 사상을 기초로 하여 이를 실천하고 있는 것이다.

또한 근대 민법전의 제정과 그 내용은 아래로 부터의 시민혁명에 의하여 구체제였던 절대왕정을 완전히 顚覆시킨 후에 제정된 프랑스 민법에서와 절대왕정을 그대로 유지하면서 계몽적 절대군주였던 프로이센에서는 프리드리히 2세 대왕(재위: 1740－1786), 오스트리아에서는 요셉 2세 대왕(재위: 1764－1790)에 의하여 시작된 위로부터의 개혁에 의하여 근대민법전으로 제정된 프로이센 일반주법과 오스트리아 민법전과는 그 내용에 있어서 차이가 있다. 프랑스민법전에서는 구체제를 완전히 극복하고 인간의 자유, 평등, 박애를 실천하고자 한 데 반하여, 프로이센 일반주법과 오스트리아 민법전은 구체제의 잔재들이었던 등족(Stände)과 분할소유권(geteiltes Eigentum)을 인정하여 인간의 자유, 평등과 인간에 대한 박애를 충실히 실천하지는 못하였다. 이러한 차이는 근세 자연법사상이 시민혁명에 의하여 아래로부터 실천되었느냐, 위로부터의 계몽주의 사상으로 반영이었느냐에서 起因한다. 독일민법전은 이러한 구체제의 잔재를 모두 제거하고 제정되었다.

Ⅳ. 근세 자연법론에 기초한 근대 민법의 기본원리 내지 기본원칙 들

근세 자연법론으로부터 도출된 근대 민법에서의 사상적 기초인 자유, 평등, 박애의 정신과 가치가 근대 민법전에서는 민법의 기본 법원리 내지 기본원칙으로 규정되게 되었으며, 세부적인 민법조항으로 규정되기도 하고, 실정민법에서 규정되지 않았다 하더라도 不文의 민법의 법원리로 기능하게 되었다. 그러나 일반적으로 자유, 평등, 박애의 정신은 일반 법원리이기 때문에 민법의 일반규정으로 규정되게 되었다.

자유의 가치와 이념은 민법에서 인간의 행동의 자유의 원칙으로 규정되게 되었다. 인간의 행동의 자유는 법률행위의 자유, 계약의 자유로 표현되었으며, 재산권에서는 소유권 행사의 자유로, 위법행위로 인한 책임에 있어서는 과실책임의 원칙으로 나타나게 되었다. 법률행위 내지 계약자유의 원칙은 민법에서 선량한 풍속 기타 사회질서에 위반한 법률행위는 무효로 하도록 규정하여, 선량한 풍속 기타 사회질서에 위반하지 아니하는 법률행위는 자유로이 할 수 있음을 명정하고 있다(한국민법 제103조, Art.6 C.c., § 138 BGB). 그리고 소유권 행사의 자유에 관하여는 법률의 범위 내에서 자유롭게 행사할 수 있는 것으로 규정하고 있다(한국민법 제211조, Art.544 C.c., § 903 BGB). 불법행위로 인한 책임에 관하여는 과실책임을 원칙으로 채택하여 타인에게 손해가 발생하였다 하더라도 가해자에게 과실이 없는 때에는 책임을 지지 아니하도록 하는 방법으로 인간의 행동의 자유를 보장하고 있다(한국민법 제750조, Art.1382 C.c., §§ 823, 826 BGB).

그리고 인간의 평등에 관하여는 모든 사람에게 권리능력을 인정하는 방법으로 이를 실천하고 있다. 계층에 따른 권리능력의 차별을 인정하지 아니하고, 어떠한 사람이라도 출생시부터 사망시까지의 생존기간 동안은 권리능력을 갖는다고 규정하는 방법으로 인간의 평등을 민법에서 규정하고 있다(한국민법 제3조, § 1 BGB).

인간의 인간에 대한 박애, 사랑, 형제애의 가치는 민법에서 상대방에 대한 배려를 의무화하고 있는 원칙규정과 개별규정으로 입법이 되었다. 상대방에 대한 배려를 통한 인간의 인간에 대한 사랑의 실천을 민법에서는 신의성실의 원칙과 권리남용 금지의 원칙으로 규율되고 있다. 신의성실의 원칙은 민법의 대원칙으로서 신의칙에 관한 규정이 민법의 앞부분의 규정되어 있든(한국민법 제2조 제1항) 채권법에서 규정되어 있든 민법 전체의 기본원칙이다(Art.1134 al.3 C.c., § 242 BGB).

그리고 권리남용 금지의 원칙은 그것이 타인을 害할 主觀的 意思를 요하는 시카네의 금지(Schikaneverbot)로 규정하였든(§ 226 BGB) 타인을 害할 意思를 요하지 아니하고 객관적 요건만으로 권리남용이 성립된다고 규정하였든(한국민법 제2조 제1항) 실제에 있어서는 거의 구별없이 적용되고 있다.

상대방에 대한 배려를 내용으로 하는 박애의 정신의 민법에서의 규율은 이러한 신의성실, 권리남용 금지의 일반원칙이외에도 개별적으로 사무관리, 과실상계, 불법행의로 인한 손해배상액의 輕減制度 등으로 규정되어 있다. 그리고 신의성실의 원칙은 민법이외에 약관의 해석에서도(약관의 규제에 관한 법률 제5조 제1항) 소송절차에서도(민사소송법 제1조 제2항) 지켜질 것이 명문으로 규정되어 있으며, 비록 법규정으로 입법이 되어 있지 아니하다 하더라도 법의 일반원칙(allgemeiner Grundsatz des Rechts)으로서 민사법률관계에 일반적으로 적용된다.

이와 같이 오늘 날의 각국의 민법전은 근세 자연법론에서의 핵심가치였던 인간중심, 인격존중의 사상을 자유, 평등, 박애로 구체화하여 이를 민법의 최고의 가치로 하여 실천해 나가고 있다. 그러므로 현행의 민법은 근세 자연법론이 제시한 가치들을 최고가치로 하여 이를 계속하여 실천해 나가고 있다. 따라서 현행민법의 이상과 이념은 근세 자연법론의 내용에 그 근원을 두고 있다.

서양의 근대민법을 계수한 우리의 민법도 역시 근세 자연법론이 제시한 사상과 가치를 실천하고 있는 것이다. 따라서 우리 민법은 근세 자연법론의 사상과 가치를 실천하고 실현해 나가고 있는 민법전이다.

V. 민법 발전을 위한 법정책의 방향

역사적으로 민법은 인류보편의 가치를 담아 이를 지속적으로 실천하면서 발전하여 왔다. 근대 민법은 근본적으로 로마법과 교회법 및 게르만법을 素材로 하고 근세 자연법론이 제시한 인류보편의 가치를 私法的으로 실천하고자 한 법이다. 현재의 민법은 근대민법의 가치를 여전히 최고 가치로 하여 이를 사법적으로 실천해 나가고 있다. 근세 자연법론이 제시한 인간의 자유, 평등, 그리고 인간의 인간에 대한 사랑, 박애, 형제애는 인류보편의 가치이다. 이러한 민법의 정신 내지 기본가치는 구체적인 민사법률생활에서 지켜지고 실천되어야할 최고의 가치이다. 근세 자연법론이 제시한 인류보편의 가치들을 민법에서 최고의 가치로 하여 이러한 가치를 실천할 수 있도록 구체적인 법규정을 입법하였기 때문에 근대민법은 오늘 날에도 여전히 그 효력이 지속되고 있다.

이와 같은 근대민법과 그 최고 가치를 제시한 근세 자연법론과의 관계를 통하여서 민법발전을 위한 법정책의 방향을 가늠해 볼 수 있다. 민법은 로마법과 게르만 그리고 교회법을 소재로 하여 지속적으로 발전하여 왔다. 로마법이 생성될 때에는 사해동포주의를 주장한 그리스와 로마에서의 스토아 철학의 영향을 받았으며, 중세의 교회법 시대에는 기독교의 도덕신학의 영향을 받아 로마민법이 더욱 순화되었으며, 근세에는 근세 자연법론의 영향을 받아 더욱더 민법의 내용이 인류보편의 가치를 담게 되었다. 그리하여 근대 민법이 오늘날에도 그 효력이 계속되고 있다. 민법발전의 조건에는 여러 가지를 고려할 수 있지만 그 중에서 가장 중요한 조건은 민법의 내용이 인류보편의 가치를 담아 이를 실천하는 법규정으로 규정되어야 한다는 점을 발견할 수 있다.

인류보편의 가치는 바로 자연법의 내용이다. 그러므로 자연법은 인류보편의 가치를 실천하고자 하는 법이다. 따라서 자연법론은 현재의 법보다는 더 나은 법, 더 품격있는 법, 더 좋은 법을 찾고 만들어 나가는 법사상이며 법철학이다. 따라서 민법발전을 위한 법정책의 방향은 민법의 내용을 자연법적으로 구성하는데 두어야 함을 알 수 있다. 민법의 법정책의 방향은 자연법론이 추구하는 인류보편의 가치를 찾아 이를 실천하는 데에 있다.

Ⅵ. 맺는 말

법은 가치규범이다. 민법도 역시 가치규범이다. 민법이 실천하고자 하는 가치는 인류보편의 가치이다. 비록 각국의 고유성과 특수성이 인정된다 하더라고 그러한 각국의 고유하고도 특수한 제도가 이루어야 할 최고 가치는 인류보편의 가치이다. 물론 인류보편의 가치는 시대에 따라서 지속적으로 확대되고 세분화되어 되어 왔다. 그 인류보편의 가치의 구체적인 실천의 모습은 시대의 변화에 따라서 그리고 각국의 사정에 따라서 다소간의 차이는 있을 수 있다. 그러나 근본적인 민법발전의 방향은 인류보편의 가치의 실현에 두어야 한다.

근대민법전은 근세의 자연법론이 제시한 인류보편의 가치를 실현하는 법이었다. 근대 민법전은 그 내용이 인류보편의 가치를 실천하고자 하는 법규정으로 구성되어 있기 때문에 오늘날에도 여전히 그 효력이 지속되고 있다. 그러나 근세 자연법론의 시대와 오늘날의 시대는 그 시대모습이 달라졌다. 근세자연법론에서는 인간을 추상적인 인간(Person)으로 파악하였다. 그러나 오늘 날의 다원화 사회에서는 개별적인 인간(Individuum)을 중시하는 사회로 바뀌어 가고 있다. 이러한 다원화 사회에서 근세 자연법론이 주장한 민법에서의 인류보편의 가치들인 자유, 평등, 박애를 어떻게 실천해 나갈 것인가가 새로운 민법의 과제로 나타나고 있다. 다원화 사회에서는 개별 인간의 존재가치를 인정하고 존중하지만, 보편가치인 자유와 평등과 박애의 정신을 실천하기 위해서는 인간 상호간의 연대(Solidarität)와 관용(Toleranz)의 가치가 강조되고, 그러한 새로운 가치에 조화될 수 있도록 근세 자연법론에서의 사상과 가치가 민법에서 실천될 수 있도록 민법입법의 법기술이 발전되어야 한다. 민법은 인류보편의 가치를 실천하는 법률이고 또한 그러한 법률이어야 한다.

<대한민국 학술원 통신(News Letter), 제249호, 2014. 4. 1.>

8. 근저당권에 관한 민법 제357조의 해명

물권법은 인간의 재화에 대한 질서를 세우는 법으로서 물권법은 인류의 역사와 철학 그리고 인간의 삶에 대한 고뇌가 침전된 법분야이다. 이러한 귀중한 물권법을 법학연구의 중심과제로 하여 정년이 가깝도록 연구한 결과 물권법분야에 관하여 모두 8권의 책을 집필하게 되었다. 나름대로 물권법을 조금 집대성하였다고 자평해 본다. 이 근저당권비교연구는 물권법 집대성의 시리즈의 마지막 저작에 해당된다. 그러나 이 저작을 세상에 내 놓기는 하지만 부족하기 그지없다. 방대한 물권법 영역을 조금 섭렵하였을 뿐이다.

이 저작의 제목은 근저당권비교연구이지만 근저당권에 한정에서만 집필하지는 못하였다. 근저당권을 중심으로 하기는 하였지만 저당권 일반에 관하여 기술한 저작으로 이해하여도 좋을 것 같다. 우리나라는 근저당권에 관하여 민법에서는 오로지 1개의 조문을 두고 있을 뿐이지만 담보실무에서는 보통의 저당권은 거의 이용되지 아니하고 근저당권이 주로 이용되고 있다. 그러므로 인하여 근저당권에 관한 실무와 학설 및 판례가 민법의 근저당권에 관한 규정의 내용을 충실히 실천하고 있는 지에 관하여 의문이 떠나지 아니하였다. 근저당권에 관한 민법의 규정과 근저당권 이용의 실무가 불일치한 이유가 어디에서 연유하는 가에 대한 의문을 풀어보고자 근저당권에 관한 비교연구를 하게 되었다.

우리 민법의 근저당권에 관한 규정은 독일민법의 최고액저당권에 관한 법규정을 계수하였지만, 담보실무에서는 일본의 근저당권의 법리를 따라서 근저당권이 이용되고 학설과 판례가 형성되어 왔다. 그리하여 우리나라에서는 근저당권에 관한 법규정과 근저당권 이용의 실무가 부합하지 못하는 현상에 빚어지고 있었다. 근본적으로 독일의 최고액저당권과 일본의 근저당권에 관한 일본민법과 담보실무는 근저당권에 대한 기초를 달리하고 있다. 독일민법에서의 최고액저당권은 특정채권이라도 그 채권액이 확정되어 있지 아니하면 그러한 특정채권을 담보하기 위해서도 최고액저당권을 설정할 수 있도록 규정되어 있으나, 일본민법에서의 근저당권은 일정한 계속적 거래관계로부터 발생하는 불특정의 채권을 일정한 한도액까지 담보하는 저당권으로 규정되어 있다. 따라서 독일민법은 채무액이 불확정인 채권을 담보하는 저당권을 최고액저당권으로 규정하고, 일본민법은 특정되지 아니한 불특정의 채권을 일정한 한도액까지 담보하는 저당권을 근저당권으로 규정하고 있다. 따라서 근저당권에 관한 이해와 입법이 독일민법에서와 일본민법에서 근본적으로 다르다. 그리고 독일에서는 최고액저당권이 거의 이용되지 아니하여 최고액저당권에 관한 법리가 더 이상 발전하지 못하였으나, 일본에서는 그들의 근저당권이 널리 이용되고 관련 학설과 판례도 풍부히 집적이 되어 있다. 그런데 우리나라에서는 근저당권에 관한 입법은 독일의 최고액저당권에 관한 규정을 계수하여 입법을 하였으나, 근저당권의 실무와 학설과 판례는 일본의 근저당권에 관한 그것들을 계수하여 운용한 관계로 근저당권은 법규정과 실무와 학설과 판례가 부합하지 못하는 상태로 이어져 왔던 것이다. 독자적이고 고유한 우리의 법을 가져야 한다는 저자의 법이론과 법사상에 비추어 보면 참으로 잘못된 법운영의 결과라 아니할 수 없다.

담보권은 담보권자에게 유리하게 형성·발전해 나가는 속성을 가지고 있다. 그러므로 담보권설정자의 보호를 위하여 이론이 형성되고 입법이 이루어져야 한다. 근저당권에 관하여 법규정과 법실무가 서로 괴리현상을 빚고 있는 우리의 부동산담보현실을 극복하고 근저당권자와 근저당권설정자가 균형있게 보호받으며, 이상적인 담보법과 담보실무를 통하여 나라의 금융운영이 원만하고 나라경제가 융성하기를 간절히 기원한다.

<근저당권비교연구 머리말, 2013>

9. 根抵當權의 基本契約에의 附從性 認定에 관한 立法意見

목 차

Ⅰ. 개설: 문제의 제기

민법의 여러 규정 중에서 국민들의 民生과 관련된 가장 중요한 법분야가 아마도 抵當權과 保證, 그 중에서도 根抵當權과 根保證 부문일 것이다. 그리고 민법개정을 위하여 이론의 정립과 의견의 일치를 도출하기가 어려운 부문은 아마도 채무불이행의 책임체계의 일원화와 계약체결상의 과실책임의 개정에 관한 부문일 것으로 생각된다.

저당권에 있어서는 보통의 저당권이 기본적인 저당권이고 근저당권은 특수한 저당권으로 이해되고 있으나, 담보실무에서는 근저당권이 일반적으로 행하여지고 보통의 저당권은 거의 행하여지지 않고 있다. 그 이유는 보통의 저당권에서 우선변제권이 인정되는 피담보채권의 범위 중에서 지연손해를 이행기일을 지난 1년분으로 제한하고 있는 민법 제360조의 규정을 회피함에 그 목적이 있는 것으로 이해된다. 근저당권에 있어서는 채권최고액을 실제로 발생할 피담보채권액을 초과하는 금액으로 약정하여 채권최고액의 여유가 있는 한 1년이 지난 지연이자도 우선변제를 받을 수 있도록 판례와 실무가 그렇게 운용하고 있다. 그리하여 특정채권의 담보를 위해서도 보통의 저당권을 설정하지 아니하고 근저당권을 설정한다.

보통의 저당권은 특정의 피담보채권에 附從한다(민법 제361조). 그러나 근저당권은 피담보채권에의 부종성이 완전히 배제되어 있어 있지는 않지만 부종성이 완화되어 있다. 따라서 보통의 저당권은 피담보채권이 발생하여야 저당권이 성립하고 존속하고 실행할 수 있다. 그러나 근저당권은 피담보채권이 발생하지 아니하더라도 근저당권이 성립할 수 있고 존속할 수 있다. 그러나 근저당권을 실행하려면 실행시에 피담보채권이 존속하고 있어야 한다. 따라서 보통의 저당권은 존속하던 피담보채권이 소멸하면 저당권도 소멸한다. 그러나 근저당권은 존속하던 피담보채권이 소멸하여도 근저당권은 소멸하지 아니하고 유효하게 존속한다.

이러한 근저당권을 입법함에는 크게 두 가지의 유형으로 나누어진다. 독일민법(§ 1190 BGB)에서와 같이 저당권에 의하여 담보할 채권최고액만을 약정하고 구체적인 피담보채권의 확정은 장래에 유보하는 방식의 입법과, 일본민법에서와 같이 저당권에 의하여 채무자와 채권자간의 특정한 계속적 거래관계 또는 일정한 계속적 거래관계로부터 발생하게 될 채권을 일정한 한도액(즉, 極度額)까지 담보하는 방식의 입법이 있다. 前者의 독일의 최고액저당권에 있어서는 채권자와 채무자간에 발생하는 어떠한 채권이든지 모두 최고액저당권의 피담보채권으로 할 수 있도록 함에 반하여, 後者의 일본의 근저당권에 있어서는 채권자와 채무자간에 특정 또는 일정한 계속적 거래관계로부터 발생하는 채권만을 근저당권의 피담보채권으로 할 수 있도록 하고 있다. 그러므로 前者의 독일의 입법방식에 의하면 채권자가 채무자에 대하여 취득한 어떠한 원인의 채권이든 모두 최고액저당권의 피담보채권이 되므로 피담보채권이 존재하지 않더라도 최고액저당권은 유효하게 존속하게 되며, 사실상에 있어서는 최고액저당권의 獨立性, 抽象性이 인정된다. 그 결과로 이론적으로는 피담보채권이 없이 최고액저당권만이 존속할 수 있고 양도되어 유통될 수 있다. 그러나 독일민법에서는 최고액저당권은 피담보채권이 반드시 존재하여야 하는 保全抵當權(Sicherungshypothek)으로만 설정할 수 있도록 하여(§ 1190 Abs 3 BGB) 최고액저당권의 獨立性, 抽象性을 배제하고 있다. 일본에서는 근저당권을 설정하기 위해서는 채권자와 채무자간에 특정 또는 일정한 계속적 거래관계가 존재하여야 한다. 그러나 근저당권이 성립하기 위해서 그 계속적 거래관계로부터 구체적인 채권이 발생할 것까지 요구하지는 않는다. 그렇기 때문에 일본에서의 근저당권은 채권자와 채무자간의 계속적 거래관계(즉, 기본계약)가 존재하여야 근저당권이 성립하게 되므로 근저당권은 기본계약으로 발생하는 개별채권에 부종하지는 않지만 기본계약에는 부종하게 된다.

우리 민법은 근저당권에 관하여 민법 제357조에서 그 규정방식은 독일민법의 최고액저당권과 마찬가지로 채권최고액을 약정하고 피담보채권의 확정은 장래에 유보하는 저당권을 근저당권이라고 규정하였다. 그러나 담보실무에서는 특정근저당권, 한정근저당권, 포괄근저당권으로 나누어 기본계약을 당사자간에 약정하고 그 기본계약으로부터 발생하는 채권을 피담보채권으로 하는 저당권이 근저당권임을 인정하고 그렇게 이용하고 있다. 그러므로 우리나라에서는 근저당권에 관한 입법방식은 독일민법의 최고액저당권을 모범으로 하고, 담보실무에서는 근저당권을 설정하기 위해서는 당사자간에 기본계약이 체결되어야 하고, 그 기본계약으로 발생하는 채권을 피담보채권으로 하는 저당권을 근저당권으로 다루고 있다. 물론 담보실무에서 특정채권을 담보하기 위하여 설정하는 근저당권에 있어서는 기본계약이 있을 수 없기 때문에 그러한 예외적으로 특정채권의 담보를 위한 근저당권의 경우에는 기본계약을 요구하지 아니한다.

이처럼 우리나라에서는 근저당권에 관한 민법의 규정내용과 담보실무에서의 근저당권이 서로 다르게 운용되어 왔기 때문에 근저당권의 본질에 관하여 債權(또는 債務)不特定說과 債權額(또는 債務額)不確定說이 대립되어 왔다. 채권불특정설은 근저당권은 불특정의 채권을 채권최고액까지 담보하는 저당권으로 파악하여 왔으며, 근저당권의 확정에 의하여 비로소 근저당권의 피담보채권이 특정된다고 설명하여 왔다. 이에 반하여 채권액불확정설은 근저당권에 의하여 담보되는 채권은 불특정의 채권이 아니라, 특정채권이든 불특정채권이든 상관없이 채권액(즉, 채무액)이 확정되어 있지 아니하면 근저당권의 피담보채권이 될 수 있으며, 채무액의 확정은 근저당권의 실행에 의하여 확정된다고 한다. 그리하여 근저당권이 확정이 되면, 채권불특정설에 의하면 피담보채권이 특정되므로 근저당권이 보통의 저당권으로 전환된다고 해석하는데 반하여, 채무액불확정설에 의하면 근저당권이 확정되어도 피담보채권은 특정되지만 지연이자가 계속 발생하는 때와 같은 경우에는 피담보채권액은 확정되지 아니하므로, 근저당권이 확정되어도 보통의 저당권으로 전환되지 아니하고 근저당권이 계속된다는 것이다. 그리하여 우리 민법 제357조에서 규정하고 있는 "채무의 확정"의 의미에 관하여 채권불특정설에 의하면 채권의 특정으로 해석하는데 반하여, 채무액불확정설은 채무액의 확정으로 해석한다. 독일민법 제1190조의 최고액저당권에서의 채권의 확정(Feststellung der Forderung)은 채권액(즉, 채무액)의 확정으로 해석되고 있다.[1)]

이와 같이 우리나라에서는 근저당권에 관하여 민법규정과 담보실무가 서로 다르게 운용되어 왔기 때문에 근저당권에서 채권의 확정의 개념에 관해서도 의견의 대립이 있고, 근저당권의 부종성에 관하여 기본계약을 요하느냐 않느냐에 견해에 따라서 기본계약을 요한다는 견해에 의하면 근저당권은 개별적 피담보채권에의 부종성은 인정하지 않지만 기본계약에의 부종성은 인정한다. 그러나 극단적인 포괄근저당권까지 인정하는 견해에 의하면 근저당권은 기본계약으로부터 발생하는 채권을 담보하기도 하지만 기본계약이 반드시 있어야 하는 것은 아니므로 기본계약에의 부종성을 인정할 수 없고, 극단적인 포괄근저당권까지 인정할 수 있으므로 그러한 극단적 포괄근저당권의 경우에는 구체적인 피담보채권이 *不存在*하여도 근저당권의 존속에는 문제가 없다고 하여, 근저당권의 독립성, 추상성까지 용인하고자 한다.

이처럼 우리나라에서는 아직도 근저당권의 본질과 근저당권의 기본계약에의 부종성 인정 여부에 관하여 견해의 통일이 이루어지지 못하며, 이로 인하여 근

1) Jürgen F. Baur, Rolf Stürner, Sachenrecht, 18. Aufl.(Beck, 2009), Rn 26 zu § 42: Die Sicherungshypothek; BGB(Staudingers Kommentar), §§ 1018–1296, 12. Aufl.(1981), Rn 34 zu § 1190.

저당권에 관한 민법개정안의 마련과정에서도 일관성이 유지되지 못하고 있는 실정이다.

II. 현행법에서의 근담보권의 기본계약에의 부종성에 관한 통일성의 不在와 근저당권의 부종성 문제에 관한 민법개정 논의

1. 현행법에서의 根擔保에 관한 규정의 不統一性

근담보에는 근질도 근저당권도 根動産擔保權도 근보증도 있다. 근질에 관하여는 아무런 법규정이 없으며, 동산의 근동산담보권에 관하여는 "동산·채권 등의 담보에 관한 법률" 제5조 제1항 제1문에서 "동산담보권은 그 담보할 채무의 최고액만을 정하고 채무의 확정을 장래에 보류하여 설정할 수 있다"라고 규정하여 근담보권의 설정에 기본계약의 존재를 요하지 아니한다. 그리고 근저당권에 관하여는 민법 제357조에서 채권최고액만을 정하고 채권의 확정을 장래에 유보하고 근저당권을 설정할 수 있도록 하여 근저당권에서도 역시 기본계약의 체결을 요하지 아니한다.

그러나 근보증에 관하여는, 민법에서는 아무런 규정을 두고 있지 아니하나 好意保證에 있어서의 根保證에 관하여는 "보증인 보호를 위한 특별법" 제6조 제1항에서 "보증은 채권자와 주채무자 사이의 특정한 계속적 거래계약이나 그 밖의 일정한 종류의 거래로부터 발생하는 채무 또는 특정한 원인에 기하여 계속적으로 발생하는 채무에 대하여도 할 수 있다"라고 규정하여 근보증에 의하여 담보되는 주채무는 채권자와 주채무자간의 기본계약으로부터 발생하는 채무를 약정한 최고액까지 보증하는 것으로 규정하고 있다. 따라서 근보증에 있어서는 기본계약의 존재를 요구하고 있다.

2015년 2월 3일에 개정되고 2016년 2월 4일부터 시행될 민법 제 428조의 3에서 근보증을 "불확정한 다수의 채무"를 담보하는 보증으로 규정하고 있다. 동조에 의하면 근보증은 하나의 채무를 담보하기 위해서는 허용되지 아니하며, 2개 이상의 다수의 채무를 피보증채무로 하여야 한다고 규정하여, 특정한 하나의 채무라도 채무액이 불확정적이면 근보증을 설정할 수 있도록 운용되고 있는 금융실무상의 채무액불확정설에 충실하지 아니하다. 다수의 채무가 각각 그 채무액이 불확정적이면 그 다수의 채무를 피보증채무로 할 수 있도록 하고 있다. 그러나 불확정의 다수채무의 발생범위에 관하여는 아무런 제한을 두지 아니하고, 금융실무에서 이용되고 있는 특정근보증, 한정근보증, 포괄근보증(소위 거래포괄근보증)에 한정하지 아니하고, 극단적인 포괄근보증의 유효성을 인정하고자 하고 있다.

그러나 사견으로는 개정민법에서 불확정한 다수의 채무를 피근보증채무로 규정하고 있지만, 해석은 채무불특정설에 입각하여 일정한 계속적 거래관계로부터 발생하는 불특정의 다수채무를 최고액까지 담보하는 보증을 근보증으로 해석함이 바람직하다고 생각한다.

그리고 부동산등기법에서는 근저당권에 관한 등기를 함에 있어서 당사자간에 기본계약을 체결하고 그 기본계약으로부터 발생하는 불특정의 채권을 담보하는 근저당권설정등기의 경우에도 기본계약의 등기를 요하지 아니한다(부동산등기법 제75조 제2항). 그리하여 근저당권설정등기원인을 항상 "근저당권설정약정"이라고만 등기하여 근저당권의 피담보채권의 발생원인이 되는 기본계약을 등기부만의 열람으로써는 알 수가 없다. 이는 근저당권에 관한 실체법인 민법 제357조가 기본계약을 요하지 않는 것으로 규정하고 있기 때문에 절차법에서도 그렇게 규정한 것으로 해석된다. 또한 우리 민법과 부동산등기법에서는 극단적인 포괄근저당권의 유효성까지 인정하는 것으로 해석되기 때문이라 생각된다. 그러나 담보실무에서는 근저당권의 종류를 나누어 기본계약에 따라서 근저당권의 유형을 달리하여 이용하고 있는 것과는 부합하지 아니한다. 부동산등기에서 근저당권이 특정근저당권인지, 한정근저당권인지, 포괄근저당권인지를 구별하여 등기하여야 함이 마땅하다. 참고로 일본에서는 일본민법에서 근저당권의 설정에는 기본계약을 요하므로, 일본의 부동산등기법에서는 기본계약을 등기하도록 하고 있다(일본부동산등기법 제88조 제2항 1호).

등기부는 실체적인 권리관계를 진실 그대로 등기하여 공시하여야 한다. 그러나 근저당권설정등기에 관한한 우리의 부동산등기부는 등기부만을 통해서는 근저당권의 실체적 내용은 진실 그대로를 알 수가 없다. 그리하여 필자는 실체적 권리관계를 진실 그대로 공시하지 못하는 등기를 모두 不實登記로 파악한다. 등기는 실체적인 권리관계를 있는 그대로 그리고 진실 그대로 공시할 수 있도록 하는 것이 등기부의 理想이고 課題라 생각한다.

2. 민법개정안에서의 근저당권에 관한 규정의 변천

2004년에 국회에 제출된 민법 중 재산법개정안에서는 근저당권에 관하여 자세한 규정을 두고, 근저당권을 특정 또는 일정한 계속적 거래관계로부터 발생하는 불특정의 채권을 최고액까지 담보하는 저당권으로 법안을 만들었다(2004년 민법(재산법)개정안 제357조의 2). 이는 현재의 독일식 입법방식에서 일본의 근저당권에 관한 규정을 모범으로 하여 개정안을 마련한 것이었다. 그리하여 현재의 담보실무에서 이용되고 있는 포괄근저당권을 이용할 수 없게 하고, 기본계약을 등기하도록 하고, 특정채권의 담보를 위해서는 보통의 저당권을 이용하도록 하고, 계속거래관계로부터 발생하는 증감변동하는 불특정의 채권을 담보하기 위하여서 근저당권을 이용하도록 하였다. 그리하여 근저당권은 개별적인 피담보채권에는 부종하지 않지만 기본계약에는 부종하도록 하였다. 그러나 특정채권과 기본계약으로부터 발생하는 불특정의 채권을 함께 피담보채권으로 하는 경우에는 근저당권을 설정할 수 있도록 하여 특정채권도 예외적으로 기본계약으로부터 발생하는 불특정의 채권과 함께 피담보채권으로 할 때에는 근저당권의 피담보채권이 될 수 있도록 하였다. 그리고 근저당권의 본질에 관하여는 채무불특정설에 입각하여 개정안을 마련하였다. 또한 등기부에는 기본계약을 일일이 열거해서 등기하여 공시하도록 하여 실체적 권리관계와 등기부가 일치하도록 하는 構想으로 개정안을 마련하였다. 현재와는 달리 기본계약을 일일이 등기하는 일은 번잡하고 시간과 비용이 들겠지만 등기부의 電子化에 의하여 등기신청을 인터넷을 통해 쉽게 할 수 있으므로 등기업무상으로는 큰 부담이 없을 것으로 판단을 하였다.

그러나 2004년도 민법(재산법)개정안이 17대 국회의 회기만료로 자동 폐기되고, 2009년부터 시작하여 다시 성안한 민법 중 재산법 개정안에서는 2004년도 개정안과는 전혀 반대로 현재의 민법 제357조를 그대로 유지하도록 하였다. 그 결과로 근저당권의 설정에는 기본계약의 체결이 요구되지 아니하며, 특정의 채권이라도 이를 피담보채권으로 하여 근저당권을 설정할 수 있도록 하였다. 그 결과로 극단적인 포괄근저당권의 설정도 가능한 것으로 입법안을 마련하여 피담보채권이 특정채권이든, 계속적 거래관계로부터 발생하는 불특정의 채권이든, 피담보채권이 전혀 발생하지 않는 경우에도 근저당권만의 설정이 가능하도록 하였다. 그리하여 근저당권의 독립성, 추상성을 인정하는 개정안을 마련한 것이다. 따라서 지연이자의 우선변제의 범위를 제한하는 민법 제360조의 규정은 사실상 적용될 여지가 거의 없게 되었으며, 저당권의 피담보채권에의 부종성이 근저당권에서는 완전히 배제될 수 있는 경우도 인정하는 방향으로 개정안을 마련한 것이다. 기본계약이 근저당권 설정의 전제가 되지 아니하므로 기본계약을 등기할 필요가 없으며, 따라서 근저당권의 실체적 내용과 등기의 불일치를 그대로 容認하는 개정안이 마련된 것이었다. 등기부만을 열람하여서는 근저당권의 피담보채권이 어떠한 원인에 의하여 발생하는지를 알 수 없는 등기를 유효한 근저당권설정등기로 인정하겠다는 것이었다. 이는 바로 저당권의 기본적인 형태는 근저당권이며 보통의 저당권이 특수한 저당권이 된다는 입장을 반영한 것이었다.

Ⅲ. 일본민법에서의 근저당권의 기본계약에의 부종성 인정의 입법과 담보실무

일본민법에서 1971년에 근저당권에 관하여 입법을 할 때에 입법자들은 일본에서 관습적으로 이용되고 있던 기본계약으로부터 발생하는 불특정의 채권을 최고액(즉, 極度額)까지 담보하는 저당권을 근저당권으로 입법을 하였다(일본민법 제398조의 2). 그러므로 일본에서 근저당권을 설정하기 위해서는 그 근저당권에 의하여 담보되는 채권이 발생하는 기본계약이 존재하여야 하며, 그 기본계약으로부터 발생하는 채권만이 근저당권의 피담보채권이 된다. 이는 포괄근저당권을 용인하지 않겠다는 내용이다. 그러나 예외적으로 어음채권과 수표채권은 기본계약에 기하여 취득한 것이 아니라도 근저당권의 피담보채권으로 할 수 있도록 하여 그 범위 내에서는 기본계약으로 발생하지 아니하는 채권이 근저당권의 피담보채권이 될 수 있도록 하였다. 이러한 입법은 근저당권의 본질에 관한 이론적인 근거에 의한 것이 아니라, 포괄근저당권을 인정하고자 하는 견해와 인정치 않으려는 견해의 대립을 해결하기 위한 타협의 결과로 규정된 것이다. 근본적으로 일본에서는 근저당권의 설정에는 기본계약을 필요로 하며, 그 기본계약은 등기하여야 한다.

그리하여 일본에서는 담보실무에 있어서 보통의 저당권이 많이 이용되고 있으며, 근저당권의 실체적 내용과 등기가 부합을 하며, 등기부의 열람으로 근저당권의 피담보채권의 발생원인과 범위를 알 수 있다.

그리고 근저당권이 확정되면, 근저당권은 보통의 저당권으로 전환된다는 견해가 주장되고 있지만 일반적으로는 근저당권으로 계속된다고 보며, 저당권의 우선변제가 인정되는 범위를 지연이자의 경우는 만기가 된 최후의 2년분으로 제한하고 있는 일본민법 제375조의 규정은 근저당권에는 적용되지 않는다고 하여 2년분을 초과한 지연이자도 극도액의 여유가 있는 때에는 우선변제를 인정하고 있다.

Ⅳ. 독일에서의 최고액저당권(Höchstbetragshypothek)을 代替하여 이용되던 채권적 부종성 인정의 보전토지채무(Sicherungsgrundschuld)에서 물권적 부종성 인정의 보전토지채무로의 독일민법의 개정

독일에서는 독일민법에서 규정하고 있는 최고액저당권은 실무에서는 전혀 이용되지 않고 담보실무에서 생성되고 판례에 의하여 그 유효성이 인정되고 있는 보전토지채무가 최고액저당권을 代替하여 널리 이용되고 있다. 물론 보전토지채무는 최고액저당권을 대체하여 이용될 뿐만 아니라 보통의 저당권을 대체하여서도 이용되고 있다. 독일민법에서는 부동산담보권으로 抵當權, 土地債務 및 定期土地債務 3종류를 규정하고 있지만 이 3종류의 부동산담보권의 이용보다는 담보실무에서는 그 동안 독일민법이 규정하고 있지 아니한 보전토지채무(Sicherungsgrundschuld)가 일반적으로 널리 이용되어 왔다.

보전토지채무는 채권자와 채무자간에 피담보채권에의 부종성이 완전히 배제된 토지채무를 설정하면서 동시에 양당사자간에 당해 토지채무를 양당사자간의 특정한 채권 또는 불특정의 다수채권을 담보할 것을 내용으로 하는 별도의 담보채권계약(Sicherungsvertrag, Sicherungsabrede)을 체결하여 양당사자간에는 당해 토지채무를 특정 또는 불특정의 다수채권을 담보하도록 하는 양당사자간에만 효력이 있는 채권적인 부종성이 인정되는 토지채무를 말한다. 토지채무는 피담보채권에의 부종성이 배재되어 있기 때문에 토지채무채권자는 채무자에 대하여는 人的인 변제청구권을 행사할 수 없고 오로지 토지채무부동산에 대해서 실행하여 채권의 변제를 받을 수 있을 뿐이다. 그러나 보전토지채무에 있어서는 당사자간에 채권적인 부종성이 인정되기 때문에 토지채무채권자는 토지채무설정자에 대하여도 인적인 변제청구권을 행사할 수도 있고, 토지채무부동산을 실행하여 우선변제를 받을 수도 있다.

독일에서는 등기신청에 등기권리자 단독신청주의를 취하기 때문에 토지소유자가 등기소에 토지채무의 설정을 신청하여 物權證券인 토지채무증권을 교부받고, 그 토지채무증권을 채권자에게 양도하고 채권자로부터 금전을 융자받는 과정으로 금전대차와 토지채무의 양도가 이루어진다. 이 때에 채권자와 채무자인 토지채무양도인간에 당해 토지채무를 채권자가 채무자에게 융자해 주는 특정의 채권 또는 일정한 계속적 거래관계로부터 발생하는 불특정의 채권을 토지채무액의 한도까지 담보하는 담보채권계약을 체결하는 방법으로 보전토지채무가 설정된다.

이러한 보전토지채무에서는 채권자인 토지채무권리자는 담보채권계약에 의하여 당해 토지채무를 담보채권계약에서 약정한 채권의 담보로서만 이용하여야 할 의무를 부담한다. 그러나 보전토지채무는 채권적인 부종성만을 가지므로 채권자인 토지채무권리자는 당해 보전토지채무만을 제3자에게 양도하고, 그 제3자가 善意이면 보전토지채무인 그 토지채무를 선의취득하게 된다. 그러면 그 제3자는 채권적인 부종성이 없는 부종성이 완전히 배제된 토지채무를 취득하게 된다. 제3자가 악의이면 채무자는 담보채권계약에 기한 항변권을 그 악의의 제3자에게 행사할 수 있고, 보전토지채무를 양도한 채권자에 대하여는 담보채권계약 위반에 대한 손해배상 등의 책임을 물을 수 있다.

이와 같이 보전토지채무에 있어서는 토지채무설정자인 채무자는 제3자가 토지채무를 善意取得하게 되면 인적으로 또 물적으로 책임을 지므로 2중의 변제책임을 지게 되는 결과가 발생하게 된다. 그러나 실제로 채권자는 토지채무를 제3자에게 양도하면서 동시에 담보채권계약도 移轉하기 때문에 토지채무의 양수인과 토지채무설정자인 채무자가 간에도 여전히 보전토지채무 관계가 계속되는 것이 일반적이다. 그러나 보전토지채무에 있어서 채무자인 토지채무설정자는 2중변제의 위험성은 부담하고 있는 것이다.

2007년부터 豫見되고 2008년에 발생한 세계경제의 위기가 저당권의 유동화를 이용한 파생상품의 위험성이 현실로 나타난 결과이었기 때문에, 독일에서는 저당권유동화의 방법에 주로 이용되고 있던 토지채무에 대한 규제입법을 하면서 독일민법에 규정이 없던 보전토지채무에 대하여 독일민법에서 당사자간에 채권적 효력만이 있던 담보채권계약에 물권적 효력을 인정하는 입법을 하고, 선의의 제3자에게도 보전토지채무의 선의취득을 봉쇄하는 입법을 하였다. 그리하여 최고액저당권을 대체하여 이용되어 오던 보전토지채무의 선의취득을 부인하여 채무인자인 보전토지채무설정자의 2중변제의 위험을 법적으로 제거해 주었다. 그 법률이 바로 2008년에 제정된 "위험제한법"(Risikobegrenzungsgesetz: Gesetz zur Begrenzung der mit Finanzinvestitionen verbundenen Risiken)에 의한 독일민법 제1192조 제1a항의 신설이었다.

독일민법 제1192조 제1a항에서는 보전토지채무를 규정하면서 "토지채무가 채권을 담보하기 위하여 설정된 경우에는(보전토지채무), 채권자와의 담보채권계약에 근거하여 토지채무에 대하여 소유자에게 귀속되거나 담보채권계약으로부터 발생한 항변권은 모든 토지채무의 취득자에 대하여 주장할 수 있다. 제1157조 제2문[2]은 적용되지 아니한다. 그 외에는 제1157조가 문제되지 아니한다"라고 규정하여, 보전토지채무부동산의 소유자는 보전토지채무로부터 발생하는 항변권을 모든 보전토지채무취득자에 대하여 주장할 수 있도록 하여, 보전토지채무의 취득자가 선의라 하더라도 그 토지채무의 선의취득을 배제하였다. 그러므로 채권자와 채무자간의 담보채권계약으로 발생하는 항변권을 모든 토지채무의 취득자에게 주장할 수 있도록 함으로써 담보채권계약이 채권자와 채무자간의 채권계약임에도 불구하고 실제로는 물권적인 효력을 갖게 되어 최고액저당권에 대체하여 이용되던 보전토지채무에 사실상 물권적인 부종성을 인정하게 되어 이제는 보전토지채무의 피담보채권에의 부종성이 인정되는 효과를 인정하였다.[3] 물론 토지채무의 부종성 배제를 법적으로 否認한 것은 아니나, 담보채권계약이 토지채무와 함께 이전되는 효과를 인정하여 토지채무부동산의 소유자는 모든 보전토지채무취득자에 대하여 담보채권계약에 기한 항변권을 주장할 수 있도록 하여 보전토지채무의 선의취득을 부인함으로써 사실상에 있어서는 보전토지채무의 피담보채권에 대한 부종성을 인정하는 효과를 인정하게 되었다. 이러한 입법은 채무자인 토지채무설정자의 2중변제의 위험을 제거하기 위함에 있다.

이와 같이 일본민법에서는 근저당권의 기본계약에의 부종성을 인정하고 있고, 독일민법에서는 최고액저당권에 대체하여 이용되던 보전토지채무에 사실상의 부종성을 인정하는 방향으로 입법을 하여 근저당권의 부종성은 이를 인정하는 방향으로 민법의 제정 및 개정이 이루어지고 있음에 반하여, 우리나라에서는 오히려 근저당권의 기본계약에의 부종성도 피담보채권에의 부종성도 완전히 배제할 수 있는 방향으로 민법개정이 진행되고 있다. 과연 현재 추진되고 있는 우리의 근저당권의 독립성 내지 추상성의 인정방향으로 근저당권을 규정하는 것이 적절한 지에 관하여는 의문이 제기된다.

참고로 우리 민법 제357조의 모범이 된 舊만주국민법 제356조의 근저당권에 관한 규정은 독일민법에서의 최고액저당권에 관한 규정을 그대로 옮겨놓은 것이었으며, 중국의 물권법에서의 근저당권(즉, 最高額抵押權)은 "계속적으로 발

2) 同文은 저당권의 선의취득에 대한 항변권에 관한 규정이다.
3) Eyke Sven Stegen, Die Sicherungsgrundschuld nach dem Risikobegrenzungsgesetz (Frankurt/M, Peter Lang GmbH, 2013), S. 112

생하는 채권"을 담보하기 위하여 설정할 수 있다고 규정함으로써(중국물권법 제203조 제1항) 채권이 계속적으로 발생하는 기본계약이 필요함을 인정하고 있다고 해석된다. 그리고 특정채권의 담보를 위해서는 근저당권이 설정될 수 없음을 밝히고 있다고 해석된다. 또한 중화민국(臺灣) 민법에서도 2007년에 근저당권(즉, 最高限額抵押權)을 규정하면서 일본민법에서의 근저당권에 관한 규정을 모범으로 하여 기본계약이 있을 것을 규정하고 있다(중화민국민법 제881조의 1). 따라서 근저당권의 기본계약에의 부종성을 인정하고 있다고 해석된다.

이처럼 근저당권에 관한 입법은 피담보채권의 발생원인이 되는 기본계약을 필요로 하며 포괄근저당권을 인정치 않으려고 하며, 근저당권의 기본계약에의 부종성을 인정하는 것이 일반적인 추세라 평가된다.

Ⅴ. 근저당권의 기본계약에의 부종성 인정으로의 입법의 타당성

우리나라에서 기본적인 저당권은 보통의 저당권이며, 보통의 저당권은 그 우선변제의 범위에 제한이 있으며, 피담보채권에의 부종성이 인정된다. 근저당권은 보통의 저당권에 대하여 특수성이 인정되는 저당권이다. 근저당권은 개별적인 피담보채권에 부종하지는 않지만 기본계약에는 부종성이 인정되는 저당권이다. 근저당권의 부종성이 완전히 배제될 수 있도록 근저당권에 관하여 입법하는 것은 문제점이 적지 아니하다고 판단된다. 먼저 근저당권설정등기의 등기원인을 어느 경우에나 근저당권설정약정으로 등기하도록 하게 되면 근저당권의 실체적 내용을 등기부가 진실 그대로 공시할 수 없게 된다. 등기는 실체적 권리를 진실 그대로 공시하여 이를 일반인들이 알 수 있도록 함이 그 본래의 使命이다. 그럼에도 불구하고 입법에 의하여 등기부를 열람해서는 근저당권의 실체적 내용을 할 수 없도록 허용하는 것은 부동산등기의 본래의 사명에 어긋나는 일이다.

다음으로 근저당권의 기본계약에의 부종성을 배제하면 채무자 및 근저당권설정자에게 너무 불리하게 근저당권이 이용될 수 있다. 최고액을 채권자의 요구대로 높은 금액으로 약정하여 등기하면, 근저당권설정자로 하여금 후순위저당권을 설정하여 근저당목적물의 담보가치를 유리한 조건으로 활용할 수 없게 하는 문제점이 있으며, 때로는 실제로 발생한 채권액이 최고액에 크게 미달할 때에는 발생하지도 않은 채권에 대해 불필요하게 등록면허세를 부담하여야 하는 문제점도 있다. 또한 최고액을 높게 약정하여 등기하고 채권자가 채무자에 대한 제3자의 不良債權을 低價로 매입하고 우선변제를 받을 수 있으므로 근저당권자가 합법적으로 폭리를 취할 수도 있다. 특히 경제사정이 어려우면 기본계약에의 부종성이 배제된 근저당권은 채무자를 옥죄고 근저당권설정자에게 극히 불리한 방향으로 이용될 소지를 안고 있다. 근저당권자가 근저당권을 남용하거나 악용하지 않으리라고 나이브(naive)한 자세로 입법해서는 아니될 일이라 생각된다. 근저당권을 포함한 담보제도는 입법적으로 엄격히 규정하지 아니하면 그 屬性上 채권자 위주로 발전되어 감을 잊어서는 아니된다.

그리고 판례와 같이 근저당권의 채권최고액을 채무자 겸 근저당권설정자에 있어서는 책임의 한도액이 아니고, 물상보증인, 후순위저당권자, 제3취득자에 있어서는 책임의 한도액으로 판시하여 근저당권을 양자간에 서로 다르게 다루는 것은 물권법정주의에 反한다고 해석된다.

근저당권에 있어서는 채무자, 근저당권설정자를 보호할 수 있고, 근저당권설정자가 더 유리한 조건으로 금전을 융통할 수 있도록 근저당권에 대한 규율을 엄격히 하여야 한다고 판단된다. 그리고 무엇보다도 강행규정인 민법 제360조 및 제361조를 회피할 수 있게 하는 근저당권의 입법은 극복되어야할 일이라 생각한다. 따라서 근저당권은 기본계약으로부터 발생하는 불특정의 채권을 일정한 한도액인 채권최고액까지 담보하는 저당권으로 입법하여, 근저당권이 기본계약에 부종하게 하고, 기본계약을 등기부에 등기하도록 하게 함이 근저당권설정자를 보호하는 바람직한 입법방향이라 생각한다. 독일, 일본, 중국, 대만도 모두가 이러한 기본계약의 부종성을 법적으로 또는 담보채권계약에 기한 항변권의 행사를 인정함으로써 근저당권의 기본계약에의 부종성을 인정하고 있다.

근저당권의 입법에 있어서는 근저당권자도 근저당권설정자도 조화롭게 보호할 수 있도록 그 내용을 구성하여야 한다. 그러나 근저당권이 남용되어 채무자 및 근저당권설정자가 불이익을 받지 않도록 세심한 배려를 하여야 한다. 筆者는 그 첫째의 방법이 바로 근저당권의 기본계약에의 부종성의 인정과 근저당권이 확정되면 보통의 저당권으로 전환되도록 하여 보통의 저당권에 관한 규정이 적용되도록 입법하는 것이라 생각한다.

Ⅵ. 맺는 말

민법 중 재산법의 개정작업이 1999년에 시작되어 벌써 16년의 세월이 지났다. 민법개정작업을 시작할 때에는 충분한 시간을 가지고 개정안을 마련하자고 하였다. 그러나 그 간에 민법개정을 위한 시간을 충분히 사용하였다. 이제는 민법개정을 하여 민법이 일반국민들의 일상 법생활의 지침으로서의 행위규범이 될 수 있도록 하여야 한다. 민법이 시행되고 재산법 중 물권법은 한 번 개정하였고, 채권법은 한 번도 개정하지 아니하여 민법전에 규정은 되어 있으나 죽은 死法이 적지 않다.

이러한 민법개정작업 중에서 민생과 관련된 저당권과 보증, 그 중에서도 근저당권에 관해서 이제는 개정을 하여야 한다. 근보증에 관해서는 민법개정을 하였으나 불명료한 내용으로 입법하고 말았다. 근저당권에 관해서는 상세히 규정하여 국민들의 담보권 설정을 통한 재산권 행사를 충실히 할 수 있도록 하여야 한다. 그 동안 근저당권에 관하여 민법의 규정과 담보실무가 서로 달리 운용되어 왔다. 그 결과로 논쟁도 많이 제기되었으며, 어떻게 근저당권을 규정하는 것이 국민들의 법생활에 타당한 지에 관하여 혼란도 있었다고 생각된다. 물권법에서의 강행규정을 회피할 수 있는 방법으로 근저당권이 이용되고 있는 것도 사실이다. 이제는 이러한 근저당권에 관하여 자세한 입법을 하여 국민들의 재산권 행사를 적절히 하게 하고, 금전의 융통도 원활히 이루어질 수 있도록 하여야 하며, 근저당권의 등기도 실체적인 근저당권의 내용을 진실 그대로 공시할 수 있도록 하여야 한다.

이제 근저당권에 관한 입법을 마무리하여야 할 즈음에서, 근저당권을 채권자와 채무자간의 특정한 또는 일정한 계속적 거래관계로부터 발생하는 불특정의 채권을 당사자가 합의하여 등기한 채권최고액의 범위까지 담보하는 저당권으로 입법하여 근저당권이 개별적인 채권에는 부종하지 않지만 기본계약에는 부종하는 저당권으로 입법함이 타당하다고 판단된다. 근저당권의 기본계약에의 부종성을 인정하지 않고 극단적인 포괄근저당권까지 인정하는 입법을 하게 되면 특히 경제사정이 악화되었을 때에는 근저당권이 악용 내지 남용될 소지가 있으며, 그렇게 되면 채무자와 근저당권설정자가 어려운 사정에 빠지게 될 위험성이 있다고 판단된다. 그리고 근저당권이 확정되면 보통의 저당권으로 전환되도록 입법을 하여 채무자 및 저당권설정자를 보호할 수 있는 민법의 강행규정들이 적용되도록 하여야 한다. 이러한 방향으로의 근저당권에 관한 민법의 제정 또는 개정이 외국에서의 근저당권의 대체적인 발전의 모습이기도 하다.

<법률신문, 2014. 8. 25.>

10. 韓國의 傳貰權, 中華民國(臺灣)의 典權과 日本의 不動産質權의 比較

목 차

Ⅰ. 개 설

1. 동북아 3국의 고유한 부동산물권

한국과 中華民國(臺灣) 및 일본의 동북아 3국은 모두가 서양대륙의 민법을 繼受하여 自國의 민법전을 입법하여 오늘에 이르고 있다. 그러므로 자연히 동북아 3국의 민법전은 서양의 로마법과 교회법 및 게르만법에 그 역사적 기초를 두고 발전된 법을 素材로 하여 제정되었다. 그러면서도 동북아 3국은 자국의 고유한 부동산물권을 모두 自國의 민법전에서 규정하고 있다. 그것이 바로 한국에서는 傳貰權이며, 중화민국에서는 典權이며, 일본에서는 不動産質權이다. 전세권, 전권 및 부동산질권이 모두 부동산을 그 목적물로 하는 점에서는 동일하다. 그리고 서양에서와는 달리 토지와 건물을 각각 독립한 별개의 부동산으로 하는 것도 동일하다.

그러나 한국의 전세권은 전세권자가 傳貰金을 지급하고 타인의 부동산을 사용·수익한 후에 전세권의 존속기간이 만료하여 전세권설정자로부터 전세금의 반환을 받지 못하게 되면 전세권자는 전세목적물을 競賣하여 그 경락대금으로부터 전세금반환채권을 우선변제받을 수 있다(한국민법 제303조 제1항). 중화민국의 典權은 典權者가 부동산소유자인 出典人에게 典金을 지급하고 당해 전권목적물인 典物을 사용·수익하고 전권의 존속기간이 만료하여도 出典人이 典物을 回贖[1])하지 아니하면 典權者가 당해 전물의 소유권을 취득한다(중화민국 민법 제911조). 그리고 일본의 부동산질권은 채무자가 금전을 대출받고 그 담보로 부동산의 점유를 채권자에게 이전하여 채권자로 하여금 당해 부동산을 사용·수익케 하고 채무자가 변제기에 채무를 변제하지 아니하면 채권자는 당해 부동산을 실행하여 자기의 채권을 우선변제받을 수 있다(일본민법 제356조).

이와 같이 한국의 전세권, 중화민국의 전권 및 일본의 부동산질권은 모두가 일정금액을 전세금, 典金 또는 피담보채권으로 각각의 설정자에게 지급하고 그 대가로 당해 부동산을 사용·수익할 수 있는 점에서는 동일하다. 그러나 전세금, 典金 및 피담보채무가 변제되지 않을 경우에, 전세권에서는 경매에 의한 실행에 의하여 우선변제권이 인정되고, 전권에서는 당해 전물의 소유권이 전권자에게 移轉되며, 부동산질권에서는 경매 또는 收益執行에 의하여 피담보채권에 대한 우선변제권이 인정되는 점에서 다르다.

이와 같이 한국의 전세권은 전세목적물에 대한 사용·수익의 용익물권이면서 동시에 담보물권의 성질이 있는데 반하여, 중화민국의 전권은 순수하게 용익물권으로서의 성질을 가지며, 그 용익물권도 소유권취득의 期待權으로서의 성질

1) 回贖이란 出典人이 典權者에게 典金을 償還하고 典物을 還收하는 것이다.

을 갖는다. 그러나 일본의 부동산질권은 부동산질권자가 당해 질권의 목적물인 부동산을 사용·수익하지만 그 사용·수익으로 인한 이득금을 피담보채무의 이자의 변제에 충당되는 순수한 부동산담보물권이다. 한국에서는 이러한 부동산질권을 금지하고 있다(한국민법 제345조 단서).

이러한 동북아 3국의 고유한 부동산물권의 입법은 그 각각의 역사적 배경이 조금씩 서로 다르다. 여기에서는 전세권, 전권 부동산질권의 입법을 하게 된 역사적 배경을 살펴보고 3국 민법에서의 각각의 제도의 규정내용을 살펴보기로 한다.

2. 전세권, 典權 및 부동산질권 입법의 역사적 배경

(1) 전세권의 역사적 배경

한국의 전세권의 역사적 배경을 이해하기 위해서는 朝鮮時代의 토지제도에 대한 이해가 필요하다. 조선시대의 토지제도에 관해서는 아직도 正說이 없는 상태라 평가된다. 상당히 자유로운 토지소유권이 인정되었다는 견해와 토지는 양반지주계급이 토지소유권을 가지고 있었으나 토지를 경작한 농민들의 토지이용권이 강한 권리로서 토지소유권자라도 耕作權 내지 賭地權을 갖고 있었던 농민의 동의가 없이는 경작권이 제외된 토지소유권만의 처분이 가능하였으며, 도지권 내지 경작권을 가진 농민은 토지소유권의 양수인에 대해서도 자기의 도지권 내지 경작권을 주장할 수 있었다는 견해가 대립되고 있다.

私見으로는 兩班地主가 자신들의 奴婢를 動員하여 토지를 경작·이용한 경우에 당해 토지소유자인 양반지주는 토지의 이용권을 가진 완전한 소유권으로 이해될 수 있었다고 생각된다. 그러나 농민에게 小作을 주어 경작을 하였거나, 농민이 황무지를 개간하여 이용하였거나, 토지소유자의 승낙을 얻어서 토지를 개간하여 경작·이용한 농민에게는 강력한 권리인 도지권 내지 경작권이 인정되었으며, 토지소유자라 하더라도 도지권 내지 경작권을 가진 농민에게 대항할 수 없었다고 판단된다. 이러한 농민들의 도지권 내지 경작권은 조선시대의 토지제도의 根幹이었던 科田法에서 강한 권리, 즉, 오늘날의 물권법 법리에 비추어 보면 용익물권으로 인정되었다.[2] 따라서 이러한 도지권 내지 경작권이 인정된 토지를 토지소유자가 소유권을 양도하여도 도지권 내지 경작권을 가진 농민들은 당해 토지의 양수인에 대해서 자신들의 도지권 내지 경작권으로 대항할 수 있었다.

이러한 강력한 권리였던 농민들의 도지권 내지 경작권은 日帝에 의한 토지조사사업에서 査定에 의하여 토지소유자를 결정할 때에 이를 토지소유권의 내용으로 편입시키고 농민들의 강력한 권리를 否認해 버렸다.[3] 이는 日帝가 양반지주계급을 親日派로 懷柔하고 도지권 내지 경작권을 가진 농민들을 도시근로자로 전환하기 위한 의도로 진행된 것이었다.

이러한 日帝에 의하여 실행된 토지조사사업에 의하여 농민들의 도지권 내지 경작권이 否認되기 前時代에, 농민들은 자신들이 가진 도지권 내지 경작권을 매각하고 그 매매대금을 수령하는 방법으로 금전의 융자를 하고, 매각한 도지권 내지 경작권을 다시 도로 되살 수 있는 還退(反對買收; 일종의 還買)의 賣買文記를 작성하였다. 이러한 환퇴할 수 있는 도지권 내지 경작권의 매매를 退賭地賣買라 하였다. 농민들이 퇴도지매매를 하고 경제적 여유가 있는 농민들은 매각한 도지권 내지 경작권을 다시 반대로 매수할 당시의 時價로 환퇴할 수 있었으며, 경제적 여유가 없는 농민들은 도지권 내지 경작권을 환퇴할 수 없었다. 도지권 내지 경작권을 매수한 자는 당해 토지를 경작·이용하여 그 수확물을 전적으로 취득하였다. 그리고 도지권 내지 경작권의 매수인은 당해 토지로부터의 수확물을 모두 취득하고, 도지권 내지 경작권의 매도인은 還退 당시의 도지권 내지 경작권의 시가로 매입하여야 하였기 때문에 매도인에게 극히 不利하여 퇴도지매매가 폭리행위로 이용되었다. 그리하여 1674년(현종 15년)에 이르러서는 10년을 기한으로 하여 10년내에 환퇴할 경우에는 도지권 내지 경작권의 時價의 半價로 환퇴하고, 10년이 지나면 무상으로 환퇴할 수 있도록 하였다.[4] 續大典에서는 10년이 되면 무상으로, 5년 후이면 半價로 1년 내지 2년 내이면 本價로 환

2) 김상용, 한국법사와 법정책(피엔씨 미디어, 2014), 100－101면.
3) 上揭書, 103면.
4) 上揭書, 108면.

퇴할 수 있도록 하였다.[5)]

생각건대 퇴도지매매는 토지경작권밖에 갖고 있지 못한 民衆들이 경작토지로부터의 수확물로는 생계유지가 어려워 생계를 위한 자금의 융통을 위하여 그가 갖고 있던 토지경작권을 매각하고 그 매매대금으로 생계유지를 위한 자금을 조달하였던 것으로 이해된다. 이 때에 토지경작권을 매수한 자는 토지경작을 통하여 얻은 수확물을 전부 취득함으로서 실제로는 폭리취득을 위하여 이러한 토지경작권을 매수하였던 것으로 이해된다.

이와 같은 조선시대의 환퇴가 인정된 퇴도지매매가 전세권의 前身이었다. 그리하여 전세권설정자는 전세금을 지급받고 부동산의 이용, 수익권인 도지권을 매각하고 그가 다시 전세금을 반환하고서 그 이용·수익권인 도지권을 되살 수 있는 부동산의 도지권 내지 경작권의 환매조건부매매였던 퇴도지매매가 바로 전세권으로 발전되어 입법이 되었다.[6)]

(2) 典權의 역사적 배경

중국에서 전권의 역사는 오래 되었다. 중국인들은 조상으로부터 물려받은 토지를 매각하는 것을 不孝로 생각하였다. 조상으로부터 내려오는 토지를 매각하지 아니하고 토지를 이용하여 금전을 융통하고 다시 그 토지를 되찾을 수 있는 방법으로 전권이 이용되었다.[7)] 그러므로 전권은 조상으로부터 물려받은 토지를 완전히 매각하지 아니하고 당해 토지에 대해 전권을 설정하는 방법으로 금전을 융통하고 출전인은 다시 전금을 반환하여 回贖할 수 있고, 전권자는 전물을 경

5) 上揭書, 108면.
6) 퇴도지매매는 환퇴(즉, 환매)가능한 도지권의 매매이었다. 그러므로 농민이었던 경작권자는, 퇴도지매매에 의해서는 도지권의 매매대금으로 융자를 하게 되었다. 그러나 다른 한편으로 典當에 의해서도 도지권을 담보로 하여 금전을 융자할 수 있었다. 전당은 금전의 수수가 소비대차의 형식으로 이루어졌으며, 담보물로는 동산은 물론 부동산도 가능하였다. 동산은 점유의 이전의 방법으로, 부동산은 점유의 이전 또는 土地文券(土地文書)만의 인도에 의하여서도 가능하였다. 그러므로 도지권을 이용한 금전의 수수에 있어서 퇴도지매매는 환퇴조건부 도지권의 매매이었으나, 도지권의 典當은 賭地土地의 점유이전, 賭地文券의 이전방법에 의한 소비대차에 의하여 대출한 금전채권의 변제확보를 위한 담보방법이었다. 어느 경우에나 금전을 貸與한 자는 당해 토지의 경작, 이용에 의하여 수확물을 전부 취득하였으며, 전당에는 유질계약 또는 유저당계약의 특약을 하는 것이 일반적이었다(上揭書, 108－109면 참조).
7) 鄭玉波, 民法物權(臺北, 三民書局股份有限公司, 1986), 174면.

작·이용하여 수확을 얻고 출전인이 회속하지 아니하면 당해 전물의 소유권을 취득함으로써, 출전인에게도 전권자에게도 유용한 토지의 이용방법으로 활용되었다.

이러한 전권에 대하여는 민간에서 오랫동안 이용되어 왔으나 법적인 규율은 淸代에 와서 乾隆帝(1736-1795) 때인 1740년에 제정된 大淸律例에서 비로소 이루어졌다. 大淸律例에서는 전권을 설정할 때에는 반드시 세금납부자를 약정하도록 하고 세금납부자를 약정하지 아니한 때에는 형벌(笞刑)로 처벌하도록 하였다.[8] 그러나 출전인의 전물의 회속기간에 대한 제한은 없었으며, 출전인은 언제든지 전권자에게 전금을 반환하고 전물을 회속할 수 있었으며, 전권자는 출전인의 회속이 없는 한 계속해서 전권을 보유하였다.[9] 그 후 건륭 18년에는 定例를 제정하여 전권의 존속기간을 30년으로 제한하고 30년이 경과하면 출전인은 전물을 회속할 수 없도록 하였다.[10] 그 후에 다시 회속기간을 단축하기 위하여 전권의 존속기간이 10년이내이면 전권자는 稅金을 납부하지 아니한다고 戶部則例에서 규정을 하였다. 이와 같이 전권의 존속기간을 단축하는 방법으로 출전인과 전권자의 이익을 조정하여 왔다.

이러한 중화민국의 전권은 토지를 목적물로 하여 주로 이용되었으며,[11] 토지소유권을 중시하고, 토지를 경작하여 얻은 수확물로 생계유지가 어려울 때에 생계유지를 위하여 필요한 자금의 확보를 전권을 설정하여 토지이용권만을 양도하는 방법을 취하였다. 전권에 있어서도 역시 출전인은 민중들이었으며, 그들의 생계유지를 위한 자금을 그들이 보유하고 있던 토지경작권을 양도하는 방법을 활용하였으며, 출전인인 민중이 회속하지 못하면 자금을 가진 전권자가 수확물은 물론 소유권까지 취득하였다고 이해된다.

이와 같이 중국의 전권은 출전인이 전물을 회속하지 아니하면 전권자가 당해 전물의 소유권을 취득하게 되므로 전권은 소유권에 접근하는 권리로서 소유권취득의 期待權이었다.[12] 중화민국민법을 제정할 때에 그 물권편 제1초안의 작

8) 上揭書, 134면.
9) 上揭書, 135면.
10) 上揭書, 135면.
11) 중국의 관습법상으로는 동산도 典物로 할 수 있었으나, 중화민국민법에서는 부동산만을 전물로 하도록 입법하였다.

성은 일본인 학자[13]에 의하여 이루어졌기 때문에 그 일본인 학자들은 중화민국의 전권을 일본의 부동산질권과 동일한 제도로 파악하여 전권을 초안에서 규정하지 아니하고 부동산질권을 규정하였다. 그러나 물권편 제2초안을 작성할 때에 중국인 학자[14]가 전권은 부동산질권과 다른 제도임을 주장하여 부동산질권을 삭제하고 전권을 규정하게 되어 전권이 중화민국 물권법에 규정이 되게 되었다.[15] 그리고 1937년에 제정된 舊만주국민법(舊만주국민법 제294조 내지 제311조)에서도 전권에 관하여 규정을 하였다.[16] 또한 중화인민공화국물권법 초안작성을 위한 제안의견서에서도 전권에 관하여 규정하였으나 최종안에서는 삭제되어 중국물권법에 규정을 하지 못하였다.[17]

(3) 부동산질권의 역사적 배경

일본에서는 1643년(寬永 20년)부터 토지매매가 금지되었다가, 明治維新의 해인 1868년에 와서야 비로소 토지매매가 허용되었다.[18] 이처럼 오랫동안 토지매매가 금지되었기 때문에 토지매매에 의한 금전의 융통이 불가능하였다. 그리하여 토지에 대하여 질권을 설정하고 流質[19]의 특약을 하는 탈법적인 방법으로 토지를 이용한 담보방법이 행하여졌다.[20] 이러한 유질특약에 의한 부동산에 대한 질권설정이 토지매매의 탈법적인 방법으로 이용되었다. 일본에서의 부동질권은 에도(江戶)시대에 농촌에서 널리 이용되었다고 한다.[21]

일본의 부동산질권도 역시 소유권의 양도를 금지함으로서 행하여진 부동산

12) 鄭玉波, 前揭 民法物權, 137면.
13) 志田鉀太郎과 松岡義正이었다.
14) 黃右昌이었다.
15) 鄭玉波, 前揭 民法物權, 136면.
16) 舊만주국민법에서는 일본민법상의 부동산질권의 영향을 받아 전권을 담보물권으로 규정하였으며 전권자의 留買權과 出典人의 과첩(找貼)을 인정하지 아니하였다(李銀榮, "中華民國民法의 典權에 관한 硏究: 우리의 傳貰權과 비교하여", 現代民法學의 諸問題: 晴軒金曾漢博士華甲紀念(博英社, 1981), 400면).
17) 梁慧星, 中國物權法草案建議稿(北京, 社會科學文獻出版社, 2000), 580－598면
18) 近江幸治, 民法講義 III: 擔保物權, 第2版補訂(東京, 成文堂, 2011),104－105면.
19) 일본의 당시에는 토지의 流質을 流地라 하였다.
20) 近江幸治, 前揭 民法講義 III: 擔保物權, 第2版補訂, 105면.
21) 內田 貴, 民法 III: 債權各論·擔保物權, 第3版(東京大學出版會, 2011), 488면.

담보방법이었으나, 일본의 민중들도 역시 토지소유권은 갖지 못하고 토지경작권만을 가졌던 것으로 이해된다. 민중들이 필요한 생계자금의 융통을 위해서는 그들이 보유하고 있었던 토지경작권을 이전하는 방법으로 담보권을 설정하였을 것임은 충분히 추론해 볼 수 있으며, 부동산질권자는 당해 부동산의 사용·수익으로부터 발생하는 수확물을 이자는 지급받지 아니하는 대신에 그 모두를 취득하여 폭리를 취하였던 것으로 이해된다.

토지매매가 허용된 후에 流地特約附不動産質權은 부동산질권과 부동산환매제도로 分化되어, 前者는 물권으로 後者는 채권으로 입법이 이루어지게 되었다.

II. 전세권, 典權 및 부동산질권의 개념 및 설정방법과 법적성질 및 존속기간

1. 개념 및 설정방법

전세권은 전세금을 지급하고 타인의 부동산을 사용·수익한 후에 전세권의 존속기간이 만료하면 전세금반환채권을 당해 전세부동산으로부터 우선변제를 받을 수 있는 용익물권이면서 동시에 담보물권이다(한국민법 제303조 제1항). 전세권 설정의 당사자는 부동산소유자가 전세권설정자이며, 전세금을 지급하고 당해 부동산을 사용·수익할 수 있는 자가 전세권자이다. 그리고 전세권을 설정하기 위해서는 반드시 전세금을 지급하여야 하며, 전세권설정등기는 전세권의 성립요건이다.

이러한 전세권은 토지는 물론 건물도 그 대상이며, 토지 또는 건물의 일부에 대해서 일부전세권을 설정할 수도 있다. 농지는 전세권의 목적물이 될 수 없다(한국민법 제303조 제2항).

토지전세권과 건물전세권의 내용은 동일하지 아니하다. 건물전세권에는 토지전세권에 인정되지 아니하는 2가지가 있다. 그 하나는 건물전세권은 그 최단존속기간이 있으며 그 최단존속기간은 1년이다(한국민법 제312조 제2항). 다른 하나는 건물전세권의 法定更新制度이다(한국민법 제312조 제4조). 법정갱신제도는, 건물의 전세권자가 전세권의 존속기간의 만료전 6월부터 1월까지 사이에 전세권자에 대하여 갱신거절의 통지 또는 조건을 변경하지 아니하면 갱신하지 아니한다는 뜻을 통지하지 아니하면 그 기간이 만료될 때에 前전세권과 동일한 조건으로 다시 전세권을 설정한 것으로 보는 제도로서, 이 경우 전세권의 존속기간은 그 정함이 없는 것으로 본다(한국민법 제312조 제4항 제2문).

그리고 한국에는 물권인 전세권과 아울러 채권인 전세도 인정되며, 실제로는 채권인 전세가 더 널리 이용되고 있다. 물권인 전세권은 전세권설정등기를 하여야 하지만 채권인 전세는 등기하지 아니함이 다르며, 채권인 전세를 일반적으로 未登記傳貰라 하며, 임대차계약에 관한 규정이 적용된다(한국주택임대차보호법 제12조, 한국상가건물임대차보호법 제17조). 그리하여 물권인 전세권은 그렇게 널리 이용되지 못하고 있으며, 채권인 미등기전세가 일반적으로 이용되고 있고, 또한 토지전세권보다는 건물전세권 및 미등기 건물전세가 일반적이다.

典權은 典金을 지급하고 타인의 부동산을 사용·수익하고 出典人이 回贖(回收)하지 아니한 때에는 典權者가 典物인 당해 부동산의 소유권을 취득하는 용익물권이다(중화민국민법 제911조). 전권은 한국의 전세권과는 달리 출전인이 전물을 회속하지 아니하면 전권자가 당해 전물의 소유권을 취득하게 되는 점에 중요한 차이가 있다. 그러므로 전권자는 장차 전물의 소유권을 취득할 기대를 갖게 되며 따라서 용익물권이지만 소유권취득의 기대권으로서의 성질이 있다. 그리고 특히 전권에서의 전세권과 또 다른 중요한 차이점은 전권자가 당해 전물인 부동산에 대한 조세납부의 의무를 부담하는 것이다.[22] 또한 전권의 등기는 전권의 성립요건이다[23](중화민국민법 제758조 제1항).이러한 전권은 건물에 대해서보다는 토지에 대해서 설정하는 것이 일반적이다. 그리고 중화민국에서는 물권행위는 서면으로 작성되어야 하기 때문에(중화민국민법 제758조 제2항),

22) 金相容, "典權과 傳貰權의 比較", 민사법연구(2)(법원사, 1997), 248면.

23) 그러나 전권의 존속기간이 만료하여도 출전인이 즉시 회속하지 하지 아니하면 당해 전물을 회속할 수 없다는 絕賣特約의 등기는 제3자에 대한 대항요건이다(중화민국민법 제913조 제3항). 이러한 절매특약은 전권의 약정존속기간이 15년미만인 때에는 이를 할 수 없다(중화민국민법 제913조 제1항).

전권의 설정계약도 서면으로 작성하여야 한다.

부동산질권은 금전을 차용하고 부동산소유자 또는 물상보증인이 소유부동산에 대하여 질권을 설정하고 채권자가 당해 부동산을 사용·수익하여 그 수확물로 피담보채권의 이자변제에 충당하며, 저당권에서와 마찬가지로 경매 또는 수익집행의 방법으로 실행하여 우선변제를 받게 되는 담보물권이다(일본민법 제356조, 제361조). 이와 같이 일본에서의 부동산질권은 전세권과 전권과 같은 용익물권으로서의 성질은 전혀 없는 순수한 담보물권이며, 그 실행은 질권실행의 방법에 의하지 아니하고 저당권의 실행방법으로 경매 또는 수익집행의 방법으로 실행하게 된다. 그리고 부동산질권의 설정은 당사자간의 합의에 의하여 성립하며, 목적 부동산의 인도에 의하여 부동산질권의 효력이 발생하며, 등기는 제3자에 대한 대항요건이다[24](일본민법 제361조, 제177조). 점유개정에 의해서는 부동산질권을 설정하는 것은 허용되지 아니한다[25](일본민법 제345조).

오늘날 이러한 부동산질권은 금융실무에서 거의 이용되지 아니한다.[26] 그러나 맨션(mansion)과 같은 良質의 임대주택은 임대수익을 적잖이 기대할 수 있으므로 이러한 부동산에 대해서는 부동산질권의 사용가능성이 있다고 한다.[27] 그리고 임대인이 임대차계약을 체결하고 임대수익의 일부만을 취득하면, 당해 임대부동산의 잔여임대가액의 범위 내에서 부동산질권을 설정할 수 있다.[28]

그리고 일본에서는 동산질권은 점유개정에 의하여 설정을 금지하면서(일본민법 제345조) 부동산질권에 있어서는 점유개정에 의해서도 설정할 수 있다고 한다.[29] 또한 질물의 점유를 질권의 존속요건으로 이해하면서도 부동산질권자가 부동산질권에 있어서 질물인 당해 부동산의 점유를 상실하여도 부동산질권의

24) 일본민법 제344조는 "질권의 설정은 채권자에게 그 목적물을 인도함으로써 그 효력이 발생한다"고 규정하여, 질권설정의 합의에 의하여 질권이 성립하고, 질물의 인도에 의하여 질권이 그 효력을 발생하는 것으로 파악하여 질물의 인도를 질권의 효력발생요건으로 이해한다. 부동산질권에는 저당권에 관한 규정이 준용되므로 부동산질권등기는 제3자에 대한 대항요건이다(일본민법 제361조, 제177조).

25) 일본의 동산·채권양도특례법에 의한 동산등기는 동산의 소유권이전의 경우에만 점유에 갈음하고 질권설정을 위한 점유의 이전을 갈음하지는 않는다. 그러므로 등기에 의하여 동산질권의 설정은 허용되지 아니한다(道垣內弘人, 擔保物權法, 第3版(有斐閣, 2011, 82면).

26) 加賀山 茂, 現代民法: 擔保法(信山社, 2009), 366면.

27) 內田 貴, 前揭 民法 III: 債權各論·擔保物權, 第3版, 488면.

28) 加賀山 茂, 前揭 現代民法: 擔保法, 367면.

29) 大判 1916(大正 5). 12. 25 民錄 22-2509.

존속에는 아무런 영향이 없다고 한다.[30]

2. 법적성질

전세권은 용익물권이면서 동시에 담보물권의 성질을 갖고 있다. 그러나 용익물권의 성질이 主이고 담보물권의 성질은 從된 지위에 있기 때문에 특수용익물권으로 파악하는 것이 일반적이다. 물론 용익물권설, 담보물권설이 주장되고는 있으나 담보물권으로서의 성질이 있는 특수용익물권으로 이해함이 타당하다.[31][32]

이와 같이 전세권이 담보물권으로서의 성질도 있기 때문에 담보물권의 通有性이 전세권에도 그대로 인정된다. 그리하여 전세권을 그 피담보채권인 전세금반환채권과 분리하여 처분하는 것은 허용되지 아니한다.[33] 그러나 전세권의 소멸을 정지조건으로 하여 전세금반환환채권의 양도는 허용된다고 한다.[34]

그리고 동일 부동산에 대한 전세권과 저당권과의 순위는 설정의 先後에 의하며, 선순위의 저당권이 실행되면 후순위의 전세권은 소멸하게 된다. 그리고 후순위의 저당권이 실행되면 선순위의 전세권은 소멸하지 아니하고 경락인이 전세권의 부담이 있는 부동산소유권을 취득하게 되지만, 전세권자가 전세금반환채권의 배당요구를 하면 선순위의 전세권도 소멸한다(한국민사집행법 제91조 제4항 단서). 그리고 선순위의 저당권이 설정된 후에 전세권이 설정되고 다시 후순위의 저당권이 설정된 후에 그 후순위저당권에 의하여 당해 전세목적물이 실행이 되면 消除主義에 의하여(한국민사집행법 제91조 제2항) 선순위의 저당권이 소멸하게 되므로 그 보다 후순위에 있는 전세권도 역시 소멸하게 된다.

일부전세권도 용익물권으로의 성질과 담보물권으로서의 성질이 모두 인정되지만, 판례는 한국민법 제303조 제1항에서 전세금반환채권은 전세목적물 전부

30) 道垣內弘人, 前揭 擔保物權法, 第3版, 83면.
31) 김상용, 물권법, 제2판(화산미디어, 2014), 508면.
32) 전세권의 담보물권성에 관하여는 민법제정시부터 논쟁이 있었으나 제정법에 의한 담보물권성의 인정은 1984년 민법개정에 의하여 이루어졌다.
33) 대판 1966. 6. 28. 66다771; 대판 1966. 9. 6. 66다769.
34) 대판 2002. 8. 23. 2001다69122.

로부터 우선변제를 받는다고 규정되어 있기 때문에 일부전세권에 있어서는 목적물 전부가 전세권의 목적물이 아니고 또한 일부전세권의 경우에는 전세목적물 전부를 경매에 부칠 수 없으며,[35] 전세목적물인 목적물의 일부가 분할이 가능한 경우에만 경매청구를 할 수 있으므로,[36] 결국 일부전세권에 있어서는 전세목적물 전부도 일부도 그 실행을 허용하지 아니하여 일부전세권의 담보물권성을 사실상 부인하고 있다고 평가된다.

중화민국의 전권은 용익물권으로 이해되고 있다.[37] 그러나 전권의 법적성질에 관하여 담보물권이라는 설, 담보물권의 성질이 있는 特種用益物權說 등이 중화민국에서 주장되고 있으며, 한국에서는 전권이 수익질(Nutzungspfand)의 성질이 있으며 기능면에서는 담보물권의 역할을 담당하지만 피담보채권에의 부종성이 인정되지 아니하여 담보물권으로 보기에는 어려운 점이 있다는 견해[38]가 있다.

전권에 있어서는 出典人이 전금을 반드시 상환되어야 하는 것도 아니며, 전권자가 전금의 반환을 청구할 권리도 갖지 아니한다. 그리하여 전권의 전금에의 부종성도 인정되지 아니한다. 출전인은 전금을 상환하고 전물을 회속하여 전물의 완전한 소유권을 회복하거나 전금을 상환하지 아니하고 존속기간이 경과한 후에 소유권이 완전히 전권자에게 넘어가는 것을 감수하든지 자유로이 선택할 수 있다. 또한 전권자에게는 경매청구권도 없다. 그리하여 일반적으로 전권은 용익물권으로 파악된다.

일본의 부동산질권은 순수한 담보물권이다. 질권자가 당해 부동산을 점유하고 용익하여 그 수확물로 피담보채권의 변제에 충당할 수 있는 순수한 부동산담보물권이다. 용익물권의 성질은 없으며, 당해 부동산의 용익은 수확물로써 피담보채권의 이자에 충당하는 방법에 지나지 않는다. 그리고 피담보채권의 완전한 우선변제의 확보는 저당권에 관한 규정의 준용에 의하여 당해 목적물의 경매 또는 수익집행에 의하여 이루어진다(일본민법 제361조).

---

35) 대결 2001. 7. 2. 2001마212.

36) 대결 2001. 7. 2. 2001마212; 대결 1992. 3. 10. 91마256, 257.

37) 鄭玉波, 前揭 民法物權, 135면; 謝在全, 民法物權論(中), 修町 5版(臺北, 新學林出版股 份有限公司, 2010), 182면.

38) 李銀榮, 前揭論文 "中華民國民法의 典權에 관한 硏究: 우리의 傳貰權과 비교하여", 386면.

3. 존속기간

전세권의 최장존속기간은 토지전세권이든 건물전세권이든 10년이다(한국민법 제312조 제1항). 존속기간은 갱신할 수 있으며 갱신하였을 때에도 10년을 초과할 수 없다(한국민법 제312조 제3항). 최단존속기간은 토지전세권에는 제한이 없으나 건물전세권의 최단존속기간은 1년으로 하고 있다(한국민법 제312조 제2항). 이와 같이 건물전세권의 최단존속기간을 法定하고 있는 것은 주택임대차의 최단존속기간을 1년으로 하였을 때에[39] 민법개정이 이루어져 1년으로 하였던 것이다.

그런데 부동산임대차에 있어서는 임대차계약의 최장존속기간을 원칙적으로 20년으로 하였으나(한국민법 제651조 제1항), 헌법재판소에 의해서 계약자유를 침해하고, 그것은 계약자유의 근거가 되는 헌법상의 기본권인 행복추구권을 본질적으로 침해한다는 이유로 위헌결정을 받았다.[40] 이러한 임대차계약의 20년간의 최장존속기간의 규정이 위헌이라는 헌법재판소의 결정에 비추어 보면, 물권인 전세권의 최장존속기간을 10년으로 하고 있는 민법규정도 위헌이라고 판단될 소지가 있다.

그리고 전권의 약정 최장존속기간은 30년이다. 약정존속기간이 30년을 넘는 경우에는 30년으로 단축된다(중화민국민법 제912조). 그러나 최단존속기간에 관하여는 특별한 규정을 두고 있지 아니하다. 전권의 약정기간이 15년미만일 경우에는 약정기간이 만료하여도 출전인이 회속하지 아니하면 絕賣[41]한다는 약정을 할 수 없으며(중화민국민법 제913조 제1항), 전권의 약정기간이 15년 이상인 경우에 절매의 약정을 한 때에는 그 약정기간의 경과로 즉시 전권자가 당해 전물의 소유권을 취득한다(중화민국민법 제913조 제2항). 그러나 전권의 약정존속기간이 15년미만이거나, 15년 이상이라 하더라도 절매의 약정을 하지 않은 경우에는 약정존속기간 경과 후 2년이 지나도 출전인이 회속하지 아니할 때

39) 지금 주택임대차계약의 최단존속기간은 2년이다(한국주택임대차보호법 제4조 제1항 본문).
40) 헌재 2013. 12. 26. 2011헌바234 결정.
41) 絕賣는 전권의 존속기간이 만료하여도 출전인이 즉시 회속하지 아니하면 당해 전물을 회속할 수 없다는 特約이다.

에 비로소 전권자가 전물의 소유권을 취득한다[42](중화민국민법 제923조 제2항). 전권의 존속기간을 약정하지 않은 경우에는 출전인은 언제든지 전금을 상환하고 전물을 회속할 수 있으나 전권설정 후 30년이 지나도 회속하지 않으면 즉시 전권자가 전물의 소유권을 취득한다(중화민국민법 제924조). 위의 어느 경우에나 전권자의 전물소유권의 취득은 原始取得이다.[43]

부동산질권은 피담보채권에 附從하기 때문에 그 존속기간의 제한이 없어야 하지만, 장기간 질물인 부동산을 부동산질권자로 하여금 사용·수익하게 하면 당해 부동산소유자에게 불이익이 발생하게 되므로, 일본민법에서는 부동산질권의 최장존속기간을 10년을 초과할 수 없도록 하고 있다(일본민법 제360조). 그러므로 피담보채무의 변제기가 10년을 초과하게 되면 10년이 경과한 후에 당해 피담보채권은 단순채권으로 존속하게 된다. 10년의 존속기간이 경과하여 갱신한 때에는 본래의 부동산질권의 순위가 그대로 유지되는 것이 아니라 그 갱신된 부동산질권의 우선순위는 갱신시점을 기준으로 하여 결정된다.[44] 그리고 부동산질권에는 유질계약이 금지된다(일본민법 제349조).

Ⅲ. 전세목적물, 典物 및 부동산질권의 목적물의 사용·수익, 당사자의 권리와 의무 및 조세와 비용부담

1. 사용·수익 관계

전세권에 있어서 전세목적부동산의 사용과 수익은 전세권자가 한다. 전제목적물의 사용대가는 전세금의 이자와 상계하기 때문에 전세권자가 전세권설정자에게 전세금이외에 별도로 사용료를 지급하는 일은 없다. 그리고 전세목적물의

42) 전권의 존속기간을 30년 또는 그 기간을 초과하여 약정한 경우에는 약정존속기간을 30년으로 보므로, 회속기간이 존속기간 30년이 만료한 후 다시 2년이 더 연장된다고 해석된다.
43) 김상용, 전게논문 “典權과 傳貰權의 比較”, 244면.
44) 道垣內弘人, 前揭 擔保物權法, 84면.

사용과 수익으로 인한 이익은 전적으로 전세권자가 취한다.

역사적으로 살펴보면 전세금은 퇴도지매매에서와 같이 전세목적물의 사용·수익권의 買入價이므로 부동산임대차에서의 임차료 수준보다는 높으며 매매가의 50－60% 가까운 수준인 것이 일반적이다. 그리고 전세금은 전세목적물에 대한 사용·수익의 대가지급으로서의 성질이 중심된 성질이지만 보증금으로서의 성질도 갖고 있다. 다시 말하면 전세권자가 전세기간 동안에 전세목적물의 훼손 또는 멸실, 기타 전세계약의 위반으로 인하여 전세권설정자에게 손해배상책임을 질 경우에 그 손해배상채무를 담보하는 보증금의 성질을 갖는다. 그리고 전세금은 신용수수의 수단이기도 하다. 이는 전세권설정자의 입장에서 살펴본 결과로서 전세권설정자는 전세금 만큼의 金員을 전세금의 이름으로 借用하고 그 담보로 전세권을 설정해 주는 것이다. 그리하여 전세권자는 전세금반환채권의 우선변제의 확보를 위하여 전세목적물에 대한 경매청구권(한국민법 제318조) 및 우선변제권(한국민법 제303조 제1항)이 인정된다.

또한 전세금에 관하여 전세권자에게는 그 증액청구권이, 전세권설정자에게는 그 감액청구권이 인정된다(한국민법 제312조의 2 본문). 그러나 전세권설정자의 감액청구권에는 아무런 제한이 없으나, 전세권자의 전세금증액청구권에 대해서는 法定의 제한이 있다. 즉, 전세금이 전세목적물에 관한 조세, 公課金 기타 부담의 증감이나 경제사정의 변동으로 인하여 상당하지 아니할 때에는 당사자는 장래에 향하여 그 증감을 청구할 수 있으나 그 증액의 청구는 전세권의 설정 또는 전세금의 증액을 한 후 1년 이내에는 할 수 없으며(한국민법 제312조의 2 但書, 민법 제312조의2 但書의 시행에 관한 규정 제3조), 증액청구를 하는 경우에도 5%를 초과할 수 없다(한국민법 제312조의 2 단서, 민법 제312조의2 단서의 시행에 관한 규정 제2조).

그리고 전세목적물의 유지·관리에 필요한 필요비는 전세권자가 부담한다(한국민법 제309조). 그러나 전세권자가 전세목적물을 개량하기 위하여 지출한 유익비는 전세권이 소멸한 때에 그 가액의 증가가 현존하는 경우에 한하여 소유자(즉, 전세권설정자)의 선택에 좇아 그 지출액이나 증가액의 상환을 청구할 수 있다(한국민법 제310조 제1항). 전세권자의 유익비의 청구의 경우에 법원은 소유자의 청구에 의하여 그 소유자에게 상당한 유예기간을 許與할 수 있다(한국민법 제309조 제2항).

그리고 전세권자가 전세목적물을 사용·수익하기 때문에 전세권에 기한 물권적청구권이 인정되며(한국민법 제319조, 제213조, 제214조), 상린관계에 관한 규정이 전세권에 준용된다(한국민법 제319조, 제216조 내지 제244조).

전권에 있어서 전물의 사용·수익권은 역시 전권자가 갖는다. 전권자는 전금을 지급하고 전물을 사용·수익함으로 전권자는 전물의 사용·수익의 대가로서 별도로 사용료를 지급하는 것이 아니다. 그리하여 전권자는 전물을 그 용도에 따라서 사용·수익하고 전물을 유지·관리하여야 한다(중화민국민법 제917조의 1 제1항). 그리고 전권자가 유익비를 지출하여 전물의 가액이 증대하거나 전물이 불가항력에 의하여 그 전부 또는 일부가 멸실된 경우에 출전인의 동의를 얻어 전권자가 자기의 비용부담으로 再築할 수 있으며, 출전인의 동의를 얻지 못한 때에는 멸실된 부분의 가액의 한도내에서 재축할 수 있다(중화민국민법 제921조 제1문).

그리고 출전인이 전물의 멸실로 인하여 배상을 받고 재축한 경우에는 본래의 전권은 재축한 물건에 계속 존속하게 된다(중화민국민법 제922조의 1). 또한 전물이 불가항력으로 인하여 멸실된 경우에 전권자가 자기의 비용으로 재축한 때에도 전권은 재축된 목적물위에 계속 존속한다(중화민국민법 제921조 제2문). 그리고 전권자가 전물을 재축하거나 수선하여 그 가액이 증대된 경우에는 전권자는 출전인이 전물을 회속할 때에 현존하는 이익의 한도에서 상환을 청구할 수 있다(중화민국민법 제927조 제1항).

그리고 중화민국민법에서는 전금의 증감청구권에 관한 특별한 규정을 두고 있지 아니하다.

일본의 부동산질권에 있어서는 목적부동산의 점유가 부동산질권자에게 이전되고, 부동산질권자는 당해 부동산을 사용·수익한다(일본민법 제356조). 그러나 실제로는 부동산질권설정자가 경작·이용하는 것이 일반적이며, 이러한 때에는 채무자는 소작인으로 전락하게 된다.[45] 그러나 부동산질권자가 부동산질권설정자에게 당해 질물인 부동산을 임대하는 것은 허용되지 않는다는 반대의 견해가 있다.[46] 왜냐하면 부동산질권에 있어서 채무자에게 사용·수익권이 남아

45) 近江幸治, 前揭 民法講義 III: 擔保物權, 第2版補訂, 104면.

있는 것은 질권의 본질에 반하기 때문이라고 한다.

그리고 부동산질권자가 당해 부동산의 관리비용을 부담하며(일본민법 제357조), 부동산질권자는 채무자에 대하여 피담보채권에 대한 이자를 청구할 수 없다(일본민법 제358조). 왜냐하면 부동산질권자가 질물의 사용·수익으로 얻은 과실과 피담보채권의 이자와 상계되기 때문이다. 그러나 부동산질권의 설정계약에서 이와 달리 약정하거나 담보부동산수익집행이 개시된 때에는 부동산질권자의 질물의 사용·수익, 관리비용의 부담, 이자와 과실과의 상계에 관한 규정은 적용되지 아니한다(일본민법 제359조). 특히 수익집행이 개시된 때에는 담보목적물인 부동산은 관리인에 의한 관리를 위하여 그 관리인에게로 이전되기 때문이다.

부동산질권도 질권이기 때문에 根不動產質權의 설정이 가능하다. 근부동산질권이 설정된 때에는 피담보채권이 증감변동하게 된다.

2. 당사자의 권리와 의무

전세권에 있어서 전세권자는 선량한 관리자의 주의의무로써 당해 전세부동산을 유지·관리하여야 한다. 그리고 당해 부동산의 용도에 따라서 사용·수익하여야 하며(한국민법 제303조 제1항), 이를 위반하였을 때에는 전세권설정자는 전세권자에 대하여 전세권의 소멸을 청구할 수 있다(한국민법 제311조 제1항). 이 때의 전세권설정자의 전세권소멸청구권은 형성권으로 해석된다.[47] 또한 전세권자가 전세계약 또는 목적부동산의 성질에 의하여 정하여진 용법으로 사용·수익하지 않음으로써 목적부동산에 변경이 생겼거나 손해가 발생한 경우에는 전세권설정자는 전세권자에 대하여 원상회복 또는 손해배상을 청구할 수 있다(한국민법 제311조 제2항).

그리고 전세권의 존속기간이 만료하게 되면 전세권자는 전세권설정자로부터 지급한 전세금을 반환받게 되며, 전세권설정자가 전세금을 임의로 반환하지 아

46) 加賀山 茂, 前揭 現代民法: 擔保法, 367면.
47) 김상용, 전게 물권법, 제2판, 525면.

니하면 전세권자는 전세목적물을 경매에 부쳐(한국민법 제318조) 그 경락대금으로부터 우선변제를 받는다(한국민법 제303조 제1항).

또한 전세권이 존속기간의 만료 등으로 소멸하게 되면 전세권자는 전세목적물을 전세권설정자에게 반환하여야 하고, 전세권설정자는 전세권자에게 전세금을 반환하여야 한다. 양자의 채무는 쌍무계약으로부터 발생한 채무가 아니지만 공평의 원칙에 기하여 양당사자에게 동시이행의 항변권을 인정하고 있다(한국민법 제317조). 그리고 전세권자는 전세권을 담보목적물로 하여 저당권을 설정할 수 있다(한국민법 제371조).

그리고 전세권자는 전세권에 기하여 물권적청구권을 행사할 수 있다(한국민법 제319조, 제213조, 제214조).

전권에 있어서도 전권자는 전물을 그 성질에 따라서 사용·수익하여야 하며, 전물을 유지·관리하여야 한다(중화민국 민법 제917조의 1 제1항). 따라서 전권자는 전물을 선량한 관리자의 주의의무로써 유지·관리하고 사용·수익하여야 한다고 해석된다.

당사자의 약정에 의하여 전권의 존속기간의 정함이 있는 경우에 출전인은 약정한 존속기간이 만료한 후에 전권자에게 전금을 반환하고 전물을 회속할 수 있다(중화민국민법 제923조 제1항). 그러나 출전인이 약정한 존속기간이 만료된 후 2년이 지나도 회속하지 아니하면 전권자가 전물의 소유권을 취득한다(중화민국민법 제923조 제2항). 그러나 전권의 존속기간에 관하여 약정이 없는 경우에는 출전인은 언제든지 원래의 전금을 반환하고 회속할 수 있으며, 전권설정 후에 30년을 경과하여도 회속하지 아니한 때에는 전권자가 즉시 전물의 소유권을 취득하게 된다(중화민국민법 제924조). 그리고 전권의 약정존속기간이 15년미만일 때에는 그 약정기간이 만료하여도 출전인이 회속하지 아니하면 출전인이 회속할 수 없다는 絕賣의 약정은 할 수 없으며(중화민국민법 제913조 제1항), 약정존속기간이 15년이상이고 절매의 약정[48]을 한 경우에는 그 약정존속기간이 만료하여도 출전인이 원래의 전금을 반환하고 회속하지 아니하면 전권자는 즉시 전물의 소유권을 취득한다(중화민국민법 제913조 제2항).

이처럼 전권에 있어서 출전인은 전금을 반환하여야할 의무는 없으며,[49] 전금

48) 絕賣의 약정은 이를 등기하지 아니하면 제3자에게 대항할 수 없다(중화민국민법 제913조 제3항).

을 반환하고 회속하지 아니하면 전물의 소유권이 전권자에게 이전한다. 그리고 반대로 전권자도 출전인에 대하여 전금의 반환청구권이 없다. 출전인이 전금을 반환하고 회속하지 아니하면 전권자가 바로 전물의 소유권을 취득하기 때문이다.

그리고 전권자는 전물에 대한 留買權을 갖는다(중화민국민법 제919조). 즉, 출전인이 전물을 타인에게 매각하는 때에 전권자는 동일한 조건으로 당해 전물을 우선매수할 수 있다. 이러한 전권자의 우선매수권을 유매권이라 하며, 독일에서의 先買權(Vorkaufsrecht)과 동일하다. 출전인은 전물을 매각하고자 할 때에는 전권자에게 매각사실을 서면으로 통지하여야 하며(중화민국민법 제919조 제2항 제1문), 전권자는 출전인으로부터 매각통지를 받을 후 10일 이내에 서면으로 동일한 조건으로 우선매수를 표시하여야 하며, 10일내에 우선매수의 의사를 표시하지 아니하면 그 우선매수권을 포기한 것으로 본다(중화민국민법 제919조 제2항 제2문). 따라서 전권자의 유매권은 형성권으로보다는 청구권으로 해석된다. 그리고 출전인이 전권자에게 매각의 통지를 하지 아니하면 출전인의 매각에 의한 소유권이전으로 전권자에게 대항할 수 없다(중화민국민법 제919조 제3항).

그리고 출전인이 전권의 존속기간 중에 전권자에 대하여 전물을 양도할 의사를 표시한 경우에 전권자는 전물의 時價와 전금의 차액을 지급하고 전물의 소유권을 취득할 수 있다(중화민국민법 제926조 제1항). 이 때에 전권자는 그 차액을 1회로 지급하여야 한다(중화민국민법 제926조 제2항). 이를 找貼(과첩)이라 한다.

또한 전권의 존속기간 중에 전물이 불가항력에 의하여 전부 또는 일부가 멸실한 경우에 출전인의 동의가 있는 경우를 제외하고는 전권자는 멸실한 부분의 가액의 한도에서만 재축할 수 있으며(중화민국민법 제921조 제1문), 출전인의 동의가 있는 경우에는 전권자는 멸실된 부분의 가액의 한도를 넘어서도 재축할 수 있다. 그리고 전권자의 過失로 전물이 전부 또는 일부 멸실한 경우에는 출전인이 전권자로부터 손해의 배상을 받고 전물을 재축할 수 있다(중화민국민법 제922조의 1). 그 어느 경우에나 재축된 부동산위에는 전권이 계속 존속하게 된다(중화민국민법 제921조 제2문, 제922조의 1).

이와 같이 중화민국민법에서의 전권에서는 전권자로 하여금 가능한한 본래

49) 金相容, 전게논문 "典權과 傳貰權의 比較", 243면.

의 전물에 대한 전권의 계속성의 유지와 전물의 소유권을 취득할 수 있도록 법적 지원을 하고 있다고 해석된다.

부동산질권에서 부동산질권자는 질물인 부동산을 선량한 관리자의 주의의무로써 유지·관리하고 사용·수익하여야 한다고 해석된다. 부동산질권자의 질물의 사용·수익으로 인하여 취득한 과실은 피담보채권의 이자와 상계하게 된다. 그리하여 부동산질권에서는 목적물의 과실과 피담보채권의 이자는 同價値, 즉 동일한 가치가 있는 것으로 파악한다.[50]

그리고 일본의 부동산질권에서는 질권에 기한 물권적청구권이 부인되고 오로지 점유권에 기한 물권적청구권만이 인정된다(일본민법 제353조). 그러나 질권설정계약에 기하여 질권자는 채권자대위권에 의하여 설정자가 소유권에 기해 갖는 물권적청구권을 대위행사할 수 있다.[51]

3. 비용부담

전세권에는 전세목적물의 유지·관리를 위한 필요비는 전세권자가 부담하며(한국민법 제309조), 유익비도 먼저 전세권자가 부담하고 전세권이 소멸할 때에 그 가액의 증가가 현존하는 때에 한하여 소유자의 선택에 따라서 지출액이나 증가액을 전세권설정자인 소유자에게 상환을 청구할 수 있다(한국민법 제310조 제1항).

전권에 있어서는 전권자가 전물의 유지·관리의 의무를 부담함으로(중화민국민법 제917조의 1 제1항), 필요비는 전권자가 부담한다고 해석되며, 전권자가 유익비를 지출하거나 멸실되어 전물을 재축한 때에는 출전인이 전물을 회속할 때에 현존하는 이익의 한도에서 출전인에 대하여 그 상환을 청구할 수 있도록 하고 있다(중화민국민법 제927조 제1항).

부동산질권에 있어서는 부동산질권의 목적물의 유지·관리를 위한 필요비는 부동산질권자가 부담하고, 기타 부동산에 관한 부담도 부동산질권자가 부담한

50) 近江幸治, 前揭 民法講義 III: 擔保物權, 第2版補訂, 107면.
51) 道垣內弘人, 前揭 擔保物權法, 第3版, 90면.

다(일본민법 제357조, 제359조). 그러나 부동산질권설정약정 또는 담보부동산수익집행의 개시가 있는 때는 그러하지 아니하다(일본민법 제359조). 그리고 부동산질물의 개량을 위하여 부동산질권자가 유익비를 지출한 필요는 없다고 해석된다.

4. 조세부담

전세목적물에 대한 재산세, 양도소득세 등 조세는 모두 전세권설정자인 전세목적물의 소유자가 부담한다.

그러나 전권에 있어서는 전권자가 地價稅, 土地增價稅 등의 조세를 부담한다(중화민국토지법 제172조 제1항, 제183조 제2항).

부동산질권은 담보물권이기 때문에 당해 부동산에 관한 조세는 전부 부동산질권의 설정자인 부동산소유자가 부담한다.

Ⅳ. 토지 또는 건물 하나의 목적물에만 전세권, 典權 또는 부동산질권이 설정된 경우의 전세권, 典權 및 부동산질권의 목적물이 아닌 건물 또는 토지에 대한 이용관계

1. 개 설

동북아 3국에서는 토지와 건물을 별개 독립의 부동산으로 다루고 있다(한국민법 제99조 제1항, 중화민국민법 제66조 제1항, 일본민법 제86조 제1항). 그러므로 전세권, 전권 및 부동산질권을 토지와 건물 모두에 또는 어느 하나에만 설정할 수 있다. 토지와 건물 양자에 설정하였을 때에는 토지와 건물의 이용에 문제가 없다. 그러나 토지나 건물 어느 하나에만 전세권, 전권 또는 부동산질권이 설정되었을 때에는 설정되지 아니한 토지 또는 건물의 이용에 관한 법적인 문제가 발생하게 된다. 이에 관하여 토지나 건물의 이용에 관하여 양당사자가 협의를 하여 결정할 것이지만, 이용의 조화를 위한 법규정이 입법되어 있으며, 특히 건물만에 대해서 전세권, 전권 또는 부동산질권이 설정되었을 경우에 토지이용에 관한 특별규정을 두고 있는 것이 특징적이다.

2. 전세권의 경우

전세권에 있어서는 토지(垈地)와 건물이 동일한 소유자에 속하고 건물만에 대하여 전세권이 설정된 후에 토지만이 양도된 경우에는 당해 토지의 특별승계인은 전세권설정자(대지소유자)에 대하여 지상권을 설정한 것으로 보도록 하여(한국민법 제305조 제1항 본문), 법정지상권을 인정하고 있다. 이 때에 지료는 당사자의 청구에 의하여 법원이 결정하도록 하고 있다(한국민법 제305조 제1항 단서). 이와 같이 법정지상권이 인정되면, 대지소유자는 타인에게 그 대지를 임대하거나 이를 목적으로 하는 지상권 또는 전세권을 설정할 수 없다(한국민법 제305조 제2항).

이러한 경우에 건물전세권설정자인 토지소유자가 지상권자이고 건물전세권자가 지상권자가 되는 것이 아니다. 그러면 건물전세권자는 건물전세권설정자가 취득하는 토지에 대한 지상권에 대하여 어떠한 권리를 취득하게 되는지가 문제된다.

그리고 타인의 토지에 있는 건물에 대해서 전세권을 설정한 경우에 전세권은 그 건물의 소유를 목적으로 하는 지상권 또는 임차권에 그 효력이 미친다(한국민법 제304조 제1항). 이러한 경우에 전세권설정자는 전세권자의 동의없이 지상권 또는 임차권을 소멸시키는 행위를 하지 못한다(한국민법 제304조 제2항).

이 경우에도 역시 건물전세권자는 건물전세권설정자가 보유하고 있는 지상권이나 임차권에 대하여 어떠한 권리를 취득하는지가 문제이다. 건물전세권설정자의 지상권 또는 임차권에 건물전세권의 효력이 미치게 하는 것은 건물전세권자로 하여금 토지를 이용하게 하기 위해서이다.

건물전세권의 효력이 지상권 또는 임차권에 미친다는 의미가 건물전세권자가 지상권 또는 임차권을 취득한다는 의미인지, 아니면 지상권자 또는 임차권자처럼 토지를 이용할 수 있다는 뜻인지의 법리구성이 쉽지 아니하다. 왜냐하면 지상권은 건물이나 수목의 소유를 위하여 타인의 토지를 이용할 수 있는 용익물권이며, 임차권은 임대차계약에 의하여 취득하는 채권적인 토지이용권으로서 임차인이 갖는 권리로서, 어느 경우에나 건물전세권설정자가 지상권자 또는 임차인이며, 건물전세권자가 지상권자 또는 임차인이 아니기 때문이다.

이에 관하여는, 법률의 규정에 의하여 지상권 또는 임차권위에 전세권이 설정된다는 뜻으로 해석하는 견해가 없지 않으나 지상권과 임차권은 전세권의 목적물이 될 수 없기 때문에 적절하지 못하다. 다른 견해는 건물전세권자가 지상권자 또는 임차권자처럼 토지를 이용할 수 있다고 해석한다. 건물전세권자가 지상권자 또는 임차인이 아님에도 불구하고 법률의 규정(한국민법 제304조 제1항)에서 건물전세권의 효력이 지상권 또는 임차권에 미친다고 하였기 때문에 "미친다"는 의미를 지상권자 또는 임차인처럼 토지를 이용할 수 있다는 의미로 해석한다. 이론구성에 있어서는 온전치 못하지만 건물전세권자는 토지를 이용하여야 하기 때문에 건물전세권자가 지상권자 또는 임차인이 되는 것은 아니지만 지상권자나 임차인처럼 토지를 이용할 수 있는 것으로 해석하지 아니할 수 없다.[52)]

3. 典權의 경우

토지와 그 토지위의 건물이 동일한 소유자에게 속하고 토지에만 전권이 설정된 경우에 전권자와 건물의 소유자간에 전권이나 건물의 존속중에는 임대차관계가 있는 것으로 추정하며(중화민법 제924조의 2 제1항 제1문), 건물에만 전권이 설정된 경우에는 전권자와 토지소유자간에 전권이 존속 중에는 임대차관계가 있는 것으로 추정한다(중화민국민법 제924조의 2 제1항 제2문). 그리고 토지와 건물이 각각 별개로 전권이 설정된 경우에는 전권자 상호간에 전권이 존속

52) 김상용, 전게 물권법, 516면.

하는 중에는 임대차관계가 있는 것으로 추정한다(중화민국민법 제924조의 2 제3문). 이 때에 차임은 당사자가 협의하여 정하나, 협의할 수 없는 때에는 법원에 판결로써 정하여 줄 것을 청구할 수 있다(중화민국민법 제924조의 2 제2항).

토지와 건물이 동일한 소유자에 속하고 그 각각에 대하여 어느 하나에만 전권이 설정되었거나, 토지전권자와 건물전권자가 각각 다른 경우에 전권자가 전물의 소유권을 취득하여 토지와 건물의 소유자가 각각 다르게 된 때에는 토지소유자는 건물소유자를 위하여 지상권을 설정할 것으로 보며, 그 지상권의 기간, 지료, 지상권의 효력이 미치는 토지의 범위는 당사자의 협의로 결정하고, 협의할 수 없을 때에는 법원에 판결로 정하여 줄 것을 청구할 수 있다(중화민국민법 제924조의 2 제4항, 제838조의 1).

4. 부동산질권의 경우

부동산질권은 담보물권이기 때문에 질권의 목적물의 소유권의 변동에도 영향을 받지 아니하고 당해 질물인 부동산위에 계속 존속한다. 그러나 건물만에 대해서 부동산질권이 설정되고 토지소유권이 양도된 경우에 건물부동산질권자는 토지양수인에 대하여 어떠한 권리를 갖는가가 의문이다. 건물부동산질권설정자가 본래 借地權[53]을 취득한 경우에는 토지양수인은 차지권의 제한이 있는 토지소유권을 취득하게 되어 문제가 없으나(일본차지차가법 제10조 제1항), 토지와 건물을 모두 소유하고 건물만에 대해서 부동산질권을 설정하였다가 건물부동산설정자가 토지만을 양도한 경우에는 건물부동산질권자의 토지이용권을 어떻게 확보할 것인가가 문제로 된다. 이 때에는 토지의 양도인과 양수인간에 토지이용에 관한 약정을 하게 되면 건물부동산질권자는 건물부동산질권설정자가 갖는 토지이용권에 건물부동산질권의 효력이 미친다고 해석함이 타당하다.

53) 借地權은 地上權과 土地賃借權을 포괄하는 권리이다.

V. 전세권, 典權 및 부동산질권의 처분

1. 전세권의 처분

전세권은 물권이기 때문에 전세권설정계약에서 금지하지 않는 한 전세권자가 전세권설정자의 동의없이 이를 자유로이 양도할 수 있고, 저당권을 설정할 수 있다(한국민법 제306조, 제371조). 그리고 전세권설정계약에서 금지하지 않는 한 전세권자는 전세권의 존속기간 내에서 전세권설정자의 동의없이 자유로이 전세목적물을 轉傳貰할 수 있고 임대할 수도 있다(한국민법 제306조). 그러므로 전세권자는 전세권을 양도, 담보할 수 있으며, 전세목적물을 전전세, 임대할 수 있다. 그리하여 전세권자에게 전세권과 전세목적물의 폭넓은 처분을 허용하고 있다.

전세권을 양도 또는 담보제공을 함에는 전세권이 담보물권의 성질도 갖고 있기 때문에 附從性에 의하여 전세권과 전세금반환채권을 함께 양도하여야 하고 함께 저당권의 객체가 된다고 이론구성함이 타당하다. 그러나 판례는 전세권에 대한 저당권의 설정에 있어서 전세권만이 저당권의 객체가 되며, 전세권이 소멸하게 되면 저당권자는 전세금반환채권에 대하여 物上代位하게 된다고 판시하고 있다.[54] 그러나 전세금반환채권도 전세권과 함께 저당권의 목적물이 된다고 이론구성함이 바람직하다고 판단된다.

그리고 전세권을 양도한 경우에는 전세권양수인은 전세권설정자에 대하여 전세권양도인과 동일한 권리의무를 갖는다(한국민법 제307조). 그러므로 전세권을 양도하면 전세권설정자와 전세권양수인간에 종전의 전세권과 동일한 전세권 관계가 존속하게 되며, 종전의 전세권자는 더 이상 전세권자의 지위에서 벗어나게 된다.

轉傳貰는 전세권자가 전세목적물에 다시 전세권을 설정하는 것으로서, 전세권의 범위 내에서만 전전세권이 성립하게 된다. 그리하여 전전세금은 전세금의

54) 大決 1995. 9. 18. 95마684; 大判 1999. 9. 17. 98다31301.

범위를 초과할 수 없으며, 전전세권의 존속기간은 전세권의 잔존 존속기간의 범위 내에서만 인정된다. 전세금을 초과하는 전전세금 부분과 전세권의 잔존 존속기간을 초과하는 전전세권의 존속기간은 무효라고 해석함이 타당하다. 그리고 전세권자는 전전세하지 않았더라면 피할 수 있었던 不可抗力으로 인한 손해에 대해서도 전세권설정자에게 배상하여야 한다(한국민법 제308조). 전세 목적물의 임대의 경우에도 전전세에서와 동일한 효과가 인정된다(한국민법 제308조).

2. 典權의 처분

전권에 있어서 전권자는 전권을 타인에게 양도하거나 전권을 목적물로 하는 저당권을 설정할 수 있다(중화민국민법 제917조 제1항). 이 때에 전권의 목적물이 토지이고, 그 토지위에 전권자의 건물이 있는 경우에는 그 토지전권과 건물 소유권을 분리하여 양도하거나 기타 처분을 할 수 없다(중화민국민법 제917조 제2항).

그리고 전권설정계약에서 다른 약정을 하거나 다른 관습이 없는 한 전권의 존속 중에 전권자가 전물을 타인에게 轉典하거나 임대할 수 있다(중화민국민법 제915조 제1항). 이 때에 전권의 존속기간의 약정이 있는 경우에는 전권의 존속기간을 초과하여 전전 또는 임대할 수 없으며, 전권의 기간의 약정이 없는 경우에는 전전이나 임대에도 그 기간을 정할 수 없다(중화민국 민법 제915조 제2항). 그리고 轉典金은 典金을 초과할 수 없다(중화민국민법 제915조 제3항). 중요한 사항은 토지와 그 위의 건물이 동일인의 소유이고 동일인을 위한 전권이 설정된 경우에 전권자는 그 전물을 분리하여 전전하거나 그 전권을 분리하여 처분할 수 없다(중화민국민법 제915조 제4항). 이 때에 전권자는 전전 또는 임대로 인하여 출전인이 받은 손해를 배상하여야 한다(중화민국민법 제916조).

전전권의 전전물에 대하여 출전인이 전권자에게 전물의 회속의 의사표시를 한 때에 전권자가 상당한 기간 내에 전전권자에게 전전물을 회속하고 전전권등기말소를 하지 아니한 경우에 출전인은 원래의 전금의 범위 내에서 전전금을 지급하고 전전권자로부터 전전물(즉, 전물)을 회속할 수 있다(중화민국민법 제924조의 1 제1항). 출전인의 전전물의 회속의 경우에 전전금이 전금보다 적은 때에는 전권자나 전전권자는 출전인에 대하여 전금과 전전금의 차액의 지급을 청구할 수 있고, 출전인은 이를 공탁할 수도 있다(중화민국민법 제924조의 1 제2항). 이러한 출전인의 전전물의 회속과 전권자 또는 전전권자의 출전인에 대한 전금과 전전금의 차액의 청구는 전권자가 전전권등기의 말소신청을 사전에 거절하거나, 전권자가 행방불명이거나 기타 사정으로 인하여 출전인의 회속의 의사표시가 불능인 경우에도 마찬가지이다(중화민국민법 제924조의 1 제3항).

3. 부동산질권의 처분

부동산질권은 질권이기 때문에 질권에 관한 규정이 적용되고 또한 저당권에 관한 규정의 준용에 의하여, 부동산질권자는 전질할 수 있다. 전질의 법적성질에 관하여 일본에는 책임전질의 경우에도 質物入質說을 취함이 일반적이다.[55)]

Ⅵ. 목적물 멸실의 경우의 법적처리

전세목적물이 불가항력의 사유로 인하여 전부 또는 일부가 멸실된 때에는 그 멸실된 부분에 대한 전세권은 소멸한다(한국민법 제314조 제1항). 그러므로 전세권설정자는 멸실된 부분에 대한 비율로 전세금을 전세권자에게 반환하여야 한다. 전세목적물의 일부멸실의 경우에 전세권자가 그 잔존부분만으로는 전세목적을 달성할 수 없을 때에는 전세권자는 전세권설정자에 대하여 전세권 전부의 소멸을 통고하고 전세금의 반환을 청구할 수 있다(한국민법 제314조 제2항).

그리고 전세권의 목적물의 전부 또는 일부가 전세권자의 책임있는 사유로 인

55) 道垣內弘人, 前揭 擔保物權法, 第3版, 102면.

하여 멸실한 때에는 전세권자는 손해를 배상하여야 하며(한국민법 제315조 제1항), 이 때에 전세권설정자는 전세권이 소멸된 후에 전세금으로써 손해의 배상에 충당하고, 잉여가 있으면 반환하고, 부족이 있으면 다시 청구할 수 있다(한국민법 제315조 제2항). 이와 같이 전세권자의 책임있는 사유로 전세권이 전부 또는 일부 멸실하게 되면 그 멸실된 부분에 대한 전세권은 당연히 소멸하게 된다고 해석된다.

전권의 존속기간 중에 전물이 불가항력으로 인하여 전부 또는 일부가 멸실된 경우에는 그 멸실된 부분에 대한 전권과 회속권은 소멸한다(중화민국민법 제920조 제1항). 이 경우에 출전인이 전물의 잔존부분을 회속할 때에는 원래의 전금에서 멸실된 부분의 전금은 공제하며(중화민국민법 제920조 제2항 제1문), 멸실부분의 전금은 멸실한 때의 목적물의 가액에 대한 멸실한 때의 멸실부분의 가액의 비율로 이를 계산한다(중화민국민법 제920조제2항 제2문).

그리고 전권의 존속중에 전권자의 過失로 인하여 전물의 전부 또는 일부가 멸실한 때에는 전권자는 전금의 한도내에서 배상책임이 있다(중화민국민법 제922조 본문). 그러나 전권자의 고의 또는 중과실로 인하여 전물이 전부 또는 일부 멸실된 때에는 전금으로 손해배상에 충당하고 부족이 있으면 그 부족분을 배상하여야 한다(중화민국민법 제922조 단서).

일본의 질권에는 先取特權에 관한 규정이 준용되기 때문에 질권의 목적물이 매각, 임대, 멸실 또는 손상을 당한 한 때에는 채무자가 받게 되는 금전 기타의 물건에 대하여 물상대위한다(일본민법 제350조, 제304조 제1항 본문). 그러나 질권자가 금전 기타 물건의 지급 또는 인도 전에 압류를 하여야 한다(일본민법 제350조, 제304조 제1항 단서). 이와 같이 일본의 질권에서는 질물의 매각대금채권, 임대료채권에도 물상대위가 인정되는 점이 특징적이다. 그러나 부동산질권에 있어서는 임대료채권에 대한 물상대위는 인정되지 아니한다.[56] 그러므로 부동산질권에 있어서는 채무자의 임대료 채권이외에 채무자가 받게 되는 금전 기타의 물건에 대하여는 물상대위가 인정된다.

56) 加賀山 茂, 前揭 現代民法: 擔保法, 370면.

Ⅶ. 전세권, 典權 및 부동산질권의 소멸과 존속기간의 만료시의 법적 처리

1. 특별한 소멸사유

전세권은 전세기간이 만료, 전세목적물의 멸실 등으로 소멸하게 된다. 그 외에 특수한 전세권의 소멸사유로는 전세권설정자의 전세권소멸청구(한국민법 제311조)와 전세권자 및 전세권설정자의 전세권소멸통고(한국민법 제313조), 전세권자의 전세권의 포기에 의하여 소멸한다.

전세권설정자의 전세권소멸청구는 전세권자가 전세권설정계약 또는 전세목적물의 성질에 反하는 용법으로 전세목적물을 사용·수익한 때에 인정된다. 이는 전세권자가 전세권설정계약을 위반하여 전세권설정자가 일방적으로 전세권을 소멸시키는 것이다. 이 때에 전세권설정자는 전세권자에 대하여 원상회복 또는 손해배상도 청구할 수 있다(한국민법 제311조 제2항).

이와 같은 전세권설정자의 전세권소멸청구권의 법적성질에 관하여는 청구권설과 형성권설이 대립되고 있으나, 전세권설정계약을 위반한 전세권자를 보호할 필요가 없기 때문에 형성권으로 이해함이 타당하며, 따라서 전세권말소등기를 할 필요없이 전세권소멸청구권의 행사에 의해 전세권은 소멸한다고 해석된다.[57]

그리고 전세권소멸통고는 전세권의 존속기간의 약정이 없을 때에, 전세권자도 전세권설정자도 각각 상대방에 대하여 전세권의 소멸을 통고하고, 상대방이 통고를 받은 날로부터 6개월의 유예기간이 경과하면 전세권이 소멸하는 제도이다(한국민법 제313조). 이 전세권소멸통고권의 법정성질에 대해서도 역시 학설이 대립되고 있다. 청구권설과 형성권설이 대립되고 있다. 청구권설은 소멸통고 후 6월의 유예기기간이 경과한 후에 전세권말소등기를 하여야 전세권이 소멸한다는 견해이며, 형성권설은 소멸통고를 하고 6월의 유예기간이 경과하면 전세

57) 김상용, 전게 물권법 제2판, 525면.

권말소등기를 할 필요없이 당연히 전세권이 소멸한다는 견해이다. 생각건대 전세권소멸통고권은 전세권의 존속기간의 약정이 없을 때에 인정되며, 전세권소멸청구권과는 달리 전세권자에게 전세권설정계약의 위반이 있기 때문에 인정되는 권리가 아니다. 따라서 전세권소멸통고권은 청구권으로 이해함이 타당하다.[58] 따라서 소멸통고를 하고 6개월의 유예기간이 경과하고 전세권말소등기까지 하여야 전세권이 소멸한다고 해석된다.

전세권자는 자유로이 전세권을 포기할 수 있다. 전세권의 포기의 경우에는 포기를 원인으로 하는 전세권말소등기까지 경료하여야 전세권이 소멸한다고 해석된다. 그러나 전세권이 저당권의 목적이 되어 있는 때에는 저당권자의 동의 없이 전세권을 포기할 수 없다(한국민법 제371조 제2항). 그리고 전세권자가 전세권을 포기하면 전세금반환채권도 포기하는 것인 지가 문제이다. 생각건대 전세권을 포기한다고 항상 전세권반환채권도 반드시 포기한다고 해석할 수는 없다. 그러므로 전세금반환채권의 포기여부는 전세권 포기의 의사표시의 해석의 문제이나, 일반적으로는 전세권의 포기는 전세목적물의 사용·수익권의 포기이며, 전세금반환채권의 포기까지 포함한다고는 해석하기 어렵다.[59]

전권에 있어서는 출전인이 전권이 약정존속기간이 만료된 후 2년이 지나도록 회속하지 아니하거나, 기간의 약정이 없는 전권에 있어서는 전권설정 후 30년이 경과하여도 출전인이 회속하지 아니하면 전권자가 전물의 소유권을 취득함으로(중화민국민법 제923조), 이러한 때에는 전권이 소멸하게 된다.

그리고 전물이 멸실하게 되면 전권은 소멸한다. 그러나 멸실된 전물을 재축하면 재축된 물건에 본래의 전권은 계속되는 것으로 본다(중화민국민법 제921조 제2문, 제922조의 1). 그리고 전권의 약정존속기간이 15년이상인 경우에 전권설정계약에서 출전인이 전금을 반환하고 회속하지 아니하면 전권자가 전물의 소유권을 취득한다는 絕賣의 약정을 한 때에, 출전인이 존속기간이 만료한 후에 회속하지 아니하면 전권자는 존속기간의 만료로 곧바로 전물의 소유권을 취득함으로써(중화민국민법 제913조), 그리고 절매의 약정을 한 때에는 약정존속기간의 만료로 전권이 소멸한다. 그리고 출전인이 전물을 회속하기 위해서는

58) 上揭書, 526면.
59) 上揭書, 529면.

전권소멸사유의 발생 6개월 전에 전권자에게 통지하여야 한다(중화민국민법 제925조).

그리고 전물에 대해 전권자가 留買權을 행사한 때에도 전권은 소멸하며(중화민국민법 제919조), 找貼의 경우에도 전권이 소멸한다(중화민국민법 제926조).

부동산질권은 피담보채권의 변제 또는 부동산질권의 포기에 의하여 소멸하게 되며, 질물의 멸실의 경우에는 물상대위에 의하여 계속 존속하게 된다. 그리고 부동산질권에는 저당권에 관한 규정이 준용되므로, 제3취득자에 의한 부동산질권소멸청구권[60]의 행사(일본민법 제361조, 제379조), 代價辨濟[61](일본민법 제361조, 제378조)에 의하여서도 소멸하게 된다.

그러나 부동산질권은 후순위의 저당권자가 경매를 청구하여 경락이 이루어져도 선순위의 부동산질권은 소멸하지 아니한다.[62] 왜냐하면 부동산질권자의 사용·수익권이 보호되어야 하기 때문이다.

2. 소멸시의 법적처리

전세권이 소멸하면 전세권자는 전세목적물을 전세권설정자에게 반환하여야 하며 전세권설정자는 전세금을 전세권자에게 반환하여야 한다. 양자의 채무이행에는 동시이행의 항변권이 인정된다(한국민법 317조). 그리고 전세권의 존속기간의 만료로 전세권이 소멸한 때에는 전세권자는 그 목적물을 원상에 회복하여야 하며, 그 목적물에 부속시킨 물건은 收去할 수 있다(한국민법 제316조 제1

60) 저당권에서 제3취득자의 저당권소멸청구는 그가 저당권자에게 지급할 代價를 적은 서면으로 하여야 하며(일본민법 제383조), 저당권자가 서면을 교부받고 2개월이내에 당해 저당부동산에 대한 경매를 신청하지 아니하면 제3취득자의 저당권소멸청구를 승낙한 것으로 보며(일본민법 제384조), 제3취득자가 그가 제시한 대가를 저당권자에게 지급하거나 공탁한 때에 그 저당권은 소멸한다(일본민법 제386조). 이러한 저당부동산의 제3취득자의 저당권소멸청구권은 부동산질권에도 준용된다(일본민법 제361조).

61) 代價辨濟는 저당부동산에 관해 소유권 또는 지상권을 취득한 제3취득자가 저당권자의 청구에 응하여 그 저당권자가 제시하는 가액을 저당권자에게 지급하고 그 저당권을 소멸시키는 제도로서(일본민법 제378조), 부동산질권에 있어서는 질물의 소유권 또는 질물에 대하여 지상권을 취득한 제3취득자가 부동산질권자가 제시하는 가액을 지급하고 당해 부동산질권을 소멸시키는 제도로 해석된다.

62) 內田 貴, 前揭 民法 III: 債權各論·擔保物權, 第3版, 496면.

항 본문). 그러나 전세권설정자가 그 부속물의 매수를 청구한 때에는 전세권자는 정당한 이유없이 이를 거절하지 못한다(한국민법 제316조 제1항 단서). 또 한편으로 그 부속물이 전세권설정자의 동의를 얻어 부속하였거나 전세권설정자로부터 매수인 것인 때에는 전세권자는 전세권설정자에 대하여 그 부속물건의 매수를 청구할 수 있다(한국민법 제316조 제2항). 이 때에 전세권설정자의 전세권자에 대한 부속물매수청구권과 전세권자의 전세권설정자에 대한 부속물매수청구권은 모두 형성권으로 해석된다.[63]

전권의 소멸에 있어서는, 출전인의 회속의 경우에는 출전인이 전금의 전액을 상환하여야 하며, 找貼의 경우에는 전권자가 출전인에게 전물의 가액과 전금과의 차액을 지급하여야 하며, 留買權의 행사에 의한 전권의 소멸의 경우에는 전권자는 출전인의 매매가액과 전금의 차액을 지급하여야 한다.

전권이 소멸하면 전권자는 전물에 축조 또는 부속한 공작물을 수거할 수 있으며, 토지전권의 경우에는 원상회복을 하여야 하며(중화민국민법 제927조 제2항, 제839조 제1항), 전권자가 전권소멸 후 1개월 이내에 공작물을 수거하지 아니하면 그 공작물은 출전인의 소유로 귀속한다(중화민국민법 제927조제2항, 제839조 제2항 제1문). 그러나 공작물이 출전인의 토지이용에 방해가 되는 때에는 토지소유자는 원상회복을 청구할 수 있다(중화민국민법 제927조 제1항, 제839조 제2항 제2문). 그리고 전권자가 공작물을 수거함에는 수거 전에 토지소유자에게 이를 통지하여야 하며, 토지소유자가 時價로 그 공작물의 매수를 원하는 경우에는 전권자는 정당한 이유없이 이를 거절할 수 없다(중화민국민법 제927조 제2항, 제839조 제3항).

그리고 전권자가 유익비를 지출하여 전물의 가액이 증가하거나 전권자가 멸실된 전물을 재축 또는 수선을 하고 출전인이 전물을 회속할 때에는 출전인은 전권자에게 현존이익의 한도에서 상환하여야 한다(중화민국민법 제927조 제1항).

그리고 전물이 토지이고 전권자가 출전인의 동의를 얻어 전물인 그 토지위에 건물을 축조한 때에는 다른 특약이 없으면 출전인은 전권자에게 그 건물의 시가로 보상을 하여야 하며, 출전인이 보상을 원하지 아니하면 출전인이 회속할

63) 김상용, 전게 물권법 제2판, 533-534면.

때에 지상권이 설정된 것으로 본다(중화민국민법 제927조 제3항). 출전인이 보상하기를 원하지만 시가에 대한 협의가 이루어지지 아니한 때에는 법원에 시가를 결정하여 줄 것을 신청할 수 있고, 법원이 결정한 시가로 출전인이 보상하기를 원하지 않은 경우에는 회속할 때에 지상권을 설정한 것으로 본다(중화민국민법 제927조 제4항). 이와 같이 지상권이 설정된 것으로 擬制된 경우에 지료, 지상권의 존속기간, 지상권의 범위는 당사자가 협의하여 결정한다. 그러나 협의가 이루어지지 아니하면 법원의 판결로 정할 것을 청구할 수 있다(중화민국민법 제927조 제5항).

부동산질권에 있어서 질권이 소멸하면 질물을 설정자에게 반환하여야 하며, 부동산질권등기를 말소하게 된다. 부동산질권자의 질물에 대한 경매청구에 의하여 실행되어 경락인에게 소유권이 이전되면 피담보채권액 전액의 변제가 있을 때까지 질물을 유치할 수 있다고 해석된다. 그러나 질권의 목적물인 당해 부동산에 대하여 수익집행이 개시되면 피담보채권 전액의 변제가 있을 때까지 당해 부동산질권은 계속 존속하게 된다. 이와 같은 수익집행이 개시되면 부동산질권자가 당해 질물을 사용·수익할 수 없고 관리인이 용익하며 그 수익금으로 피담보채권의 변제에 충당하여야 한다고 해석된다. 그리고 부동산질권에 있어서 유질계약은 금지된다(일본민법 제349조).

그리고 부동산질권에 의한 우선변제권이 인정되는 범위 중 지연배상은 동산질권에서의 그것과는 달리 최후 2년분에 한한다(일본민법 제375조 제1항). 왜냐하면 부동산질권에는 저당권에 관한 규정이 준용되기 때문이다(일본민법 제361조).

Ⅷ. 평 가

한국의 전세권과 중화민국의 典權 그리고 일본의 부동산질권은 토지소유권에 대한 권능의 분화가 명확히 이루어지지 못하고, 부동산에 대한 공시제도가 완비되지 못한 시대에 民衆들이 보유하고 있던 부동산이용권을 환매조건부로 매각하는 방법에 의한 민중들의 금전융통을 위한 부동산담보제도로부터 발전된 동북아시아 3국의 고유한 부동산물권이라 평가된다. 지주계층은 대토지를 소유하면서 노비를 동원하여 농지를 경작하는 방법으로 수확물을 거둘 수 있었기 때문에 토지이용권의 매각의 방법을 담보의 방법으로는 거의 이용하지 않았을 것으로 추론된다. 토지를 소유하지는 못하고 토지를 경작·이용만 하던 민중들은 그들의 생계유지를 위한 금전의 융통을 위하여 그들 민중들이 보유하고 있던 경작 · 이용권을 매각하고 그 매각대금으로 자금을 융통하고, 경작 · 이용권을 다시 회복할 수 있게 환매조건부로 경작 · 이용권을 매각한 것이 부동산에 대한 전세권, 전권 및 부동산질권의 역사적 발전배경으로 파악된다. 특히 이러한 전세권, 전권 및 부동산질권은 가진 것이라고는 토지의 경작권뿐이었던 당시에 그 경작토지로부터의 수확물로는 생계유지가 불가능하여 생계유지를 위하여 민중들이 갖고 있는 경작권을 매각하여 그 매각대금으로 생계를 유지하였던 것으로 이해된다. 그리하여 민중들은 매각한 경작권을 회복할 수 있는 방법으로 還退, 回贖, 채무변제를 하여 민중들이 생계유지를 위한 경작권을 반환받으려고 하였던 것으로 이해된다. 그리하여 전세권, 전권, 부동산질권은 동북아 3국에서의 토지의 경작권만 가진 민중들의 생계유지를 위한 금전의 융통을 위하여 이용되었던 제도들로부터 발전된 물권이라 판단된다. 이와 같이 민중들의 생존수단인 토지경작권을 매수한 가진 자들은 그 경작권의 매수 · 이용을 통하여 그 대가를 초과하는 수확물을 취득하는 방법으로 暴利를 취하고 致富하였던 것이었다고 판단된다.

한편으로 경작 · 이용권을 매수하여 대각대금을 지급하고 당해 부동산의 점유를 이전받아 경작 · 이용한 자는 매도인이 환매를 할 때까지는 당해 부동산으로부터의 수확물을 전부 취득할 수 있었기 때문에 이러한 권리들이 폭리의 방법으로 활용될 수가 있었다. 따라서 전세권, 전권, 부동산질권은 어렵게 살아가던 민중들의 부동산담보방법으로 이용되었으나 또한 금전을 가진 자들의 폭리를 위하여 이용되었다.

이러한 傳來의 환매조건부부동산의 경작·이용권의 매매가 점차 이러한 권리의 매도인이었던 민중을 보호하는 방향으로 발전된 제도가 바로 전세권, 전권,

부동산질권이라 이해된다. 그러므로 이러한 전세권, 전권, 부동산질권은 前근대적 부동산담보제도라 평가된다. 특히 부동산등기부가 편철되어 근대의 저당권이 이용되기 전의 부동산담보방법이 바로 이러한 전세권, 전권 및 부동산질권이라 파악된다.

동북아 3국에서 부동산등기부와 근대의 저당권이 이용되기 전의 부동산담보방법이 바로 전세권, 전권 및 부동산질권의 모태라 생각되며, 그러한 부동산담보권이 각국에서 각각 특색있게 발전되어 각국의 민법전에 규율되어 있는 것이다. 한국의 전세권은 용익물권이면서 동시 담보물권으로 발전되어 왔으며, 중화민국의 전권은 용익물권이지만 전권자가 소유권을 취득할 수 있는 기대권으로 발전되었으며, 일본의 부동산질권은 담보물권으로 발전되어 왔으나 질권에 관한 법리보다는 저당권에 관한 법리를 준용하도록 발전하여 왔다.

부동산등기부가 발달하였고, 부동산담보방법으로서 저당권이 일반적으로 이용되고 있고, 부동산이용권으로는 채권적인 임대차의 방법이 널리 이용되고 있는 오늘날에 있어서는 이러한 傳來의 고유한 부동산담보물권제도로부터 발전된 전세권, 전권 및 부동산질권은 각국의 민법에서 입법은 되어 있으나 그렇게 널리 이용되고 있지 못한 것이 각국의 실정이다. 전세권, 전권, 부동산질권에 있어서 그 설정자가 당해 부동산을 회복할 수 있지만, 그러한 물권이 존속하고 있는 동안의 사용·수익으로 인하여 취득하는 수확물을 전부 그러한 권리자에 귀속케 하는 것은 폭리라 아니할 수 없다. 따라서 정당한 값에 의한 거래의 법원칙에 반한다고 아니할 수 없다. 그러므로 전세권, 전권 및 부동산질권이 동북아 3국의 고유제도라는 이유로 민법에서 그대로 유지하는 것이 타당한 것이냐는 의문이다. 부동산의 이용은 임대차계약에 포섭하고, 부동산담보를 위한 기능은 저당권으로 대체하게 함이 타당하다고 판단된다. 이러한 傳來의 제도의 현대화도 고려할 수 있겠지만 임대차계약과 저당권을 더욱 합리적으로 발전시키는 방법으로 전세권, 질권, 및 부동산질권을 代替해 나감이 바람직하다고 생각된다.

<한국토지법학회, 토지법학, 2014. 6. 30.>

제 3 편

世界紀行

11. 자연법 사상에 기초한 워싱턴의 도시설계

목 차

Ⅰ. 워싱턴의 첫 인상

비행기는 동경을 출발하여 홋카이도를 지나, 캄챠카 반도를 끼고 베링해렵까지 가서 다시 알라스카 해안을 따라 내려오다, 카나다의 록키산맥을 거쳐 오대호의 두 곳을 지나쳐 워싱턴 덜레스 공항에 도착하였다. 캐나다의 록키산맥에는 산에 눈이 보였다. 들판이 참으로 광활하였고, 경지정리가 잘되어 있었다.

공항에서 입국수속을 하는데 시간에 많이 걸렸다. 공항에는 상준이가 나와 있었다. 많이 더웠다. 굉장히 더웠다. 차를 타고 지나가면서 워싱턴 중심부를 겉으로만 보았다. 워싱턴 기념탑, 링컨기념관, 백악관, 국회의사당 등의 건물의 모습만을 보았다. 그러나 그렇게 화려하지 않았다. 규모가 어마어마하게 크지도 않았다. 높이가 아주 높지도 않았다. 녹지공간이 많았고, 유럽처럼 고색창연하지도 않았다. 역사의 길이가 길지 않기 때문이라 생각되었다. 그래도 국민의 대표기관인 국회의상당 건물이 큰 편이었다. 그 외의 건물은 그렇게 크지도 높지도 않았다. 유럽풍의 건물이었다. 그리스 신전식 건물이 많았다. 이런 생각이 들었다. 진정 국민을 가장 존중하고, 관청의 건물들은 그렇게 크지 않게 함으로써 국민을 위한 정부의 모습을 보여주고 있다는 생각을 하였다. 도로도 누덕누덕 그렇게 富國의 사치를 느끼기 어려웠다. 이것이 민주주의 표본이 아닐까 생각했다. 중국의 자금성의 위용을 보라. 어마어마하게 크게 짓지 않았는가. 오스트리아 빈의 합스부르크 왕가의 궁전, 프랑스 파리의 베르사이유궁전, 일본 동경의 皇宮 등에 비교하면 비교적 검소한 느낌을 받았다. 권력과 명예를 가진 미국의 집권자들이지만, 국민을 위하는 모습을 읽을 수 있었다. 굉장이 수수하다는 느낌을 받았다. 외모가 중요한 것이 아니라, 내실, 국민을 위함이 중요한 것이다.

Annapolis의 미해군사관학교 건물을 둘러보고 집으로 왔다. 우리는 대한민국의 아들이고 딸이다. 나도 조용히 학문의 길에서만 정진하겠다. 주의 뜻을 따라서만 살려고 하였다. 주께서 온전히 함께 해주실 것만을 믿고 기도하고 따르련다.

미국이 어떻게 세계의 지도국이 되어 있는가? 그 근원이 어디있는가? 미국의 세계관리의 힘은 어디서 나오는가? 나의 깨달음이다. 가장 중요한 미국의 힘은 국민들로부터 나온다. 아래로부터 나온다. 미국의 지도자들은 국민을 받들고 섬기고 있다. 미국의 지도자들은 자신을 낮추고 국민을 받들고 있다. 결코 군림하지 않는다. 이해를 구하고 동의를 얻어내고 설명하고 제대로 하려고 애쓴다. 국민들이 지도자들을 존경하고 받들고 힘이 되어 주기 때문에 미국이 이렇게 강력한 세계의 지도국가가 되어 있다. 전적으로 국민의 국민에 의한 국민을 위한 정부가 미국임을 몸소 실천해 보여주고 있다.

미국의 지도자들이 왜 몸을 낮추고 국민을 받들고 있는가? 그 첫째는 미국의 건국이념이 자연법에 기초하고 있기 때문이다. 자연법은 인류보편의 가치를 추구하며, 혁명사상을 내포하고 있다. 그 혁명사상이 저항권이며, 그 저항권은 바로 국민 모두에게 주어져 있다. 그러한 저항권이 적절히 행사되고 있다.

그리고 미국은 언론이 정부를 감시하고 있다. 언론의 자유가 철저히 보장되어 있다. 제퍼슨 대통령이 말한 신문없는 정부는 생각할 수 없다는 말 속에 잘

담겨져 있다. 언론이 그 기능을 제대로 기능하고 있다.

그리고 미국의 사법부가 정부권력을 잘 통제해 나가고 있다. 자연법에 기초한 좋은 법에 의하여 법이 미국의 권력행사를 잘 관리해 나가고 있다. 법정모욕죄를 엄히 적용해서 사법부를 존경하도록 하고, 자연법 원리에 입각한 판결을 하고 있기 때문이다.

그리고 세계가 미국을 주시하고 있는 점이다. 미국의 일거수일투족은 세계가 주목하고 있다. 그러니 미국이 무책임한 행동을 함부로 할 수 없다. 미국 스스로 세계의 지도국가로서 세계관리를 하겠다는 의식이 충만해 있다.

미국에는 우리와 같이 독재자가 나오지 않았다. 그것은 독재에 대한 견제장치가 잘 갖추어져 있고, 잘 기능하기 때문이다. 미국의 지도자들은 함부로 행동하지 않는다. 국회에서의 육탄대결이나 험악하게 대변인이 논평할 수 없다. 대통령이 독재권력을 행사할 수가 없다. 이해를 구하고 설득해서 동의를 얻어내어야만 한다.

그리고 워싱턴에는 박물관이 잘 갖추어져 있고 도서관이 아주 훌륭하다. 이것은 미국이 세계를 관리해 나감에 세계의 모든 나라의 과거사를 이해할 필요가 있고, 각국에 대한 지식이 있어야 가능하다. 그러한 기능을 수행하는 곳이 박물관이고 도서관이다. 스미소니언 박물관, 자연사박문관은 그 규모도 크고 내용도 아주 교육적이며 세계인에게 무료로 개방되어 있다. 미국의 의회도서관에서는 세계의 거의 모든 자료들이 다 있는 것 같았다. 나의 책도 우리 대학교 도서관에서는 구입하지 아니하는데, 거의 대부분의 나의 책을 다 소장하고 있었다.

물론 미국은 방대한 영토에 생산력이 대단하다. 그것도 중요한 세계관리의 근원이 되어있지만, 인문사회분야의 근원을 나는 이렇게 파악하고 있다. 물질만 있다고 되는 것이 아니다. 우리의 졸부들을 보면 잘 알 수 있다. 러시아가 그렇게 자원이 많고 영토가 넓은데도 세계관리에는 미국보다 못하지 않는가?

세계를 관리하는 중심부의 워싱턴의 외관을 보면, 그 중앙에 오벨리스크인 워싱턴 기념탑이 우뚝 서 있다. 그것은 워싱턴이 세계에서 제일 높은 곳의 세계관리의 지도 장소임을 보여주고 미국이 세계관리의 지도국가임을 보여준다. 그리고 국민의 대표기관인 국회가 그래도 가장 크고 높은 건물로서 국민이 가장 높다는 뜻을 상징적으로 보여주고 있다. 권력의 최고지휘자인 미국대통령의 관저인 백악관은 초라할 정도로 작고 중심선을 벗어난 곳에 위치하고 있다. 그것은 국민들이 중심이지 대통령이 중심이 아니라는 뜻이다. 그리고 링컨 기념관을 국회의 맞은편에 배치한 것은 미국의회는 국민이 나라의 주인이고 지도자들은 국민을 하늘같이 받들어야 함을 말해주는 상징적인 위치선정이다. 정부는 국민의 국민에 의한 국민을 위한 존재임을 실천하라는 엄숙한 명령이다. 오벨리스크는 미국이 최고의 국가이며 하늘높이 그 위상을 떨칠 것이라는 뜻을 표하고 있으며, 그 주변의 국가기관들로 하여금 그렇게 국가의 권력을 행사하라는 뜻이고 명령이다.

이러한 미국의 힘의 근원인 법과 제도와 국정운영의 모든 것은 궁극적으로는 어디서 배태하였는가? 그것은 청교도이다. 바로 기독교이다. 바로 하나님의 말씀과 섭리이다. 그러므로 하나님의 섭리 가운데 미국이 있음을 알 수 있다.

그리고 워싱턴의 국기기관 건물들은 고층건물도 아니고, 아주 날렵한 산뜻한 건물도 아니고, 육중하면서 튼튼한 건물들이다. 이는 실용주의의 결과이다. 아주 튼튼하게 확실하게 그리고 유용하게 만드는 것을 사상내용으로 하는 실용주의(pragmatism)의 결실이다. 워싱턴에서의 첫 밤의 깨달음은 나의 지론과 사상과 철학을 실천하는 모습 그대로이다.

II. 미국 해군사관학교

미국해군사관학교로 갔다. 메일랜드주의 州都인 Annapolis의 해변가에 위치해 있었다. 160년의 역사를 가졌단다. 교정이 매우 넓고 깨끗하고 냉방이 아주 잘 되어 있었다. 토요일인데도 온 건물을 모두 냉방을 하여 실내는 아주 쾌적하였다. 사람들이 없는데도 냉방을 하고 있었다. 온 건물을. 미국의 에너지 소비가 얼마나 많는 지를 가늠해 볼 수 있는 모습이었다.

교정내의 박물관도 가보고, 교회에도 가보았다. 모두 좋았다. 교장은 삼성장군이란다. 그 교정에 관사가 있었다. 수수한 모습 그대로 였다. 특별한 모습을 갖춘 건물이 아니었다. 아나폴리리는 메일랜드 주의 州都이다. 주청사건물도 웅장하지 않았다. 친근감을 주는 건물 모습이었다.

State and Religion의 General Reporter인 스페인 마드리드 대학의 Torron 교수가 나를 찾아와 인사를 건냈다. 나의 National Report가 좋았다는 얘기를 했다. 아마도 그것은 한국에서의 종교와 국가간의 관계의 역사에 있어서 국교가 오래가지 못하고 바뀌었다는 것과 그렇게 종교가 쇠락한 원인을 정치권력과의 유착으로 인한 부패가 그 원인이었다는 것이 인상적이었지 않았을 생각하며, 기독교는 한국에서 절대로 정치권력과 가까이 있어서는 안된다는 나의 글이 좋았지 않았을까 생각해 보았다.

호텔방도 냉방을 아주 강하게 하여 바깥은 더워도 생활하기에는 오히려 춥다. 미국의 에너지 소비의 정도를 알 수 있겠다. 미국의 에너지 소비가 대단하다. 독일의 에너지 절약형 건축구조와는 너무나 대조적이다. 미국의 집은 벽을 나무로 얇게 하여, 냉난방을 위해서 에너지소비를 엄청나게 할 수 있는 구조임을 알겠다. 미국의 부의 상징이지만, 과소비의 모습으로 이해된다. 바깥은 섭씨 38도인데도 실내는 에어컨을 최고온도 화씨 85도로 해 두어도 오히려 춥다. 확실히 미국은 에너지과소비형 구조의 건축구조로 되어 있는 것 같다. 실내에는 옷을 입고 있어도 춥다.

좋은 법을 가져야 한다. 그 좋은 법은 바로 자연법이다. 하늘이 준 질서를 이루어 나가는 법이 바로 자연법이다. 그런데 우리의 법조계의 지도자들은 하늘의 천부의 질서에 어긋나는 법을 만들고 판례를 형성해 온 것이 있다. 그것이 바로 명의신탁의 유효성의 인정이고, 개발이익의 토지소유자에게의 귀속의 허용이다. 땅은 어느 누구의 인간도 만든 것이 아니다. 하늘이 이 땅의 세대가 바뀌어도 살아있는 사람들이 살아 갈 수 있는 터전으로 값없이 준 것이다. 그러므로 당연히 골고루 나누어 관리하여야 한다. 타인의 이름을 빌려서 몰래 많이 갖는 것은 자연질서에 반한다. 땅의 개발이익은 하늘의 것이다. 하나님은 그 개발이익을 달라고 하지 않는다. 없는 사람들을 위해서 쓰라고 말씀하신다. 그것이 개발이익의 환수와 개발이익의 환원이다. 자연의 질서에 합당한 법을 만들고 합당한 판결을 하라.

좋은 법을 만들어야 한다. 자연법을 찾고 또 만들어 나가야 한다. 그래야 하늘의 질서를 회복한 정의를 이룩할 수 있다. 그러한 법을 연구하여야 진정한 법학이다. 그러한 나라가 국격과 성숙을 이룬 나라이고 사람이다. 그러한 대한민국이 되어야 한다.

예수님이 왜 역사를 통하여 세계민의 신앙의 대상이 되는가. 그것은 세계민을 영원히 살 수 있도록 스스로 희생이 제물이 되어 주셨기 때문이다. 생명을 받친 희생이상의 사랑이 어디 있는가? 바로 그것으로 예수님의 만민의 믿음의 존경과 흠모의 대상이시다. 공자, 부처는 위대한 인물이지만 죽음으로 세계민을 영원히 살 수 있도록 하지는 못했다. 그러니까 존경과 흠모의 대상으로서의 공자와 부처는 한계가 있는 것이다. 마호멧은 칼로서 시계시민들을 자기를 따르도록 강요하였다. 그렇기 때문에 지금도 폭력을 정당화하고 있다. 진정한 구원자는 주님뿐이시다. 주님이야 말로 자기의 생명을 희생하여 스스로는 영생을 얻을 수 없는 인간을 영생으로 구원해 주셨다. 그것이 이 세상에서 가장 큰 사랑이다. 그러기에 예수님은 신앙의 대상인 것이다.

베풀어라. 주어라. 갈 때는 다 되돌려주고 가라. 하늘에 이미 상급이 창고에 가득하다. 몸도 되돌려 주어라. 재물도 되돌려 주어라. 오로지 남기고 갈 것을 학문적 업적과 깨달음을 알리는 것 뿐이다. 열심히 기도하고 성찰하고 묵상하여 하늘의 진리를 깨달아야 한다. 그렇게 살아야 한다. 다 주어야 한다. 그것이 내가 갈 길이다. 진리를 찾아서 순수하게 무던히 오늘도 기도하면서 나아간다. 바울을 변화시키신 하나님이 오늘 나에게 한 없는 진리를 깨닫게 해 주신다.

국제회의에도 참석하고, 세계의 여러 교수님들과도 만남의 기회를 갖고, 이렇게 사는 것이 학자의 멋이다. 그러나 가장 기본적으로 갖추어 나가야할 것은 깊은 사고와 높은 이상과 보편적인 가치인 인류의 평화와 번영을 향한 사상을 가지고 좋은 글을 쓰며, 이러한 생각들을 글로 남기는 것이다. 이것이 가능하기 위해서는 경제적인 뒷받침이 있어야 가능하다. 모든 것은 허락해 주신 주님께 무한히 감사한다.

이제 내가 해야 할 일은 받들고 섬기며 위하고 헌신하는 일만이 남아있다. 하나님의 나라의 이 땅에서의 건설과 확장이 이루어야 할 과제이다.

우리 집안은 이제 과거를 청산하고 자신의 부족을 깨닫고 하나님 앞에서 우리는 죽고 주님의 세계가 이루어져야 하겠다. 그것이 복 받고 살아갈 수 있는 유일한 길이다. 이것을 깨닫지 못하고 있는 것이 오늘의 현실이지만, 주님의 역사를 이룰 수 있으리라 믿는다.

Ⅲ. 학문과 인재의 힘

학문이외는 다른 생각을 말자. 오로지 기도하면서 주님의 섭리를 따라서 살자. 깨달음의 세계에서 살자. 학문의 깊은 경지에 들어가자. 자고(自高)해서는 안된다. 더욱 낮아지는 삶이 필요하다. 오로지 주님의 인도하심만을 구하고 따르고 이루어 나가도록 하여야 한다. 몸도 되돌려 드리고, 재물은 모두 연구소를 위하여 사용하도록 하고, 정치와는 거리를 두고, 오로지 주님의 세계와 학문의 세계에서 유유자적하리라.

요셉에게 임재하셨던 주님, 바울을 회개케 하시고 변화시키신 하나님, 그 하나님을 지금 나는 하나님으로 믿습니다. 그 때 역사하셨던 주님께서 지금도 역사하시고 계심을 믿습니다. 영안을 열어주시고, 사물을 제대로 볼 수 있게 하여주시고, 더불어 이웃이 되어 살게 하여 주소서. 주님의 뜻대로 살겠나이다. 주님이외는 모두를 초개같이 버리겠나이다. 학문의 길, 주님의 길, 베품의 길, 다 되돌려 드리는 그 길로 가겠나이다.

미국연방대법원이 국회의사당 뒤에 위치하고 있다. 이러한 위치배치에 대하여 나름대로 판단해 보면, 대법원이 국회의 하는 일을 감시하고 있음을 보여준다. 잘못된 법률을 만드는지를 대법원이 뒤에서 조용히 감시하겠다는 것이다. 대법원은 전면에 나타나지 않고 차분히 뒤에 한 걸음 물러나 있으면서 보이지 않는 곳에서 국정을 감시하겠다는 뜻으로 풀이해 본다. 참으로 심사숙고한 미국의 국가철학을 반영한 연방정부의 배치라 생각한다.

그리고 워싱턴의 길 이름에는 미국의 모든 주의 이름이 그대로 쓰여지고 있고, 그것도 미국통합의 상징으로 이해된다. 워싱턴은 군림하는 도시가 아니라 미국의 모든 주가 함께 공유하고 함께 더불어 일하고 함께 통합하여야 함을 상징적으로 나타낸 것으로 이해된다.

미국은 세계 각국의 인재들을 미국에 유치하여 미국의 발전을 위하여 적극 활용하는 것 같았다. 다양한 나라의 사람들, 그 중에서도 우수한 인재들이 미국의 대학이나 연구기관에 일하게 함으로써 미국이 세계지배를 해 나가는데 필요한 정보를 다 알아내는 것 같은 인상을 받았다. 아주 다양한 세계의 우수한 인재들을 미국이 활용하고 있음을 알 수 있었다.

그리고 터키의 교수님으로부터 들은 얘기로서 이슬람 국가에서 여자들이 히잡이나 차도르를 쓰는 것은 고대 이집트의 파라오시대의 풍습으로서 그것이 아랍권에 영향을 주어 그렇게 되었으며 코란에서 유래한 것은 아니라고 하였다. 그들은 스스로 비합리적인 관습은 바꾸어 가는 적극적인 노력이 필요하다고 생각된다.

늘 나의 생각을 떠나지 않은 상념은 자연법, 교회법, 자연, 보편, 순수, 비움, 받듬, 베품, 깨달음, 주님이 주셔야 가능함 등의 기본적인 생각이었다.

주님이 함께 해 주시지 않으면 모든 것이 헛되고 헛됨을 깨달았다. 주님 나와 함께 해 주실 것을 간절히 기도합니다. 주님의 나라에서 주님의 나라의 이 세상에서의 법을 통한 실현을 위해 학문을 다 하겠나이다. 좋은 사람이 되겠습니다. 품위있는 사람이 되겠습니다. 내실있는 사람이 되겠습니다. 참 좋은 사람이 되도록 노력하고 애쓰겠나이다. 영감을 허락해 주시고, 깨달음을 주시고, 학문의 길에서 더욱 천착하도록 하여 주옵소서. 오로지 주님의 아들로서 학문하는 사람으로서 보편의 진리를 법에서 구현할 수 있는 자연법을 공부하겠나이다.

Ⅳ. 미국 의회도서관

오늘은 발표가 없고 관광하는 날이었다. 나는 국회도서관을 가는 코스를 택하였다. 아침에 이미 국회도서관의 직원이 우리를 호텔에서 기다리고 있었다. 지하철을 타고 갔다. 지하철에는 스크린 도아가 설치되어 있지 않았다. 복잡했다. Blue Line의 노선을 타고 Capital South에서 내렸다. 마침 미국인과 얘기를 나룰 시간이 있었다. 그 분이 지하철표가 없었다. 아내가 쓰지 않은 표를 그 분께 주었다. 그 표는 계속 쓸 수 있는 것이어서 오늘 쓰고는 되돌려 주겠다고 하였다.

날씨가 더웠다. 국회도서관은 국회 뒷편 그리고 미국연방대법원 뒤에 위치하고 있었다. 직원들이 상세히 설명하고 주었다. 직원이 5,000명 정도가 된다고 하였다. 법률도서관을 따로 운영하고 있었다. 서가를 관람하고 그것에서 간단히 제공되는 점심을 먹었다. 마침 점심을 먹는 시간에 그곳 법률도서관의 여자 직원이 나에게 다가와 말을 걸었다. 일본인으로서 이곳에서 일하는 사람이었다. 그 분과 얘기하는 중에 그 분의 사무실에 갔다. 한국책에 관한 얘기를 하다가 나의 책이 있는지 검색을 해 보았다. 나의 책 17권이 이미 그 도서관에 소장되어 있었다. 더 추가할 책으로서 권할 것이 있으면 적어 달라고 하여 민사법연구 7권을 소개하였다. 나의 책의 목록을 프린트하여 받았다.

점심을 먹고 혼자서 워싱턴시내의 관광에 나섰다. 먼저 연방대법원 건물로 갔다. 연방대법원 건물은 국회의사당 바로 뒤에 위치해 있었다. 국회의 감시기능을 대법원이 맡은 느낌이었다. 날씨가 더워 이내 땀이 났다. 대원법 건물에는 다음의 문구가 새겨져 있었다. Equal Justice under Law였다.

대법원 건물을 보고 중앙로인 Constitution Avenue따라서 걸었다. 워싱턴의 중앙로가 바로 헌법로였다. 국회의사당 건물은 웅장하고 언덕에 있고 잘 지어져 있었다. 국민이 최고의 위치에 있음을 상징적으로 보여주었다.

그 길을 따라서 계속 오니 오른 쪽으로는 노동부가 있었고, 법무부도 있었다. 왼쪽에는 발물관이 있었다. 자연사박물관, 미국사박물관 등이 있었다. 그 박물관은 모두 Smithonian Institution의 소속이었다.

더 걸으니 오른 쪽에 백악관이 있었다. 텔레비전으로 보았던 그 건물이었다. 작고 소박하였다. 국회의사당에 비하면 초라하기 그지 없었다. 백악관 양 옆으로는 방문객들을 위한 건물들이 있었고 대통령 비서실 건물이 있었다. 백악관 앞에는 워싱턴 기념탑이 우뚝 솟아 있었다.

그 길을 더 걸어서 한국전기념장으로 갔다. 사진으로보던 그대로 였다. 그곳의 낮은 벽면에는 이렇게 쓰여져 있었다. Freedom is not free 였다. 그리고 바닥에는 이렇게 쓰여져 있다. Our Nation Honors Her Sons and Daughters, Who Answered the Call to Defend a Country, They Never Knew and People, They Never Met. 1950－Korea－1953였다. 참 감명깊은 말이었다. 참으로 명언이었다. 자유는 공짜로 얻어지는 것이 아니라는 것이다. 그리고 이름도 모르는 나라, 한번도 만난 적도 없는 대한민국 국민을 위하여 5만여명의 미국군인이 희생당하였다는 사실이 너무나 감사하였다. 우리나라가 공산화되지 않고 하나님을 믿는 나라로 도와 준 미국이 고마웠다. 하나님의 섭리요 은혜라 생각한다.

한국전쟁지념장 바로 옆에 링컨 기념관이 있었다. 링컨이 의자에 앉아 있는 모습의 상을 만들어 두었다. 링컨기념과과 워싱턴 기념탑과 국회의사당은 일직선으로 배치되어 있었다. 국회는 링컨의 케티스버그 연설문을 항상 생각하고, 오베르스크처럼 하늘을 찌르는 기상으로 미국국민과 세계민을 위하여 일하는 엄숙한 명령을 말없이 얘기해 주고 있었다. 대통령은 하늘을 찌르는 이상을 가지고 국회가 정하는 대로 실천하고 링컨의 민주주의에 대한 말씀을 詳考하면서 정치를 하고, 그들의 명령을 지키는 사람으로 주류에 나서지 말고 한 발 비켜서서 일하라는 사상과 철학을 상징적으로 보여주는 건물배치를 하고 있었다. 참 잘 배치를 하였다. 링컨 기념관에 내에 있는 조그만 서점에서 링컨에 관한 책을 한 권 샀다. 그 제목은 The Eloquent President였다. 링컨의 중요한 연설문이 수록되어 있는 책이었다. 링컨 기념과 건물의 옆에 약간 떨어진 곳에 미 국무부가 자리하고 있었다. 그리고 반대편에는 알링턴 국립묘지가 있었다.

Ⅴ. 동의에 기초한 아래로부터의 힘

합의가 중요하다. 계약이 중요하다. 상대방의 동의가 있어야 힘을 발휘할 수 있다. 상대방의 동의가 있어야 구속력을 발생할 수 있다. 상대방이 동의할 수 있도록 설명하고 설득하고 이해를 구해야 한다. 지도자의 지도력은 상대방의 동의를 구할 수 있는 자세와 능력과 그러한 노력을 할 수 있는 사람이어야 한다. 상대방의 동의를 구한 다는 것은 상대방을 존중한다는 것이다. 지도자가 국민으로부터 동의를 얻었을 때에 가장 경력한 힘을 발휘할 수 있다. 그것은 지도자와 국민간의 계약이 성립하였다는 것이다. 독재자는 자기의 뜻만을 따를 것을 국민들에게 강요할 뿐이다. 국민들은 억지로 따르지만 국민들은 힘들어 한다. 과거 박대통령시대의 국민들이 열심히 일했던 시대를 보라. 박대통령은 대통령이 될 수 있는 정당한 조건을 갖추지 못했다. 국민들이 대통령이 되도록 합의해 준 것이 아니라, 강제된 합의 내지 동의의 도출이었다. 그러나 그가 새마을 운동 등으로 배고픈 국민들에게 빵을 가져다 주었다. 그 때에는 국민들이 박대통령이 정당한 대통령이 아니었지만 잘 살아보자는 제안에는 전적으로 동의하였다. 그래서 새마을 운동이 국민으로부터의 동의에 의하여 성공하였다. 박대통령은 정당한 국민으로부터의 합의와 승인에 의한 대통령은 아니었지만 부분적으로 특히 경제개발부분에서는 국민들로부터 동의를 얻었다.

계약도 마찬가지이다. 서로가 합의를 했기 때문에 구속력이 발생한다. 그 계약을 의도적으로 깨면 그것에 대해 책임을 져야 한다. 계약을 이행하다가 일방이 고의나 과실없이도 중대한 계약의 침해가 있게 되면 상대방은 그 계약을 종료시킬 수 있어야 한다. 그것이 계약해제의 근본원리이다.

법의 목적으로 지금까지는 정의, 합목적성, 그리고 법적안정성이라고 하였다. 정의는 그 내용이 각자에게 그의 것을 나누어주는 것으로서 자연질서이다. 달리 말하면 법의 내용이 자연법으로 인류 보편적인 가치를 담아야 한다. 그러한 법이 이상적인 법이고 따를 만 하다. 그리고 법은 법의 목적의 실현에 합치되어야 한다. 그렇다 법의 내용이 법이 추구하고자 하는 목적에 부합하는 수단을 갖추어야 한다. 그리고 법은 강제력을 가져야 한다. 법의 내용이 인류보편적이고, 구체적인 법의 목적을 실천할 수 있는 구체적인 수단을 갖추어 국민의 대표들이 합의를 하면 그것은 힘을 갖게 된다. 그것이 바로 강제력이다. 좋은 법, 자연법만이 그러한 강제력을 갖게 되는 것이다. 그리고 자연적인 법이 사회의 안정을 가져올 수 있다. 법의 안정성은 법적 강제력의 행사로 나타난다. 이러한 법은 합의의 기초한 법이다. 아래로부터의 동의가 수반된 법만이 법이다.

힘의 행사는 아래로부터 동의에 기초하여서만 정당하다. 그렇지 아니할 때에는 지도자도 법도 지도력을 발휘할 수 없고, 법이 강제력을 가질 수 없다. 합의, 밑으로부터의 합의, 아래로부터의 동의가 힘의 근원이다. 그것이 역사를 이루어 나가는 원동력이다. 힘은 아래의 동의에 기초하여 나와야 한다. 일방적인 강제로 힘을 발휘하면 오래 못간다. 그 때는 힘의 남용으로 나타난다. 무리가 따르고 저항이 따르고, 결국 그 체제는 무너진다. 나라와 나라사이도 마찬가지이다. 억지로 동의를 구한 모습을 취해도 오래 못간다. 그것은 신민지를 만드는 과정에서 나타났다. 형식적인 강요에 의한 동의였기 때문에 결국 식민지를 행한 나라는 식민지가 끝나도 계속해서 배상문제, 사과문제가 뒤따르는 것이다. 밑으로부터의 동의, 옆에 있는 사람과의 협의와 합의, 그것이 바로 구속력의 근거이다.

계약사상이 가장 강력한 힘을 발휘할 수 있는 이론이다. 계약사상은 혁명이론과 결합된다. 합의를 깨면 그 깬 자에 대해 책임을 묻는다. 그것이 저항권의 행사이다. 독재자가 합의없이 일방적으로 지도자가 되거나, 형식적 동의를 얻어서 지도자가 되면 그 구성원으로부터 저항이 일어난다. 그것이 혁명이다.

종교도 마찬가지이다. 기독교는 계약에 기초한 종교이다. 하나님과 인간과의 계약이 바로 기독교 사상의 기초이다. 하나님도 그가 청약한 내용을 깰 수 없다. 믿는 사람들도 하나님과의 약속을 제대로 지키면 계약의 상대방인 하나님이 축복해 주신다. 축복을 받지 못하는 것은 믿는 사람들이 계약을 지키지 않았기 때문이다. 성경은 바로 하나님과 인간과의 계약내용을 담은 문서이다. 인간은 성경의 내용대로 계약을 할 수도 있고 아니할 수도 있다. 그것이 바로 믿을 수도 있고 안믿을 수도 있는 것이다. 믿으면 성경의 말씀대로 주님의 자기의 의무인 상대방인 인간의 구원의 일을 다 이행하신다. 믿으면서 성경대로 믿지 않으면 하나님은 성경대로 모든 것으로 다 이행하시지 않으실 수도 있다.

불교, 유교는 계약의 종교가 아니다. 일방적으로 좋은 내용만을 제시하고 그대로 실행하라고만 권유하거나 좀 강하게 설득하고 있는 종교이다. 불교는 권유를 하고, 유교는 강하게 설득하고 있을 뿐이다. 인간들과의 계약을 하여 자기의 의무를 다하겠다고는 하지 않는다. 이슬람교는 믿고 따를 것을 강요하였다. 안믿으면 죽이겠다고 강요한 종교이다. 억지로 최면을 걸어 다른 생각을 못하게 한 종교가 이슬람교이다. 그러니 최면에 걸인 종교인 이슬람을 신봉하는 사람들은 자기 스스로의 판단을 제대로 하지 못하고 질서가 없다. 자살폭탄테로는 바로 최면에 걸린 사람들이 스스로를 전혀 생각하지 못하는 사람들의 행태이다. 자기를 알도록 해야 한다. 자기를 찾도록 해야 한다. 지도자나 종교는 인간 스스로가 자신을 알고 스스로 마음로부터 우러나오는 결정을 하도록 하여야 한다. 그렇게 하여 계약이 이루어져야 그 계약의 구속력이 발생하고 집행력이 발생할 수 있고, 합리적인 자기판단하에서 자기의 희생과 헌신을 기꺼이 할 수 있는 것이다.

미국 국회의사당을 건물을 보라. 국회는 국정을 논의하여 합의에 이르는 국민들의 합의의 장이다. 국민들 모두 참석할 수 없으니까 국민의 대표자들이 모여 각자의 생각을 내어놓고 이해와 설득을 통하여 합의하여 국민들이 가야할 방향을 하나로 결정하는 곳이다. 다시 말하면 국민들이 각자의 생각을 서로 양보하여 하나의 결정으로 합의하는 곳이 국회이다. 미국의 국회의사당 건물은 돔 지붕이다. 제일 밑에는 큰 원형돔지붕이 있고, 그 중간에 작은 원형돔이 있고, 제일 꼭대기에는 아주 작은 하나의 가느다란 막대기같은 것으로 구성되어 있다. 그것은 먼저 여러 가지의 의견들이 제시되고, 이해와 양보로 의견을 좁히고, 최종적으로는 합의해 의해 단일의 하나의 의견으로 최종결정에 이르는 과정을 형상화하고 있다고 생각된다. 국회는 국민들의 다양한 의견을 제시하고 그것을 타협과 양보로 異見을 좁히고 최종적으로 단일한 하나의 결정으로 도출하는 곳이다. 그러한 하나의 단일결정에 이르는 과정은 서로간에 설득하고 이해을 구하고 타협하고 양보하는 과정으로 구성되어 있다. 다수의 일방이 그의 뜻대로만 밀고 나가면 그 결정은 구속력이 없는 것이며 국민으로부터 합의에 의한 추진력을 끌어낼 수 없는 것이다.

밑으로부터의 동의는 공법분야에서 추구하여야할 계약이론이다. 동료로부터의 동의는 사법분야에서 이루어야할 계약이론이다. 그것은 모든 이성있는 인간사회를 구성하는 기본원리이다. 모두의 합의, 그것이 이 세상을 살아가고 이끌어가고, 나아가게 하는 원동력이다. 합의에 기초하지 않는 것은 구속력과 집행력과 정당성이 없는 것이다. 이러한 계약정신을 잘 이해하고 동의의 훈련을 받고 인내심을 가지고 상대방이 동의할 때까지 참고 기다리며 자기를 양보하여 상대방의 동의를 끌어내는 자세와 인격과 지혜를 갖춘 자가 민주적인 사람이고,

지도자의 인격을 구비한 자이고, 성숙한 시민이고, 신실한 믿음의 일꾼인 것이다. 합의를 도출한다는 것은 상대방에 대한 존경과 사랑의 마음을 가져야 가능하며, 지식이 좀 있어야 하며, 인내심과 성실정과 순수성을 가져야 하며, 또한 상대방의 이해와 동의를 구하는데 열정을 가져야 하며, 합의를 위반했을 때는 강력하게 합의를 위반한 상대방에 대해 재제를 가할 수 있는 의지와 覇氣를 가진 사람이다. 그런 사람이 진정한 지도자요, 성숙한 시민이요, 좋은 가장이요, 좋은 부모요, 좋은 선생님이요, 좋은 신자이다.

새벽에 참으로 중요한 것을 깨달았다. 밑으로부터의 동의, 동료부터의 승인, 하나님으로부터의 허락, 이것이 정치, 사회, 계약, 종교의 기본구성원리임을 깨달았다. 그러한 합의에 도달할 수 있도록 하는 필요조건을 갖추어 나가는 과정이 교육이고 신앙이며 수양이며 훈련이다. 그것을 제대로 이수한 사람이 지도자요, 학자요, 신실한 믿음의 사람이요, 부모요, 남편이고 아내이다. 궁극적으로 그러한 사람이 자신이 되어야 하는 것이다.

그러한 내용의 법이 자연법이며, 인류보편의 가치를 구현하는 법이다. 오늘 새벽에 너무나 큰 진리를 주님이 깨닫게 해 주셨다. 자다가 일어나 이러한 생각을 바로 글로 정리하였다. 깨달음을 달라고 기도하였더니 이러한 깨달음을 주셨다. 나같은 죄인에게 어찌 이러한 깨달음을 주시는지요? 주님의 아들로서의 도리를 다 하겠나이다. 성경은 바로 내가 가야할 지켜야할 규범을 기록한 주님의 약속의 내용임을 깨닫겠나이다. 그 말씀대로 살도록 하겠나이다. 주님은 참으로 인격적인 하나님이십니다. 이렇게 좋은 종교를 우리 형제자매들이 다 믿고 받아드렸으면 좋겠습니다. 그러면 주님은 우리에게 생명의 구원을 주실 것입니다.

합의를 구하는 노력의 사람이 되어야 합니다. 그런 면에서 나의 아내는 항상 무엇을 하겠느냐고 묻는데, 그러한 자세는 합의의 정신을 실천하는 가장 기본적인 자세를 보여주는 민주적인 부인과 무모임을 이제야 깨닫게 됩니다.

합의를 할 때에는 가장 좋은 내용으로 합의를 하여야 한다. 그것이 바로 인류보편의 가치를 합의의 내용으로 하여야 한다. 그러한 가치를 담은 합의의 법이 바로 자연법이다. 그러므로 자연법은 가장 좋은 법이며, 가장 강력한 법이며, 가장 집행력이 강한 법이다. 특히 위기에 강한 법이 자연법이다. 합의, 그것이 이 세상의 구성원리이다.

워싱턴 기념탑은 높이가 555피트 그러니까 약 200미터의 높이였다. 탑꼭대기에서 본 워싱턴은 차분하면서 힘이 있어 보였다. 잘 정리된 도시였다. 국회의사당, 백악관, 링컨기념관, 펜타곤, 제퍼슨 기념관등이 눈에 다 들어왔다. 차분하면서도 기분이 가라앉은 모습이 인상적이었다. 참 좋았다. 나는 백악관이 조그만하게 위치해 있는 것이 인상적이었다. 국회의사당이 가장 컸다. 워싱턴 기념탑에 올라가 워싱턴 시가지를 본 것이 참 좋았다.

Ⅵ. 워싱턴의 도로명

미국워싱턴의 중심거리, 즉 국회의사당에서 백악관앞을 지나 링컨 기념관으로 이어지는 도로가 바로 Constittution Avenue이다. 헌법이 미국민의 삶의 기본이며, 모든 권력행사의 기본은 헌법에 있음을 밝히고 있다고 생각되었다. 헌법이 이들의 생활규범으로 이해되었다. 그것을 상징적으로 표현하고 있다고 생각된다. 그리고 헌법을 개정함에 있어서도 失效하는 규정을 폐지하지 아니하고 그대로 두고서 새로운 내용을 덧붙이는 방법으로 쓰고 있는 이유도 바로 미국민의 생활규범의 변화를 그대로 보여주고 있는 것이다. 과거를 잊지 말라는 것이기도 하다. 권력과 생활과 국제관계의 모든 근본을 헌법에 담고 있는 것이다. 미국의 헌법은 바로 자연법에 기초하고 있는 것이다. 보편적인 영원의 가치를 담고 있는 것이다.

2004년 홍콩에서의 민중신학과의 만남, 2006년에 훔볼트 상의 수상, 2009년의 학술원 회원으로의 선임, 2010년의 워싱턴에서의 깨달음, 참 많이 성장을 하였다. 근본적으로는 주님의 예정과 은혜와 섭리로 이루어진 일이다. 앞으로 20년은 학문의 깊이를 더한 자연법과 교회법을 연구하겠다.

미국부통령의 집무실은 백악관과 크게 떨어진 곳에 위치해 있다. 그것은 아마도 대통령이 위해를 받았을 때의 안전을 위한 배려로 생각된다.

지하철을 타고 박물관 관람을 갔다. 먼저 미국역사박물관에 갔다. 대통령의 어부인들의 옷 전시가 인상적이었다. 링컨에 관한 전시도 좋았다. 미국의 역사에서 한국전도 중요하게 기록되는 사건이었다. 한국전에 관한 상세한 전시가 되어 있었다. 한국전 기록을 이곳에서 더 상세히 알게 되었다. 우리는 우리 역사를 너무 소홀히 다루는 것이 아닌가 생각되었다.

대통령직에 관해서는 a glorious burden 이라고 적혀 있었다. 링컨에 관하여는 an extraordinary life로 그의 삶을 기술하고 있었다. 링컨도 에디슨도 정규교육을 받지 못하였으나 가장 훌륭한 대통령과 발명가가 되어 있었다. 참 잘 꾸며져 있었다.

그리고는 자연사박물관에 갔다. 인간의 역사에 관한 기록이 인상적이었다. 인간의 DNA가 바나나와 68%정도 일치하며, 침팬지 등 영장류와는 98% 일치를 하였다. 그리고 세계의 현존 인종간의 차이는 0.1%밖에는 나지 않는다는 사실에 놀랐다. 참 잘 되어 있었다. 우주의 역사도 기록하여 두었는데 지구는 47억전에 생성되었고, 단세포 동물에서 다세포동물로 진화하였다는 것으로 기록되어 있었다. 현생인류가 탄생한 것은 지금으로부터 불과 10,000년 정도 밖에 되지 않았으며, 원시인간(원인류)도 생존하다가 다 멸종을 하였다는 것으로 기록되어 있었다. 우리의 인간인 Homo Sapiens도 결국 멸종하는 시간에 올 것으로 예측하고 있었다.

그리고 광물자원의 전시도 인상적이었다. 물고기의 역사도 인상적이었으며, 맘모스와 상어가 그렇게 큰 것인 줄은 실물모형을 보고서야 알게 되었다. 우주가 생성될 때에 생성된 다이아몬드도 전시되어 있었다. 참으로 대단하게 꾸며져 있었다. 한국전도 전시하였다. 호패가 인상적이었다.

Ⅶ. 아미쉬 마을

아침에 일어나 아미쉬 마을을 가기로 하였다. 그리 멀지 않은 곳에 위치해 있었다. 주로 독일계 계통으로 1730년대에 이곳으로 온 사람들로서 아주 단순하고 소박한 삶을 신조로 실천하며 살아가는 사람들이었다. 일요일 예배시에는 머리에 흰 모자를 쓰고 옷도 아주 단순하게 입고 생활하는 곳이었다. 교통수단은 말이 끄는 마차였다. 길에서 많이 볼 수 있었다. 그들의 신조는 plain paradise였다. 소박함, 단순함, 순수함이 그들의 생활태도였으며, 아름답게 보였으며 농사를 짓고 사는 분들이 60%가 넘는다고 하였다.

아미쉬 마을을 보고 들에서 점심을 먹고, 철도박물관에서 가서 기차의 역사를 볼 수 있었다. 미국이 자신들의 과거를 잘 간직하고 보존해 있었던 것이 인상적이었다.

시간이 좀 있어서 필라델피아로 갔다. 필라델피아에 갔더니 독립기념관(Independance Hall)을 찾았다. 그곳이 바로 13개주가 영국에 대항해서 나라를 세운 의회였으며, 법원이었다. 당시의 대법원(1791－1800)건물은 의회건물 바로 옆에 있었다. 13개주의 대표들이 촛불을 켜 놓고 의논을 하였으며, 깃털로 글을 썼음을 보여주었다. 안내원이 잘 설명을 해 주었다. 참 좋고도 유익한 여행이었다. 첫 이민자들이 왔던 Plymouth도 그리 멀리 있지 않음을 도로표지판으로 알 수 있었다. 필라델피아를 볼 수 있었던 것이 참 좋았다.

Ⅷ. 미국의 건국사

아나폴리스 근처의 출발지를 떠나 버스로 10시간을 달려 나이애가라 폭포에 왔다. 오는 길의 주변은 온통 옥수수 밭이었다. 넓디 넓은 땅이었다. 오는 길에 안내원의 설명에 의하면 미국은 1776년에 독립을 필라델피아에서 선언하고 처음 수도를 뉴욕으로 정하고 그곳에서 1784년부터 1790년까지 수도로 하였다. 그 후 1791년에 수도를 필라델피아로 옮겨 그 곳에서 1800년까지 있다가 1800년 11월 24일 워싱턴으로 수도를 옮겼단다.

본래 13개주의 경우를 보면 북부는 못사는 노동자들이 주로 이민와서 정착하고 부유층과 귀족들은 남쪽 그러니까 워싱턴의 포토맥 강 남쪽에 정착을 하였단다. 북쪽은 남북이 연합한 통일국가를 지향하고, 남쪽은 각주 중심의 나라를 건설하기로 하였단다. 그리하여 남북의 성격이 달랐단다. 1776년에 필라델피아에서 자유의 종을 치면서 필라델피아에서 독립선언을 하고 유럽 여러 나라로부터의 독립국가 승인은 1781년에 받았단다. 그리고 미국의 고속도로는 2차대전중에 아이젠하워가 연합군사령관으로서 독일의 아무토반을 보고 아이제하워가 대통령이 된 후에 미국에서 고속도로를 건설하였단다.

흑인의 애환이 너무나 컸으며 킹복사가 소수민족의 권익을 일깨웠단다. 노벨평화상 수상자였다. 흑인들의 애환은 그들의 예배에서 나타난다. 설교도 그들의 애환을 나타내는 방식을 취하여 동적이고 백인은 조용히 경건하게 예배를 본단다.

콜럼버스가 돌아간 후에 이태리인 Amerusgo가 브라질 아마존에 옴으로서 그의 이름을 따라서 아메리카로 불리우게 되었단다. 오대호는 지하수가 70%을 차지 한단다. 1896년에 최초로 나이애가라에서 수력발전을 하였단다. 나이애가라 폭포에 도착하여 엘리베이터를 타고 바람의 동굴로 내려가 폭포물을 조금 맞았다. 너무나 좋았다. 신의 섭리가 너무나 위대하였다. 나이애가라 강을 건너 캐나다 검문소를 통과하는데 시간에 너무 많이 걸렸다. 밤에 캐나다쪽 타워에 올라가 조명을 받고 있는 미국쪽과 캐나다쪽의 폭포를 내려다 보았다. 신의 섭리가 위대하고 위대하였다. 너무나 좋았다. 하나님의 위대하심을 깨달았다.

<미국의 독립과정사>

1620년 : 메이플라워를 타고 마사추세트주 프리마우스에 첫 이민 도착
그 후 영국이 13개의 식민지를 건설
식민지 각각에 자치권을 조금 부여
버지니아주의 자치가 앞섬. 버지니아주가 가장 먼저 자치를 함. 워싱턴의 고향 국가가 버지니아였음.
영국이 식민지에 과도한 부담을 지움
13개 식민지는 서로간의 협의와 논의가 있었던 것으로 생각됨

1774년 : 제1차 대륙회의 개최: 식민지가 영국의 부당한 압제에 저항할 것을 논의

1775년부터 1782년까지 독립전쟁. 워싱턴이 13개 국가의 연합군 사령관.

1776년 : 13개 대표가 필라델피아에 모여 영국으로부터 독립을 할 것을 선언. 13개 식민지는 13개 국가로 됨.

1776년 : 버지니아주에서 버지니아 인권선언 선포

1781년 : 영국이 패퇴. 13개 주가 최초의 헌법에 해당하는 연합규약을 정함, 13개 국가가 일종의 국가연합을 형성

1781년 : 유럽 각국이 13개국가에 대한 국가승인. 13개 국가의 독립승인.

1983년 : 파리에서 영국과 강화조약체결. 워싱턴 고향으로 돌아감.

1784년 : 13개 국가의 연합체의 수도를 뉴욕으로 함, 1790년까지 뉴욕이 13개 국가 연합체의 수도였음.

1787년 : 헌법제정회의(Constitutional Convention) 소집

1788년 : 미국헌법 제정 및 발효

1789년 : 미국헌법에 따라서 미합중국 건설, 워싱턴이 대통령으로 선출. 연방국가로 출발. 각 주는 국가지이지만 일정한 권한은 연방에 위임.

1791년 : 필라텔피아로 수도이전

1800. 11. 24. 워싱턴으로 수도이전

1861년 : 남북전쟁 시작. 남쪽은 각주가 독립국가이며 각 주는 연방헌법상의 연방구성원의 자격에서 탈퇴할 수 있다고 주장. 그러나 북부는 각 주는 연방으로 탈퇴할 수 없다고 주장. 노예해방을 둘러싸고 북부는 해방을, 남부는 해방불허를 주장하여 결국 내전으로 발전.

1865년 : 남북전쟁 종료. 남부주가 연방으로 복귀

내가 가야할 길은 학문의 길과 신앙의 길이다. 자연법과 교회법의 연구가 나에게 남겨진 연구과제이다. 그리고 가족사와 우정사를 써서 헌증하는 일이 남아 있다. 이 일을 잘 수행하리라. 학술원 회원으로서의 연구결과를 잘 내도록 하겠다. 학술원으로부터의 수당은 모두 연구비로 쓰도록 하겠다. 좋은 책은 보이는 데로 사겠다. 주님이 주신 이러한 좋은 기회를 충분히 연구함으로써 주님께 답하도록 하겠다.

나같은 죄인을 주님은 어찌 이렇게 축복해 주시는지. 참으로 감사하다. 주님의 나를 향한 뜻이 연구이외에는 다른 것이 있는지를 나는 알지 못하겠다. 마음이 아주 편하다. 국제적인 학계에 아직은 낮은 수준이지만, 계속 절차탁마하도록 하겠다.

학술원 회원의 자리가 너무나 영광의 자리이다. 그리고 훔볼트상 수상자도 알릴 필요가 있어 보인다. 국제적인 관계가 어떤 것인지를 알지 못하고 있지만 자랑해도 과대포장은 아니될 것으로 믿는다. 참으로 좋은 기회이다. 국제적인 학계에서 나의 뜻, 보편적 가치의 실현, 자연법의 실현, 교회법의 실현을 위하여 노력하며, 법을 통한 세계와 동북아의 평화를 이루도록 하겠다. 국제적인 우정을 나누도록 하겠다. 좋은 분들과 정을 나누면서 살아가도록 하겠다. 정년을 하고 20년은 더 활동할 수 있을 것으로 믿는다. 그렇게 활동할 수 있도록 노력하련다. 나를 이 자리에 까지 올 수 있도록 성원해 주신 분들게 감사드리며, 하나님의 영광을 위하여 헌신하며, 명예와 부는 초개같이 버리며, 순수와 열정으로 진리를 찾아 생활하리라. 이것이 나에게 준 주님의 섭리이며 과제이며 사명이라 생각한다. 더 낮은 자세로 더 겸허하게 학문의 길에서 정진하고 정진하겠나이다.

Ⅸ. 미국의 저력

짐을 챙겨 나이애가라 카나다 분분을 관람하러 나섰다. 캐나다지역에서 잤다. 캐나다 나이애가라의 이름은 말발굽폭포(horseshoe Falls)였다. 장관이었다. 물안개 때문에 중앙부분은 잘 보이지 않았다. 미국부분의 나이애가라도 역시 보였다. 캐나다부분이 더 아름다웠다. 미국부분은 물이 떨어지는 폭포꼭대기의 강바닥의 돌에 떨어져 쌓여 그 모습의 아름다움은 캐나다 부분보다 못하였다.

미국을 오기위해 Rainbow Bridge를 건넜다. 미국쪽에의 나이애가라 옆에 전망대가 있었다. 그 전망대 속에 엘리베이터가 있어서 그것을 타고 물이 흐르는 강가에 가니 그곳에서 역시 비닐옷을 입고 배에 승선을 하였다. 그 배는 미국쪽의 폭포를 지나 캐나다쪽의 폭포 밑까지 갔다가 돌아오는 코스였다. 물안개 때문에 역시 가까이 가도 캐나다폭포의 중앙은 보이지 않았다. 장관이었다. 자연이 신비하였다.

배를 타고 폭포를 보는 과정이 끝난 후에 다시 미국쪽 폭포의 물이 떨어지는 곳 가까이까지 올랐다가 엘리베이터를 타려고 하는데, 3대의 엘리베이터가 작동을 하지 않았다. 나중에 안 일이지만 미국쪽 나아애가라 지역에 전기과다 사용으로 정전이 되어 비상 발전기로 엘리베이터 하나만 운행을 하였다. 전망대 꼭대기에서 다시 미국쪽 폭포와 카나다쪽 폭포를 한참동안 관람하였다. 장관이었다. 폭포가 떨어지는 양쪽 절벽에 미국이나 캐나다 모두 터널을 뚫어 정벽아래 또는 중앙에서 폭포를 관람할 수 있도록 하였다. 미국과 캐나다 양국의 합의로 아주 잘 가꾸어 두었다.

뉴욕을 향하였다. 버팔로에서 시라큐스와 빙햄(Bingham)을 지나 7시간을 달려 뉴욕에 도착하였다. 아팔라치아 산맥도 지났다. 넓디 넓은 미국땅이었다. 뉴욕에 도착하여 한식점에서 도가니 탕을 먹고, 록펠어센터를 지나 타임광장으로 갔다. 사람들이 그렇게 많았다. 모두 상품선전의 전자광고판들이었다. 냄세가 좋지 않았다. 뉴욕은 전기와 수도가 모두 지하화되어 있고, 난방과 냉방을 개별 건물이 독자적으로 하는 것이 아니라 지역난방회사가 한단다. 그 파이프도 지하에 매설되어 있어서 도로의 멘홀이 뜨거웠다. 수증기를 뽑아내는 곳도 있었다. 경찰도 많이 배치되어 있었고 신병모집(US armed forces recruting station)을 하는 곳도 있다. 참으로 안타까웠다. 평화를 이루어야 하는데. 사람이 수없이 많았다. New York Times가 그 근처에 있었기 때문에 그 앞의 광장이라고 Time Square라고 한단다. 냄새가 고약하였다. 고층건물속에 있는 조그만 광장으로 인종전시장이었다. 그곳 가까이에 엠파이어스테이트 빌딩이 있었다. 이곳에 줄리아드 음대, 뉴욕대학이 있단다.

미국의 유태인 얘기를 가이드가 설명해 주었다. 유태인이 미국에 약 6백 5십만명이 산단다. 어머니가 유태인이면 유태인이란다. 유태인이 아닌 사람도 3대가 지나면 유태인이 될 수 있단다. 아버지가 유태인라고 그 자식이 유태인 되는 것이 아니란다. 어머니가 유태인이어야 그 자식이 유태인이란다. 십자군 전쟁

때 기독교 참전군인들이 토착민들을 성적폭행을 많이 가했는데, 그 때부터 강간을 당해 낳은 자식들의 어머니가 유태인이면 그 자식을 유태인으로 인정했단다. 왜냐하면 아버지는 기독교인인 경우가 많았기 때문에 강간을 당한 어머니가 유태인이면 그 자식은 어머니가 키웠을 것이므로 어머니가 유태인이면 자식을 유태인으로 했단다. 아버지만이 유태인이면 그 자식을 바로 유태인이 되지 못하고 1년이 지나야 유태인이 될 수 있단다. 미국 유태인은 군수공장도 장악하고 있단다.

미국의 유태인은 금융, 신문, 에너지, 선물시장, 영화를 장악하고 있단다. 미국언론에 유태인을 비판하는 내용을 실을 수 없단다. 유태인의 힘이 그렇게 크단다. 미국에는 독일계유태인이 많단다.

미국의 대학은 하버드 대학이 가장 먼저이고, 에머리대학이 다음이고, 세 번째 오래된 대학이 워싱턴에 있는 조지타운대학이 오래된 대학이란다. 이승만대통력은 조지워싱턴대학에서 공부하고 프린스턴대학에서 박사학위를 받았단다.

공화당은 1850년에 창당했고, 링컨이 최초로 공화당 대통령이 되었단다. 그 후에 공화당이 계속 집권을 하다가 우드로 윌슨 대통령 때에 민주당으로 바뀌었다. 총 42명의 대통령 중 3명을 제외하고는 백인이고 개신교를 믿는 자들이었다. 예외는 케네디와 오마바였다. 케네디는 천주교 신자이고, 오마바는 아슬람정신의 대통령이란다. 그의 부인 미셀 오바마는 돈이 없어서 잇빨 수술을 못해 입모양이 현재와 같단다. 상당히 존경을 받는다. 링컨 부인은 부잣집 딸로 가장 존경을 받지 못하는 대통령의 영부인이란다. 링컨과 케네디는 꼭 100년 차이가 나는데, 너무나 닮은 점이 많단다. 1860년에 링컨 취임, 1960년에 케네디 취임, 두 분 모두 암살, 흑인들의 인권을 위해 역사적인 일을 함 등 많은 유사점을 갖고 있단다. 미국에서 인디언은 초기에는 17백만명 정도였으나 지금은 2백5십만 정도 뿐이란다.

미국에서 가장 부자주는 뉴저지주란다. 1인당 소득이 가장 높단다. 프린스턴대학이 있고, 뉴욕과 필라델피아를 인접하고 있어서 일은 대도시에 하고, 집은 뉴저지에 두고 있단다.

뉴욕은 자유의 도시(A City of Liberty)이라고 하였다. 그리고 그 상징이 자유의 여인상(Statue of Liberty)라고 하였다. 우리는 일반적으로 자유의 여신상이라고 부르는데 미국인들은 자유의 여인상이라고 부른단다. 우리가 자유의 여신상이라 부르게 된 것은 일본을 통하여 미국의 자유의 여인상이 소개되었고, 일본은 천황제 국가이기 때문에 자유의 여신상이라고 부르게 되었단다.

자유의 여인상을 조각한 사람은 파리의 에펠탑을 건축한 프랑스의 에펠이라고 하였다. 자유의 여인상은 에펠이 그의 어머니를 모델로 하여 제작하다가 완성을 못한 상태에서 그의 어머니가 사망하여 최종적으로는 그의 부인을 모델로 하여 완성을 하였단다. 그리하여 몸은 에펠의 어머니를 닮고 얼굴은 에펠의 부인을 닮았다고 하였다. 자유의 여인상은 銅 100톤으로 제작하였으며, 그 기단의 돌이 150톤이란다. 높이는 56미터란다. 자유의 여인상은 1883년에 프랑스에서 제작하여 뉴욕으로 실어와서 세웠단다. 자유의 여인상의 여인은 오른 손은 횃불을 들고 있고, 왼쪽 손에는 독립선언서를 가슴으로 껴안고 있다. 횃불은 금이라 녹이 쓸지 않았지만 몸 전체는 동이라 푸른 녹이 슬어서 더욱 운치와 장중함이 있었다. 자유의 여인상은 행정상으로 뉴욕에 있는 것이 아니라 뉴저지주에서 있는 것이다. 허드슨 강의 아래쪽이고 맨허탄의 끝 자락의 뉴저지쪽의 강의 작은 섬에 세워져 있었다. 뉴욕의 3대명물은 자유의 여인상, 부의 상징인 엠파이어 빌딩, 그리고 인내와 끈기의 부르클린 다리라고 하였다.

뉴욕에는 월가가 금융거리로서 이름이 나 있는데, 역사적으로 본래는 네덜란드인들이 먼저 와서 맨허탄의 끝자락에 인디언과의 갈등으로 인한 외부침입을 막기 위하여 나무로 담을 쌓은 것에서 그 이름에서 유래하였으며, 본래 뉴욕을 뉴암스텔담이라 하였으나 나중에 영국이 점령을 함으로서 1624년에 뉴욕으로 이름이 바뀌었단다. 영국인이 들어오자 영국군과 싸움에 승산이 없었던 네덜란드군이 그곳을 포기하여 영국군이 점령을 하고, 그 대가로 네덜란드는 영국의 식민지였던 남미의 수리남을 얻었단다. 그리하여 수리남이 현재 네덜란드 영토로 되어 있단다.

월가에는 1792년에 증권거래가 시작되었단다. 증권거래시장에서 호황일 때에는 Bull Exchange라 하고 침체기일 때를 Bear Exchange라고 한단다. 그리고 1876년부터 선물시장이 생겼단다. 그리고 뉴욕은 화장실 인심이 나쁘단다. 그것으로 마약을 흡입하는 사람들이 공중화장실을 이용하기 때문에 이를 막으려고 공중화장실이 없단다. 그리고 9.11테러로 무너진 세계무역빌딩을 Ground Zero

라고 하는데, 그것은 2차대전 때에 미군이 독일지역을 폭격을 하고 내려다 보면 집이 있던 곳이 패허가 되어 아무 것도 없어진 상태를 Ground Zero라고 표현 것에서 유래한단다. 뉴욕에는 94개의 대학이 있단다. 율리아드 음대, 뉴욕대, 콜롬비아대 들이 있단다.

이러한 설명을 들으면서 신속히 유람선을 탔다. 유람선은 월가가 있는 맨허탄의 남쪽 부두에서 출발을 하여 down town, midtown을 끼고서 뉴욕을 스카이라인을 보고, 돌아서 자유의 여인상 앞을 항해하였다. 그리고 부르클린 다리를 보면서 돌아오는 코스였다. 좋았다. 부르클린은 독일인 부자가 설계하고 13년이 걸려서 완성하였단다.

유람선을 탄 후에는 엠파이어스테이들 빌딩으로 갔다. 80층까지는 엘리베이터를 타고 그 위 6층은 계단을 걸어서 올라갔다. 뉴욕이 눈에 들어왔는데, 인상적인 것은 자유의 여인상, central park, 그리고 유엔본부건물이었다. 고층건물의 도시가 뉴욕이었다.

다시 6층을 걸어서 내려와 80층에서 엘리베이터를 타고 내려왔다. 좋았다. 그리고 유엔본부건물로 갔다. 총회와 안전보장이사회가 열리는 건물의 로비와 지하1층을 들어갔다. 검문이 심하였다. 곧바로 지하의 서점으로 내려가 책 2권을 산 후에 로비의 방명록에 영원한 세계의 평화를 기원하는 글을 아내와 함께 썼다. 그리고 유엔의 정신을 되새겼다. 평화, 영원한 평화를.

한국음식점에서 점심을 먹고 차로 이제 아나폴리스로 와야만 하였다. 직선으로 이루어진 도로, 하늘을 찌를 듯한 건물, 자동차와 인파로 덮인 거리, 살아있는 도시였다. 건물이 단단하고 웅장하였면서 믿음직하였다. 실용주의 정신의 산물임을 깨달았다. 미국경제의 구체적인 원동력을 보는 듯했다. 그 많고 높은 건물들이 유지된다는 것은 그만큼 경제가 활발하고 규모가 방대하다는 뜻이다. 도로가 완전히 빌딩으로 애워싸여져 있었다. 대단했다. 미국의 경제력에 감탄했다. 나로서는 참으로 의미있는 미국방문이었다. 뉴욕에서 가장 인상적인 것들은 자유의 여인상, 센트럴 파크, 그리고 유엔본부의 방문이었다. 유엔본부의 땅은 미국의 영토가 아니며 치외법권지역이란다. 유엔을 1944년 처칠과 루스벨트가 몬트리올에서 이를 만들기로 했는데, 루스벨트의 부인의 아이디어란다. 본래 그 땅은 도축장이었으며, 1953년에 유엔본부 건물을 지어 입주하였단다.

미국경제의 과정을 살펴보면 1920년에 주가가 호황이었단다. 시민들이 빚은 내어 주식을 샀단다. 그러나 회사는 재고가 쌓였단다. 그러니 회사가 제대로 운영이 안되니, 시민들은 일자리를 잃고 은행에 빚을 갚을 수 없게 되어 대공항이 시작되었다. 지금의 경제위기도 그 역사적 과정은 중국이 미국의 채권을 많이 싸니 미국에 현금이 많이 들어왔다. 은행은 쌓여만 가는 현금을 변동금리로 시민들에게 돈을 꾸어 주었단다. 시민들은 꾼 돈으로 집을 샀단다. 그런데 집값이 떨어지니 빚은 진 시민들은 빚을 은행에 갚지 못했다. 그러니 은행은 돈을 받을 수 없어서 경제위기가 왔단다. 2008년의 위기는 개인이 빚을 많이 진 문제로 나타났는데, 올 연말은 기업이 빌린 기업자금을 갚아야 하는데, 기업이 제대로 갚을 수가 있느냐가 문제란다. 그리고 2008년의 경제위기는 레이건 대통령 시절 금융대출의 규제를 풀면서 나타난 현상이란다. 대공항이 나고서는 케네디 대통령의 아버지인 조셉 케네디가 금융규제법을 만들어 그것을 지켜왔는데, 그것을 레이건 시절에 풀어버리고, 다시 클린턴은 빚을 갚았으나, 아들 부시는 다시 돈을 풀어버렸단다. 그 결과가 경제위기였고 다시 오바마는 금융규제를 하게 되었단다.

워싱턴의 이모저모를 보고 많은 깨달음을 가진 것이 좋았다. 밑으로부터의 동의와 승인의 중요성을 깨달은 것도 좋았다. 미국 해군사관학교의 견학, 필라델피아의 독립기념홀의 방문이 좋았고, 뉴욕에서의 자유의 여인상의 관람, 유엔본부의 방문과 방문록의 서명, 그곳 서점에서의 책 2권 구입, 엠파이어스테이트 건물에서의 뉴욕전경의 관람, 센트럴 파크의 위용과 중요성을 깨달은 중요한 기회였다. 그리고 뉴욕을 관광함으로써 얻은 미국의 경제력의 저력을 느꼈다. 한편으로 아미쉬 마을 사람들의 단숙 소박함의 삶도 인상적이었다. 자유의 나라, 국민을 하늘같이 받드는 나라, 정의를 뒷받침할 수 있는 힘을 가진 나라, 이런 저런 많은 것을 보고 깨달았다.

나이애가라의 위용, 힘차게 떨어지는 폭포의 장엄함, 억만년 세월동안 변함없는 계속의 힘, 정말 장관이었다. 미국동부지역의 중요한 곳을 다 가보았다. 미국의 방대함, 미국의 정치권력구조, 미국의 경제력의 가늠, 자연보존의 중요성, 미국의 역사적 중요지의 방문은 그 무엇으로도 바꿀 수 없는 소중한 기회였다.

그러나 한편으로 이곳 원주민이었던 인디언들이 본래는 1700만명정도였으나,

지금은 200여만 밖에 남지 않아 인디언 보호구역이 지정되어 있기는 하지만 인종 자체가 소멸할 위기에 처해 있다. 인디언들이 본래 이 땅의 주인이다. 그러나 백인들이 와서 점령한 땅이 미국이다. 점령자들이 그들의 권리를 주장하고, 본래의 주인들은 모두 다 잃어버리고 말았다. 대한민국은 본래 한국인의 땅이며 지금도 주인으로의 지위를 확고히 하고 있다. 더 성숙된 대한민국이기를 기도한다.

이 모든 일의 진행과 영광은 주님의 섭리의 은혜로 이루어진 것이다. 주님께서 건강을 주셨고, 기회를 주셨고, 복에 복을 더하여 주셨고, 한 없는 축복으로 임재해 주셨다. 주님의 사랑과 위대함을 체험하였다. 나는 다 되돌려 주련다. 몸도 재물도 다 되돌려 드리겠다. 오로지 남길 것은 나의 생각과 철학과 사상과 이 땅에서의 기록이다. 연구소를 만들어 인간다운 개인, 격이 있는 나라, 평화로운 세계를 만드는데 전적으로 투자하겠다.

X. 맺는 말

미국사박물관과 자연사박물관을 관람하고 온 것이 특히 유익했다. 생명의 역사와 인간의 역사를 표로 그려 놓고 현세의 사람(homo sapiens)이 장래는 어떻게 될까라는 질문을 던진 그것이 인상적이며, 많은 것을 생각게 한다. 이 지구상에 어느 생명체도 영원히 생존하지는 못하였으며 그 종이 완전히 없어진다는 것을 보여주었다. 자연사박물관의 전시는 현생인류에 앞선 네안데르달인 등 원시인류도 그 종이 다 멸종하고, 현재는 현생인류인 호모사피엔스인 우리가 살아가고 있으나 우리 호모사피엔스도 그 언젠가는 다른 고도로 발달된 인간에 의해 대체될 것으로 이해되었다. 생명체의 역사는 생명이라고는 없는 지구에서 單細胞 생명이 나타나고 그리고 多細胞 생명체로 발전되어 왔음을 보여주었다. 인간도 뇌가 작았으나 뇌가 커짐으로써 인간의 삶이 부유해졌음을 보여주었다. 참으로 좋은 본보기의 박물관이었다. 단순한 전시가 아니라 생각을 자아내게 하는 박물관이었다. 그것이 미국을 움직이는 지혜였다. 그곳의 전시를 통해서 보면, 인간의 창조설이 아니라 진화론에 입각하여 그 박물관의 생명사, 인간사를 이해하고 있음을 알 수 있다. 그리하여 나는 이런 생각을 하였다. 주님이 인간을 청조하실 때에 시대의 변화에 따라서 계속 변화와 진화를 하도록 그렇게 창조하셨다고 생각하였다. 그리하여 창조적진화론이 답이 아닐까 생각하였다. 주님께서 혹독한 환경에 살도록 그렇게 인간을 만든 것이 아니라, 혹독한 환경에서도 인간이 지혜를 발휘하여 살아가도록 그렇게 창조하셨다고 생각하게 되었다.

인류가 현재의 부와 문화를 더욱 발전시켜 나갈 수 있을까? 지구의 자원도 한계가 있는 것이고, 인간의 탐욕은 끝이 없는데, 인간이 무한히 발전만을 계속할 수 있을까? 자원을 낭비하는 것이 그 얼마인가? 이렇게 소비를 촉진하는 방법과 삶의 행태를 그대로 유지하면 인간은 이 지구에서 영원히 고도로 발전하면서 살아갈 수 있을까? 나는 이런 생각을 하였다. 성장과 발전에도 한계가 있다고 생각한다. 자원을 절약하고, 인류가 좀 더 이 땅에서 오래 살아가려면 절제하고 절약하고 곱게 써야 한다고 생각한다.

주님은 우리를 창조해 주시고, 이 지구를 살아갈 수 있는 터전으로 주셨다. 우리가 서로 치열하게 더 가지려고 싸워온 것을 과학의 발전, 문화의 발전, 삶의 번영이란 말로 표현하고 있는 것이 아닌가? 전쟁을 치르면서 살아온 것을 발전이란 말로 표현하고 있는 것이 아닌가? 성장에도 한계가 있는 것이 아닌가? 절제하면서 살아가야 하지 않는가? 우리가 지구에서 생명을 연장해 나가려면 이 지구를 아끼고 사랑하고 지구가 주는 생명의 근원들을 온 인류가 나누어 먹으면서 이 지구가 견디어 낼 수 있도록 인류 모두가 절제하고 절약하고 서로 함께 조금 씩 나누어 주는 미덕을 발휘해야 하지 않을까? 그것이 주님으로 하여금 이 지구에 인간이 조금 더 오래 살 수 있도록 하는 은혜를 베풀어주시도록 하는 방법이 아닐까? 인간이 스스로 살아갈 수 있는 지혜를 부여받았지만, 이기적인 마음으로 이 지구를 학대하고 자원을 남용해서는 아니된다. 절약하고 지구가 견딜 수 있도록 하여야 한다. 지구가 인간의 탐욕으로 너무 시달리면 지구는 반격을 가한다. 물난리, 지진, 해일, 기후변화 등의 인간의 지혜로는 대처할 수 없는 인류종말의 결과를 초래한다. 인류가 이 지구에서 영원히 살아가느냐, 아니면 종말을 고하느냐는 인간의 마음가짐과 행동에 달렸다. 주님은 이 지구를 만드시고, 인간을 창조하셔서 이 지구에서 인간이 스스로 잘 관리해 나가도록 허락해 주셨다. 지구를 어떻게 하든지 잘 가꾸어 나가면서 살도록 하셨다. 그것을 잘 지키면 지구가 영원히 인간의 삶의 터전이 될 수 있을 용량이 되도록 창조하셨다. 그러나 너무 남용하면 모자라도록 만들어 놓으셨다. 인간이 인간성을 회복하여 지혜를 발휘하여 지구를 잘 관리하도록 창조해 두었음을 잊지 말아야 한다.

소돔성의 멸망에 관한 성경의 말씀은 오늘 우리 인간에게 중대한 시사점을 던저 주고 있다. 탐욕스럽게 지구를 힘들게 하면 결국 인간은 이 지구에서 멸망할 것이라고. 너무 이기적인 삶을 살면, 결국 자기 꾀에 자기가 죽게됨의 진리를 말해 주고 있다. 이미 1977년에 세계의 석학들로 구성된 로마클럽에서 제로성장론을 주장하였다. 더 이상 성장위주로 가서는 안된다고 하였다. 그것을 인류는 깨달아야 한다. 남용, 과소비, 무질서는 결국 인간의 종말로 이어진다는 사실을 깨달아야 한다.

자연사 박물관의 거대 동물들은 멸종이 되었다. 너무나 거대하여 스스로 자기를 지킬 수 없었다. 그래서 결국 이 지구에서 멸종하고 말았다. 너무 먹기만을 하다가 스스로 죽음에 이른 역사를 보여주고 있다.

그것이 모두 자연법의 영역이다. 자연법을 제대로 이해하고 그 자연법을 제대로 실천하면 인류를 이 지구에서 영존할 수 있다. 그렇지 않고 서로 싸우고 낭비하면 인간 스스로가 멸망을 자초하는 것이다. 그것이 아담의 천국에서의 쫓겨남이다. 인간이 창조된 대로 살지 않으면 이 지구에서 쫓겨난다. 그것이 바로 인류의 종말이다. 자연법으로 돌아가고 자연법을 회복하는 길이 인간이 가야할 길이다.

12. 로잔 UNESCO 국제회의 참가기
- 人類의 所望과 希望을 심어가는 아름다운 마음을 가진 世界市民들의 崇高한 獻身 -

목 차

Ⅰ. 개 설

UNESCO(United Nations Educational, Scientific and Cultural Organization)가 주최하고, 스위스 로잔연방공과대학(EPFL: École Politechnique Fédérale Lausanne)의 "협력 및 개발센터"(Cooperation & Development Center)가 주관하고, 로잔연방공과대학내의 컨벤션 센터에서 진행된 "개발을 위한기술: 무엇이 본질적이고 핵심적인 것인가?"(UNESCO Chair in Technologies for Development(UNESCO Tec4Dev): What is Essential?)를 주제로 한 국제회의에 인문·사회 제5분과의 김경동 회원님과 함께 참가하여 참으로 훌륭하고 가치있는 결실을 거두고 큰 깨달음을 얻어 돌아왔다. 또한 스위스의 아름다운 풍경과 UNESCO가 지정한 세계문화유산지인 900년의 기간동안 개발하여 이루어 놓은 포도재배지(Lavaux Vineyards)를 탐방하고, 스위스인들이 한 치의 국토의 낭비함도 없이 자기들의 나라를 개발하고 관리하는 모습을 견학하였다. 또한 스위스가 强小國으로서 국제회의를 아주 깔끔하게 진행하는 모습에서 스위스가 세계의 선진국 班列에서 고소득의 국가로 발전된 국가의 저력을 체험한 기회이기도 하였다.

그리고 이번 국제학술회의에서는 6월 4일에서 6일까지 3일 동안 총 124편의 논문이 발표되고 토론이 이루어졌으며, 전체회의 및 각 분과별 회의 때 마다 주제발표(keynote speech)가 있어서 이 번 국제학술회의의 의의와 목표 그리고 각 분과별 발표논문의 취지와 내용을 명확하게 이해할 수 있었다. 또한 이 번 국제학술회의에는 50여개의 국가에서 350여명이 참석하여 대성황을 이루었으며, 발표내용이 참신하였으며, 토론도 활발히 이루어 졌다.

이번 국제학술회의 주제는, 영어로 표기된 주제를 直譯하면 "개발을 위한 기술: 무엇이 본질적이고 핵심적인가?"이지만, 발표논문들의 내용을 중심으로 意譯을 하면 "인류의 품위있는 삶을 위한 기술: 무엇이 본질적이고 핵심적인가?"라고 할 수 있으며, 오히려 의역함이 이 번의 국제학술회의의 本旨에 부합한다고 판단된다. 전반적인 발표내용은 지구상의 모든 인류가 인격적인 존재로서 품위있는 삶을 꾸려나갈 수 있는 기술을 개발, 보급, 이용을 함에 있어서 본질적이고 핵심적인 것이 무엇인가에 관하여 뜻있고 아름다운 마음을 가진 四海同胞的인 세계시민들의 관심사와 활동상에 관한 것이었다. 에너지, 물, 재해감축, 주거 및 도시재생, 저탄소 시멘트의 생산과 보급, 정확한 진료에 의한 건강의 향상을 위한 醫療機器의 보급과 관리 등 全地球的인 관심사 전반에 관한 문제의 제기 및 해결과 이러한 문제들과 과제들에 대한 개발도상국에서의 실천사례의 발표를 통하여, 이 지구상의 모든 사람들이 인간답고 품위있는 삶을 실현하고자 하는 숭고한 목표와 과제의 제시, 실천기술의 개발과 사용 및 지원에 관한 내용들이었다.

이와 같은 전지구적 관심사인 인류의 품위있는 삶, 그 중에서 특히 개발도상국 국민들의 인간다움을 삶을 위한 가장 원초적이고 필수적인 일들이 인류에 대한 사랑의 마음을 가지고 또한 아름다운 심성과 의지를 가진 뜻있는 사람들에 의하여 이루어져 감을 알았다. 남녀의 구분없이 나이의 구분없이 사해동포적인 아름다운 마음을 가진 뜻있는 사람들이 이 지구상의 모든 사람들이 함께 삶의 가치를 향유할 수 있도록 하여 모든 世界市民들이 인격적인 생활을 할 수 있도록 하는 헌신적인 노력이 진행되고 있음을 보았다. 참으로 아름다운 일이 이루어져가고 있음을 체험하였다. 이러한 인류의 행복한 삶을 위한 아름다운 헌신으로 지구와 지구상의 세계인들의 소망과 희망을 읽을 수 있었으며, 이러한 아름다운 일들은 결국 아름다운 마음을 가진 사람들에 의하여 이루어져 감을 알 수 있었다. 결국 사람의 사람에 의한 사람을 위한 전지구적인 아름다운 일들이 진행되고 있음을 알았다.

이러한 아름다운 일들을 기획하고 일이 원만히 이루어지도록 하는 국제기구가 바로 UNESCO임도 알게 되었다. 지구상의 모든 인간이 인간답게 살 수 있도록 하기 위하여 교육과 과학과 문화분야의 숭고한 일을 하는 기구가 바로 UNESCO였다. 이번의 국제학술회의는 전인류의 품위있고 인간다운 생활을 가능케 하는 숭고한 일을 담당하는 UNESCO가 주최를 하고, 인류의 행복을 위하여 서로 협력하고 이를 위한 사회, 교육, 과학, 문화의 각 방면의 개발을 담당하고 있는 기관인 스위스의 로잔연방공과대학 부설의 "협력과 개발 센터"가 오랫동안의 노하우를 바탕으로 하여 조직을 하고 주관을 하였다. 참으로 숭고한 뜻을 위하여 헌신을 하였으며, 두 기관의 높은 이상과 헌신에 대해 마음으로부터 자연히 감사와 찬사가 흘러 나왔다.

이번의 국제회의의 각국의 참가자들은 젊은이들이 많았으며, 나이가 지긋한 분들은 상대적으로 적었다. 남자도 많았지만 여성들의 활동이 특히 돋보였다. UNESCO의 주최 책임자도 여성이었고, 이 번 국제회의의 조직과 진행도 여성이 담당하였다. 그리고 크게 감동과 영감을 준 발표자도 여성이었다. 역시 따뜻하고 아름다운 마음을 가진 사람들은 어머니의 마음을 가진 여성들임을 확인하는 계기가 되었다. NGO(nongovernmental organization)활동가도 많이 참석하였다.

대한민국 학술원으로부터 이번의 국제학술회의는 UNESCO가 주최하고 국제사회과학이사회(ISSC: International Social Science Council)가 주관하는 것으로 알았으나, 실제로 참가해 보니 국제사회과학이사회의 표기도 표시도 없었고, 관련자들도 전혀 없음을 알게 되었다. 국제사회과학이사회가 주관을 했다면 참가자들이 나이도 좀 지긋한 학자들일 텐데 나이가 많지 않은 젊은이들이 대부분이었으며, 발표논문의 제목은 전지구적인 관심사이었지만 구체적인 내용과 사례는 선진국들의 개발도상국에 대한 개발도상국 국민들의 인간다운 삶을 위한 기술의 개발, 이용, 보급, 활동의 결과와 평가 등이 主를 이루었다. 학문적, 이론적, 철학적 논의보다는 기술내용과 당해 기술의 적용사례의 분석과 평가 등 실천적인 내용이 주를 이루었다.

그러나 이 번의 국제학술회의는 自國利己主義를 넘어 全地球民 모두가 인류의 共同善을 위하여 사해동포적인 마음으로 살아갈 것과 모든 인류가 서로 따뜻한 마음와 이웃사랑의 마음으로 이 땅에 生을 영위하는 모든 세계민들이 인격적으로 그리고 품위있는 삶을 살 수 있어야 한다는 명제를 분명히 보여주었으며, 그러한 방향으로 뜻있고 아름다운 마음을 가진 세계시민들이 헌신적으로 노력하는 숭고한 정신과 모습을 볼 수 있었으며, 우리 대한민국의 국민들도 全世界市民들과 더불어 우리나라와 지구를 아름답게 만들어 나가고, 우리 국민과 전세계인들이 삶의 가치를 향유할 수 있도록 하는 숭고한 人類愛의 사업에 적극 참여야할 것임을 깨달았다.

II. 會議의 構成과 進行

이 번의 국제회의는 3일간 진행되었다. 발표논문이 많았기 때문에 일정이 아주 빡빡하였다. 그러나 주관기관의 회의진행이 아주 부드럽게 짜임세있게 잘 진행하여 큰 무리가 없었다. 특히 발표논문들의 내용이 인류의 삶의 질의 향상 위한 기술개발에 치중되어 있었기 때문에 사회과학, 그 중에서도 사회학과 법학을 연구한 우리 참가자로서는 신기한 내용들이 많았을 뿐만 아니라, 메스컴을 통해서 좀 낭만적일 것이라고만 알았던 개발도상국, 그 중에서도 아프리카의 여러 나라의 실행활의 慘狀이 너무나 심각함을 알게 되어 학문과 사회활동을 통한 인류의 공동선을 위한 일을 하야야 하겠다는 생각을 강하게 하여 새로운 도전을 크게 받았다.

회의의 진행은 오전과 오후로 나누어 진행하고 분과별 발표와 토론이 있기 전에 전체회의를 열어서 기조발표와 토론을 하는 시간을 가졌으며, 그 다음 날

첫 전체회의에서는 전날의 발표내용과 토론결과를 분과별로 요약하여 발표하였다. 마지막 날의 분과별 발표와 토론내용은 폐회식 때에 이루어졌다. 이렇게 전체회의와 분과회의를 반복함으로서 일정은 꽉 짜여 진행되었지만 개별발표와 요약발표를 통하여 발표된 논문의 내용과 토론을 보다 명확하게 이해할 수 있었으며, 전체회의에서는 분과별 요약발표 외에도 每 전체회의 마다 관심을 끄는 새로운 논제의 논문발표가 있어서 매우 흥미로웠으며 새로운 분야의 이해를 돋구고 인류의 삶의 질의 향상을 위한 다양한 연구가 뜻있는 아름다운 마음을 가진 사람들에 의해서 진행되고 있음에 큰 감동을 받았다.

이 번 국제회의의 논문발표와 토론은 6개 분과로 나누어 분리하여 진행되었다. 재난위험감축분과(DRR: Disaster Risk Reduction), 에너지 분과(Energy), 住居와 도시분과(Habitat & Cities), 정보통신분과(ICT: Information & Communication Technologies), 의료기술분과(Medical Technologies), 특별분과(Special Session)의 6개 분과로 각각 나누어 진행하고, 전체회의에서는 UNESCO의 업무와 과업, 글로벌한 기술전환(Globally Transformative Technologies), 저탄소건축자재, 그 중에서도 저탄소시멘트의 생산을 위한 기술연구, 저비용기술개발과 보급에 관하여 인상적이고 감동적인 발표가 있었다. 또한 이러한 분과회의와 전체회의 이외에도 회의장 로비에서의 poster를 통한 인류를 위한 아름다운 일들에 대한 알림이 있었다. Poster의 내용들은 개발도상국에서의 출생신고 업무지원을 위한 기술개발과 보급, 지진지대에서의 耐震建築資材의 개발과 이용 사례, 인류의 건강을 위한 의료기기의 개발과 보급, 도시의 쓰레기 문제 해결을 위한 여러 방안 중, 특히 코코아를 이용한 인간의 소변의 흡수처리 사례, 건조한 황무지의 농지로의 개발사례, 폐기물의 재활용 사례 등에 대한 다양한 내용의 사례들이 도표와 그림과 함께 간단한 설명으로 잘 꾸며져 있었으며 매우 교육적이었다.

그리고 UNESCO 세계유산으로 지정된 900년이 된 포도재배지의 견학과 그곳에서의 발표와 토론이 계속되었다. 단순한 야외견학이 아니라 그 곳 옛 城의 잘 꾸며진 회의장에서의 분과별 발표와 토론도 참 인상적이었다. 또한 무엇보다도 이렇게 방대하고 세분화되어 있는 국제회의를 한 치의 차질없이 깔끔하게 진행하는 주관기관의 국제회의 운영의 노하우가 돋보였다.

영어로 회의를 진행하였지만 진행자나 발표자나 토론자 및 참가자들이 한결

같이 알아듣기 쉽게 영어를 驅使하였다. 그 이유는 발표논문의 내용이 심오한 학설을 논하는 것이 아니고 마음을 움직이는 아름다운 일들에 관한 것이었고 또한 사례중심이었으며, 요약한 내용을 대형 화면에 비추어 보여 주었기 때문이라 생각된다. 그리고 각 분과별 발표논문이 오전 오후마다 4-6개로 항상 새로운 내용으로 구성되어 진행되었기 때문에 매우 흥미를 돋구어 주었다. 특별히 지금까지 접하지 못하였던 내용들이었고 또한 지극히 마음을 움직이는 아름다운 내용의 발표와 토론이었기 때문이었다.

Ⅲ. 발표논문과 토론내용

1. 주제발표와 토론

6월 4일 첫 날 환영사에 이어 스위스 유네스코위원회의 대표가 유네스코에 대한 설명을 하였다. 유네스코는 담당하는 일이 아주 광범위하여, 교육, 문화, 과학을 담당하는 아주 큰 국제기구라는 점과 교육개선, 문화재 보호, 세계문화유산보존 사업, 인권보호 등 그 업무가 참으로 넓었다. 그 분은 이 지구를 지속가능한 사회(sustainable society)로 이룰 것을 강조하였다.

그 다음의 기조발표자는 근자의 기후변화에 침묵하고 있는 문제를 지적하였으며, 인간쓰레기(human waste)의 재활용 방법에 대한 설명을 하였다.

6월 5일의 기조발표는 참으로 인상적이고 감동적이었다. 여성학자가 저탄소 시멘트의 생산기술의 연구와 가능성에 관하여 발표하였다. 이는 환경친화적인 콘크리트의 생산을 위한 연구에 대한 설명이었다. 세계의 시멘트 이용에 있어서 미국과 노르웨이가 그 이용량을 줄이고 있으며, 중국이 세계시멘트 소비량의 60%를 차지한다고 하였다. 저탄소 콘크리트의 생산을 위한 연구와 그 工程을 설명하고, 진흙을 이용한 대체 시멘트의 생산도 발표하였다. 녹색성장의 내용의 하나라 생각되었다. 그 여성학자는 세계민들의 저탄소 시멘트 생산에 대한 이해가 먼저 필요함을 힘주어 강조하였다.

기조발표에 이어 로잔시에 관한 소개의 발표가 있었다. 로잔시는 지속가능한 도시(sustainable city)를 추구하며, 이를 위하여 에너지 절약, 에너지 자동차, 천연가스 이용, 탄소배출의 감축, 석탄사용을 줄이고 전기사용을 늘리며, 국민들이 의견의 일치에 이르기 힘든 문제에 관하여는 국민투표(referendum)로 결정하며, 지속가능한 도시로의 발전을 위한 국제표준규범의 마련의 필요성을 소개하였다. 또한 이러한 일을 위하여 시민들이 자발적으로 참여함이 중요하며 정부가 보조금을 지급하는 방법은 좋지 않다고 하였다.

6월 6일의 기조발표에서는 돈이 적게 드는 검소한 혁신(frugal innovation)에 관한 내용으로서 저비용으로 기술을 개발하여 후진국에서 이용할 수 있도록 하여야 함을 강조하였다. 대표적인 예로 미국에서 화성에 보내는 우주선 발사에 15억불이 소요되나 인도에서 제작발사하는 화성탐사용 위성의 비용은 7억5천만불이면 된다는 것이었다. 비용이 시간보다 중요하다고 하였다. 개발된 기술을 자주 바꾸지 말고 계속 사용하게 함으로써 비용을 줄일 것도 강조하였다. 그리고 기계에 사용하는 언어도 통일하여 저개발국의 현지주민들이 이해하기 쉽게 할 것을 또한 발표하였다. 또한 비용을 줄이고, 複製하지 말고, 자동차도 단순하게 만들고, 불필요한 사용치 않는 기계부품은 첨가하지 말 것과, 머리에 이고가는 물통에서 굴려서 밀고가는 물통의 개발과 같이 婦人내들의 힘을 덜어주고, 부인내들이 물을 이고 옴으로써 생기는 시간과 건강의 문제를 해결하고, 기술수준을 세계화하자고 하였다. 소기업 중심으로 비용을 줄일 것도 주장하였다. 그리고 좋은 세상을 저비용으로 이루어나가자는 주장을 하였다. 빨리 만들지만 비용은 적게 들도록 하자고 하였다.

2. 분과발표와 토론

(1) 첫째 날: 6월 4일

오전에는 "재난위험감축을 위한 핵심기술의 개발"(Developing Appropriate

Contexts for Successful Development of Essential Technologies for Disaster Risk Management)을 주제로 하는 재난위험감축분과(DRR)에 참여하였다. 모두 5분이 발표를 하였다. 첫 번째 발표자는 "자연재난관리에 있어서 위험인식"(Risk Perception in Natural Disaster Management)의 발표가 있었다. 북경대학의 젊은 여자 교수가 2012년에 일어난 중국에서의 대홍수의 사례를 중심으로 발표하였다. 중국은 재해가 많은 나라로서 홍수, 지진, 黃砂의 재해가 심하며, 2012년 대홍수시에 기상청이 일기예보를 하였으나 정부의 재해조기경보가 비효율적이었으며, 주민들은 정부의 조기경보에 별로 관심을 보이지 않았고 전통적이고 因習的인 日氣에 대한 인식으로 대처하였다는 것이었다. 그리고 일기예보의 용어가 일반주민들이 이해하기 어렵다는 발표를 하였다. 또한 국민의 재해에 대한 覺性이 낮다는 점을 지적하였다. 일기예보를 할 때에 밀리미터로 강우량을 표시하여 주민들은 그 정도가 어느 정도의 量인지 알지 못한다는 것이었다. 주민들은 과거의 경험만으로 강우량이 어느 정도일 것이라는 것을 인식할 뿐이라는 것이었다. 주민의 無知가 재해를 키운다는 것이었다. 발표논문의 제목은 전지구적 관심사이었으나 발표내용은 중국의 2012년 대홍수 경험으로 구성되어 있었다.

두 번째 발표자는 "기술과 정책에 의한 건물붕괴재난의 감소"(Reducing the Risk of Building Collapse Catastrophes through Technology and Policy)였다. 이 논제도 전지구적인 관심사이었으나 케냐의 불량건축의 현황에 대한 설명이었다. 제목과 발표내용의 차이가 아주 컸다. 케냐의 건축에서는 건축 관련법을 지키지 아니하여 불량한 건물이 많으며 그로 인하여 건물붕괴의 재난을 안고 있다는 것이었다. 이는 급속한 도시화의 진행, 정부와 건설산업분야의 부패, 사회와 정부의 부패, 좋은 건축을 할 수 없는 가난과 빈곤, 건축시의 검사부실 등이 원인이라고 지적하였다. 검사도 부실하고, 재난이 닥치면 다 붕괴된다는 것이었다. 아이티 지진의 사례도 덧붙였다.

세 번째 발표는 "긴급측정과 대응망: 재난위험감축과 긴급대응을 위한 수용능력과 협력"(The Local Emergency Assessment and Response Network: Capacity-Building and Collaboration for Disaster Risk Reduction and Emergency Response)이었다. 이 발표도 역시 전지구적인 관심사이었으나 내용은 Indonesia에서 2013년에 일어난 Sinabung 화산폭발 후의 화산재난감축을 위한 LEARN Project에 관

한 사례발표였다. 耐久性있는 건물을 건축하여야 한다는 것과 화산재난감축을 위한 NGO의 활동 등에 관한 내용이었다.

네 번째의 발표는 “방글라데시에 있어서 기후변화에 적응하는 바이오기술의 개발과 부적응의 위험: 농업종자산업의 전망”(Development of Biotechnology for Climate Change Adaptation and the Risk of Maladaptation in Bangladesh: An Agricultural Seed Industry Perspective)이었다. 방글라데시에서는 해안가의 농작물이 기후변화의 영향을 심하게 받고 있다는 점을 지적하고, 이러한 기후변화에 적응할 수 있는 종자개발을 위한 바이오技術의 개발에 대한 방글라데시에서의 사례를 발표하였다. 종자개발로 개발회사의 착취적인 일이 일어나서는 안된다는 것과 수익만을 생각해서 종자개발을 하면 안된다고 하였다. 소금과 가뭄, 기온변화에 적응할 수 있는 종자개발이 필요하다는 점을 강조하였다. OECD(Organization for Economic Cooperation and Development)에서 이미 2004년에 기후변화에 대응하는 종자개발에 대한 지침이 마련되어 있음도 설명하였다. 정부와 종자회사간의 협력이 필요하다는 점을 강조하면서, 종자회사는 종자개발을 독점하려고 한다고 하였다. 종자개발에는 비밀주의가 강하며, 종자회사의 이익과 수익도 보호하고, 서로간의 이해충돌은 상호대화로서 조화를 이루어야 한다고 하였다. 특히 종자개발에 나노(nano)기술의 적용이 필요하다고 하였다.

마지막 다섯 번째의 발표는 “高山生態環境에서의 도시화와 자연 및 사회경제적 위험의 측정: 히말라야에서 도시위험관리 제도화를 위한 지리적 공간구조”(Urban Growth and Assessment of its Natural and Socio-Economic Risks in High Mountain Ecosystems: A Geospatial Framework for Institutionalizing Urban Risk Management in Himalaya)였다. 인도북부 히말라야에 있는 지방의 생태지역이 도시화로 인한 개발로 자연적 및 사회경제적 위험에 처한 사례를 발표였다. 그런데 이러한 산악지역에 살고 있는 印度住民들은 위험에 대해 관용적(risk tolerance)이라고 하였다. 그러므로 재난이 일어나도 인도주민들은 자기가 살던 곳으로부터 안전지역으로 이사를 하지 않으려 한다고 하였다. 그냥 재해에 대해 체념하고 살아가고 있다는 것이다. 사진에 보니 위험천만한 낭떠어지에 집을 짓고 사는 것이었다. 그런데 이들을 안전한 곳으로 이사를 시킬 수가 없다는 것이었다. 재난 예방을 위한 방안을 강구할 것을 강조하였다. 예방계획의 투명성 확보와 사고 나기 전의 예방을 강조하고 사고가 나면 복구에 엄청난 자금이 필요하다는 점을 특별히 지적하면서 예방을 강조하였다.

(2) 둘째 날: 6월 5일

오전에는 "에너지에의 접근을 위한 적정기술의 개발, 실행, 관리 및 확산에 영향을 주는 기술적·사회적·경제적 측면"(What are the Techno－socio－economic Aspeckts that are influencing the Success of the Development, Implementation, Maintenance and Spreading of Appropriate Technologies for Access to Energy?)의 주제분야에 참석을 하였다.

그 첫 발표논제는 "보편적인 에너지 접근을 향하여: 에너지시장 체계"(Towards Universial Energy Access: The Energy Market System Framework)이었다. 에너지 접근권에 관한 내용을 담고 있었다. 세계인구 중 28억명 정도는 아직도 고체연료(solid fuels)를 이용한다고 하였다. 에너지 개발을 위한 財源이 없고, 에너지를 모르고 있고, 생산기술이 부족하다고 하였다. 태양열, Bio에너지 생산, 주민참여적 방법에 의한 에너지 개발을 강조하였다. 그리고 Rwanda에서의 料理스토브 개발 사례 보고를 하였다. 그리고 이러한 에너지 공급을 함에 있어서는 현지주민들을 참여시켜서 현지민들이 신기술을 수용함에 저항감을 최소화하도록 하여야 함도 발표를 하였다.

두 번째의 발표는 "개발도상국가에서의 효율적인 에너지 이용의 촉진: 현존하는 방법에 대한 概觀"(Promotion of Productive Use of Energy in Developing Countries: Overview of Existing Approaches)이었다. 효율적으로 에너지를 사용할 것을 강조하였다. 특히 개발도상국가에서는 효율적인 에너지 이용에 대한 지식이 부족함을 지적하였다. 깔끔한 효율적인 에너지 이용(Smart PUE(Productive Use of Energy))를 강조하였다.

세 번째 논문은 "에너지기술관련 계획의 통합적인 감시 및 평가기법"(An Integated Monitoring and Evaluation Approach for the Assessment of Energy Technologies－related Projects)로서 Malawi의 사례를 발표하였다. 이러한 사업의 시행으로 나무소비량을 40%나 줄였다는 통계를 제시해 보여주었다.

네 번째 논문은 "개발도상국의 병원에 충분하고, 신뢰할 수 있고, 효과적인 전기공급에 관한 통일적인 技法: 카메룬사례 연구"(Holistic Approach to Sufficient, Reliable and Efficient Electric Supply in Hospitals of Developing Countries–Cameroon Case Study)로서 카메룬의 병원상태의 慘狀을 알 수 있었다. 의료장비의 볼태지(voltage)가 각각 다르고, 전기량도 부족하고, 電氣質도 불량하여, 의료장비를 제대로 활용을 못한다는 것이었다. 카메룬은 종족이 366종족이며, 250개의 언어를 사용한다고 하였다. 전기부족으로 병원치료가 곤란하며, 보유하고 있는 의료기구도 제대로 활용하지 못한다고 하였다. 전문가도 부족하고 전기이용에 대한 비전(vision)도 부족하다고 하였다. 전기요금도 못 내어 외국지원기관이 전기요금을 대신 내 준다고 하였다. 전문가의 훈련이 필요하고, 무엇보다도 정부가 앞장서서 통일적으로 그리고 전국적으로 전기공급을 하고 제대로 나라관리를 하여야 할 것으로 생각하였다. 그리고 현지민을 전문가로 교육·훈련시킴이 절실히 요청된다고 하였다.

다섯 번째는 사하라남부 아프리카에서의 농촌사회의 에너지 공급"(Energizing Rural Communities in Sub–Saharan Africa)으로서, 프랑스의 Schneider Electric 회사의 나이제리아에서의 전기공급 사례를 소개하고, 태양광은 아프리카에서 실패하였다고 하였다. 전기공급의 어려움은 마을이 띄엄띄엄 散在해 있어서 電線을 설치하기 힘들기 때문에, 한 중심지에서 전기를 생산하여 충전 후 베터리를 가지고 가서 이용하는 방법을 쓰고 있었다. 그리하여 아프리카에서의 전기공급은 규모가 큰 것이 좋다고 하였다. 따라서 큰 것이 아름답다(Big is beautiful)라고 하였다.

여섯 번째는 "지역민, 에너지 및 환경을 통합한 수력발전망"(Hydroelectric Network: Villagers, Energy and Envionmental Stakes)으로서 마다카스칼에서의 소수력개발 사례의 소개였다. 마다카스칼은 전기공급이 2013년에 전국적으로는 16%정도이고 농촌은 5%에 불과하다고 하였다. 그 결과 석유램프(oil lamp), 촛불, 나무, 숯을 연료로 사용하고 있음을 소개하였다. 마다카스칼에서는 전기생산에 접근하기는 어려우나 잠재력은 높다(weak access, high potential)라고 하였다. 그리고 전기공급시장의 자유화는 전기공급에 기여하지 못한다고 하였다.

오후에는 방문할 포도재배지의 영화를 감상하고 버스로 출발하였다. 포도재배지가 있는 레만 호수가에 있는 작은 城에 들어가 그곳에서 발표가 계속되었다. 그곳에서는 "에쿠아도르 구아야퀼에서의 통신기술의 공유와 전력화를 위한 사회적 통합"(Share for Care, Communication Technologies and Social Inclusion for Empowerment in Guayaquil Ecuador)에 관한 발표는 南美 에쿠아도르의 사례발표였다. 도시빈민에게 미치는 기후변화에 대한 도시정보와 통신기술력 및 그 영향: 모잠비크의 사례"(Municipal Information and Communications Technologies Capacity and Its Impact on Climate Change Affected Urban Poor: The Case of Mozambique)에서는 홍수, 지진, 태풍, 산사태 등의 자연재해에 대처하는 조기경보의 사례발표와 조기경보를 위한 통신기술의 개발에 관하여 발표하였다. 그리고 "핵심적이고 본질적인 것을 달성하기 위한 전략으로서의 현지의 토착지식의 과학, 기술 및 혁신에의 활용"(Mainstreaming Indigenous Knowledge Systems to Science, Technologies and Innovation Policies as a Strategy to Reach the Essential)에서는 최신과학에 토속적인 지식도 첨가하면 현지의 문화의 계속성을 유지하면서 현지민들이 과학문명의 혜택도 누릴 수 있음을 설명하였다. 마지막으로 "재난구제에서의 지속성이 있고 융통성있는 금융지원방법"(Mobile Financial Services in Disaster Relief: Modeling Sustainability)에서는 농업보험의 시행을 주장하고, Micro금융제공의 사례를 설명하였다. 농업보험에 가입한 경우가 그렇지 않는 경우보다 농업생산성이 높아짐에 관한 통계수치도 제시하였다.

(3) 셋째 날: 6월 6일

오전에는 저비용으로 물관리를 하고자 하는 내용이었다. 분과명은 "보다 나은 물관리를 위한 저비용, 고효율 및 소음이 없는 해결책: 기회와 도전"(Low-Cost, High-Tech and Crowd-Sourced Solutions for Better Water Management: Opportunities and Challenges)이었다. 여기서는 지속가능한 물(sustainable water)을 강조하고, 아프리카에서는 하나의 기상관측소가 관측하는 면적이 26,000평방킬로미터라고 하였다. 그러다보니 기상관측의 결과가 부정확할 수밖에 없다고 하였다. 그리하여 소규모의 농업기상관측기구를 설치하고, 구름을 관측하여 data를 축적하는 사례보고가 있었다. 하늘도 관리하고자 하는 좋은 생각이었다.

그리고 청정물(fresh water)의 부족이 금세기의 가장 핵심적인 인간에 대한 도전이라고 하며(Fresh water is an essential challenge of this century), 물 문제가 세 번째의 가장 높은 지구의 위험(Water is the third highest global risk)이라고 하였다. 물을 생산함에도 생태계(ecosystem)를 고려할 것을 강조하였다. 또한 물의 재사용을 강조하였다. 물관리에 있어서 인문과 사회상황도 고려할 것을 강조하였다.

이 분과에서의 첫 발표논문의 제목은 "스마트폰에 의한 밭고랑에 흐르는 물측정"(Furrow Runoff Measurement App for Smartphone)이었다. 이는 탄자니아에서의 사례였다. 밭에 물을 보내는 물관리에 있어서 레이다를 이용하는 것보다 Webcamera를 이용하여 그 정보를 smartphone를 통해 전송하는 방식을 소개하였다. 물의 흐름의 속도를 측정해서 물관리를 하는 방법이었다. 물관리에 있어서 GPS(Global Position System)를 이용할 것도 발표하였다.

두 번째의 논문은 "부르기나 파소에서의 乾燥地灌漑農業을 위한 저비용무선감지망"(Low-Cost Wireless Sensor Networks for Dry Land Irrigation Agriculture in Burkina Faso)이었다. 건조한 땅을 농경지로 전환하여 농시를 짓는데 있어서의 물관리의 방법에 관한 사례로서, 농업용수를 첨단장비를 사용하여 공급·관리하는 장치의 사용이었다. 그리고 地表水의 관리와 함께 地下水를 농업용으로 활용하는 방법에 대해서도 이 방법을 적용할 것을 발표하였다. 그러나 문제는 아프리카의 후진국들에게 최첨단의 장비를 주어서 지속적으로 이용하고 관리하는 것이 안된다는 문제점을 알게 되었다.

세 번째는 "사용자와 함께 하는 기술설계: 탄자니아에서의 人類學的 技術의 잠재력과 도전"(Designing Technology with Users: Potential and Challenges of the Anthropotechnology Approach in a Tanzanian Case)이었다. 기술개발에 인류학적 방법의 적용으로서 현지주민들과 공동으로 새로운 기술을 적용할 수 있는 설계를 하자는 내용이었다. 현지문화를 수용하는 기술개발을 강조하였다. 그러나 현지주민들이 自生力을 기르는 것이 성공의 관건임을 알았다. 현지의 학교과정에서 이에 대해 가르치고 지역의 관습, 지식, 그리고 현지의 因習的인 상징물의 새로운 기술에의 이용 등이 인류학적 접근의 방법이었다. 현지민들을 생각하는 기술개발의 구상이었다. 참 좋은 사람들의 참 좋은 생각이었으며, 참 좋은 인류의 미래를 위한 구상과 노력이었다.

네 번째 발표는 “오론테스 강의 통합적인 수자원관리를 지원할 수 있는 電子地圖”(An e-Atlas to support integrated Water Resources Mangement in the Orontes River Basin)이었다. 레바논의 Orontes강의 물관리 사례였다. 물을 너무 사용해서 물이 부족해지고, 농작물의 생산이 감소하고, 물관리를 소홀히 하거나 잘못 관리하면 재앙이 초래될 것임을 경고도 하였다. 특히 Orontes강은 시리아와 터키로 흘러들어가는 국제하천이라 물관리에 어려움이 많고 국제기관이 물 측량을 하는 기술개발을 시작하였으나 지금은 중단된 상태라고 하였다.

다섯 번째의 발표는 “이란 우르미아 湖水危機에 있어서의 농업개발의 역할”(Agricultual Development Role in Urmia Lake Crisis, Iran)로서 이란의 농업용수의 많은 사용으로 Urmia 호수의 물이 줄고 있으며, 물이용량에 따라서 농작물의 종류가 달라진다고 하였다. 호수의 물을 잘못 관리하면 재앙이 닥친다고 하였다. 농업용수의 적정량의 유지가 관건이라고 하였다. 그러나 호수물의 지속적인 측정이 계속되지 못하고 있다고 하였다.

이러한 많은 발표를 통하여 아름다운 사람들에 의하여 지구의 희망과 지구의 소망을 볼 수 있었다. 따뜻한 마음을 가진 사람들에 의하여 지구의 장래의 희망을 읽을 수 있었다.

오후에는 “지속적이고 확실한 발전을 위한 저비용 정보통신”(Low-Cost Data Communications for Sustainable and Environmental Sound Development)에 관한 논제의 발표가 이루어졌다. 논문은 “서비스가 낮은 지역에서의 정보서비스를 제공할 수 있는 지역클라우드: 오프라인 정보통신망”(Community Clouds for Supporting Data Services in Underserviced Areas, Framework for Offine Data Communications), 개발도상국에 있어서 TV 白色空間技術의 지원을 위한 공간 감시와 평가체계, 지도와 측정을 위한 指標의 취합 및 성공적인 과정을 향하여 “(Toward a Spatial Monitoring and Evaluation System, Collecting Indicators to Map and Measure, Successful Process for Developing TV White Spaces Technologies in a Developing Country)”였다. 자연관리를 위한 저비용 기술의 개발과 이용에 관한 내용들이었다. 여러 나라에 걸쳐있는 국제지역공원에서의 거북이의 보호, 사고예방, 정보교환 등에 대한 발표였다. 아프리카의 라디오 방

송은 소음이 심해 신기술이 필요함을 주장하였다. 이와 함께 남아프리카 공화국 대통령이었던 넬슨 만들라가 설립한 "평화공원재단"(Peace Park Foundation)이 이미 이러한 활동을 하고 있음도 알려 주었다. 아프리카 인구의 36%가 정보 접근에 장애를 받고 있다고 하였다. 이러한 일들은 바로 아프리카인의 인간적이고 품위있는 삶을 위한 노력이라 생각되었다.

Ⅳ. UNESCO 등록 세계문화유산 탐방 소감

회의 이튿날인 6월 5일 오후에는 스위스의 UNESCO 지정 세계유산지인 레만 호수가의 Lavaux 포도재배지를 탐방하였다. 포도재배지가 하도 넓어서 참가자들이 5개 분과로 나누어 각각 다른 곳으로 탐방을 하였다. 포도재배지를 탐방만 한 것이 아니라 그곳에서 논문발표와 토론이 계속 이어졌다. 이곳은 900년 전부터 포도를 재배하여 생산을 하여 왔다고 하였다. 그 척박한 산비탈에 포도밭을 일구어 인류의 자연유산으로 만들어 놓은 것이었다. 너무나 오랫동안 스위스의 그 사람들은 대대로 포도밭을 일구고 가꾸어 왔다. 너무나 장한 사업이었다. 스위스 사람들은 그곳을 선조가 만든 위에 후손들이 더 넓히고 더 단단하게 포도밭을 가꾸어 온 것이었다. 선조들의 일을 이어받아 후손들이 더 아름답게 만들어 온 것이었다. 스위스인들은 자기의 조국을 잘 관리하여 아름답게 만들어 왔다. 이곳이 10,000년 전에는 방하로 덮혀 있었다고 한다. 산비탈을 개간하여 전부 포도밭으로 만들어 놓은 것이었다. 한 치의 땅도 낭비하지 않고 포도밭으로 가꾸어 놓은 것이었다. 水路도 아주 잘 관리하고 있었다. 그곳의 포도밭은 소규모 개인농으로 운영이 된다고 하였다. 포도재배와 포도주 생산은 사람의 정성을 요하는 노동과 기술집약적 산업이기 때문에 대규모 기계농을 할 수 없다는 것이다. 대체로 가호당 2.5 헥타르 내외를 경작하고 각 생산자가 수확한 포도로 포도주를 생산하는 방식으로 경영된다고 하였다.

참으로 스위스인들은 자기들의 국토를 정성을 다하여 관리하고 있음을 알 수 있었다. 어느 곳도 아무렇게나 국토를 이용하지 아니하고 가장 효율적으로 알뜰하게 관리·이용하고 있었다. 산비탈의 바위가 굴러 떨어지지 않도록 바위안전장치를 해 두었으며, 가파른 비탈을 효율적으로 이용하기 위하여 높은 밭둑을 설치하고, 그 콘크리트 밭둑에 물이 잘 빠지도록 물구멍을 내어 두는 세심함을 보여 주었다. 그 가파른 비탈을 따라서 도로, 기찻길, 호숫가는 물론 산꼭대기에도 건설해 두었다. 참 잘 가꾼 포도밭이었다. 호수 바로 건너편에는 生水生産으로 세계적으로 유명한 프랑스의 에비앙(Evian)이 위치해 있었다.

V. Poster를 통해 본 인류를 위한 학문적, 기술적 노력들

회의장 로비에 전시되어 있는 Poster들을 자세히 들여다 보았다. 아프리카의 후진국들의 교육문제, 그리고 출생신고가 안되 국적도 없고 교육도 못 받는 아프리카 후진국들의 딱한 사정을 해결하기 위한 기술지원에 관한 포스터를 보았다. 그리고 교육을 제대로 받지 못하는 문제들에 관하여 국제적인 관심을 촉구하는 포스터도 있었다.

그리고 태아검진을 위한 첨단의료장비의 기술개발에 관한 포스터, 위생시설의 개선을 위한 포스터, 태풍이나 지진 등으로 폐허가 된 지역의 재개발을 위한 예방시스템의 구축들의 포스터, 내진건축물에 관한 연구포스터, 코코아가 인간의 오줌을 흡수하여 위생개선에 이바지할 수 있다는 포스터, 위생시설의 낙후로 인한 환경오염의 개선을 위한 포스터, 황무지를 농지로 개발하는 방법에 관한 포스터, 유아의 건강을 위한 의료장비개발의 포스터 등 참 많은 포스터가 전시되어 있었다. 어린이 인큐베이터의 보급으로 1년에 4백만명의 유아사망을 막자는 포스터도 있었다. 건조한 토양(dry soil)을 물기가 있게 하는 방법에 관한 포스터, 자연재해가 많은 스위스의 위험관리시스템에 관한 포스터, 산악지역의 재난예방 시스템에 관한 포스터, 재해방지건축기술의 개발포스터, 인도에서의 위생관리에 관한 포스터, 건강을 지키기 위한 코트디부아르의 도시쓰레기 관리

방법에 관한 포스터, 1년에 65만여명의 생명을 앗아가는 말라리아의 퇴치기술 개발에 관한 포스터, 태아와 어린이의 보호를 위하여 임신을 확인할 수 있는 기술에 관한 포스터, 담배를 피우지 않도록 하는 IT기술의 개발에 관한 포스터, 1년에 2백2십만명 정도 위생시설의 불량으로 사망하는 인도에서의 위생시설 관리방법 개선에 관한 포스터, 인도에서의 농촌개조에 관한 포스터, 지진에 취약한 지역의 내진건축재료의 개발에 관한 포스터 등 인간이 인간답게 살아갈 수 있는 기술개발의 이모저모를 잘 다루고 있었다.

포스터를 보면서 많은 깨달음을 얻었다. 아직도 출생신고를 할 수 없어서 국적취득, 교육, 육아의 혜택도 받지 못하는 수많은 사람들이 개발도상국에서 살고 있으며, 출생신고를 하고 출생신고를 받는 기술이 없는 지구상의 국가가 있다는 점에 놀았으며, 출생신고를 할 수 있도록 software를 개발하여 지원하는 모습에서 아직도 이 지구상에는 인간으로 대접을 받지 못하면서 살고 있는 사람들이 수없이 많다는 사실에 놀랐다. 사하라 사막 이남의 아프리카 지역과 남아시아 지역의 출생아의 3분의 2가 아직도 출생신고가 안된다는 것이다. 참으로 안타깝고도 놀라운 현상이었다.

Ⅵ. 맺는 말

UNESCO가 주최한 이번의 국제회의는 인간이 인격적인 존재로서 품위있는 삶을 살 수 있기 위한 핵심적이고 본질적인 기술개발과 보급 및 이용을 위한 이상과 목표의 실현에 주안점이 있었다. 그리하여 이번 회의에서는 사막화의 문제, 에너지 문제, 물 문제, 재난위험감축에 대한 준비부족 문제, 의료혜택의 미비문제, 홍수, 지진 등의 자연재해에 대한 대비문제, 도시성장에 따른 환경문제, 자연산물 그대로의 연료사용에 따른 위생 및 환경 문제, 기후변화에 따른 식량생산의 부족에 대한 문제 등에 대처하면서 인간이 인간답고 품위있게 살 수 있는 기술개발과 발전과 방안에 대한 사상, 이론 그리고 세계 각국의 상황에 대한 사례 발표 등으로 짜여져 있었다. 인간이 인간으로서 품위있게 살아 갈 수 있는 기술개발의 현재와 미래에 관한 발표와 특히 저개발국가들의 이러한 분야의 문제를 중심으로 사례발표가 있었다. 참으로 흥미있는 논제들이었으며, 모두가 세계시민으로 살아가는데 명심하여야할 전지구적인 문제들을 다루게 되어서 너무나 감격스러웠다. 법학에서 필자의 관심사인 자연법과 자연법 사상과도 그 정신과 목표를 공통으로 하는 아주 유익한 국제회의라 생각된다.

인간은 자연과 더불어 함께 살아가야 한다. 인간과 인간과의 관계는 사랑으로 맺어진 이웃이다. 서로 사랑하면서 더불어 살아가야 한다. 그것이 인간이 품위있고 가치있는 인격적으로 살아가는 길이다. 이 지구상의 인간은 특정국가의 국민이지만 전지구의 세계시민이기도 하다. 세계시민의 한 사람으로서 세계시민이 모두 인간적이고 품위있는 삶을 살 수 있어야 한다. 그러한 세계시민의 사명과 과제를 다룬 것이 이번 국제학술회의 궁극적인 주제였다. 인간이 능력이 있다고 기술만으로 모든 문제를 풀어나간다는 自慢은 버려야 한다. 이번 국제회의에서는 품위있는 인간의 삶을 위한 기술개발 부문에 치중한 국제회의이었지만 철학적 성찰도 보태어져야 한다. 바로 이 회의가 전지구인들이 인간답게 살게 할 수 있도록 인류의 지혜를 모으는 場이자 기회임을 알게 되었다. 이러한 국제적인 관심의 결집으로 전지구를 건강하고 지속가능한 사회(sustainable society)로 만들어 나가는 방법임을 깨닫게 되었다.

이 번 국제회의에서 발표된 논제들은 다 전지구적인 관심사였다. 그러나 발표는 거의 개발도상국의 사례가 중심이 되었다. 개발도상국가들이 선진국의 지원을 받는다고 하더라도 개발도상국 스스로가 깨닫고 의지를 가지고 스스로 문제를 해결할 수 있는 자생력을 길어야 자국민을 인간답게 살게 할 수 있는 것이다. 그것이 개발도상국이 자국민들로 하여금 인간답게 그리고 품위있는 삶을 살 수 있도록 하는 궁극적인 길임을 깨달았다. 하늘은 스스로 돕는 자를 돕는다는 진리는 개인에게만이 아니라 국가에도 그대로 적용됨을 깊이 알게 되었다.

그리고 이 세상에는 아름답고 따뜻한 마음을 가진 뜻있는 사람들이 참 많다는 것을 깨달았다. 또한 인류의 미래를 위해 헌신하는 따뜻하고 아름다운 마음을 가진 젊은이들이 많음도 알게 되었다. 그러기에 인류는 소망과 희망을 갖고 아름다운 내일을 기약할 수 있다.

이러한 인류를 위한 활동을 함에는 정부의 역할도 중요하고 무엇보다도 사람이 중요함을 알았다. 사람의 사람에 의한 사람을 위한 일들이다. 기술도 중요하지만 사람이 중요함을 강조하였다. 특히 개발도상국가의 지도자들의 마음가짐이 자국민들의 인간다운 삶을 가능케 하는 가장 중요한 요소임을 알게 되었다.

인류의 품위있는 삶과 발전을 위한 기술의 핵심적이고 본질적인 것이 무엇인가는 따뜻한 마음을 가진 아름다운 사람들이 펼치는 전지구적 관심사이며, 그들의 숭고한 헌신이 계속되기에 지구의 희망과 소망을 읽을 수 있었다. 그러나 선진국이 중심이 되어 저개발국가를 지원을 함으로써 오히려 현지민들의 삶의 의욕을 떨어뜨리고, 그들의 첨단기술을 팔고 현지로부터 값싼 원료를 구입하는 신제국주의의 위험가능성도 없지 않을 것이라는 생각도 들었다. 그리하여 저개발국 지원에는 첨단기술의 이전도 중요하지만 수혜를 받는 현지주민들의 존재감도 고려하여야 한다. 그렇기 때문에 저개발국 지원에는 윤리전문가도 공동으로 참여하게 하여 신기술의 지원에 대한 현지민들의 고유문화의 유지와 현지민들의 존재성을 중요시하는 작업도 병행함이 타당하다는 생각이 들었다. 따라서 저개발국 지원에는 선진국과 후진국간의 대화(South－North Dialogue)가 특별히 강조됨을 알게 되었다.

무엇보다도 개발도상국은 스스로의 힘으로 일어나겠다는 자생력을 길러야 한다. 자기나라는 자국민이 일으킨다는 강한 의욕이 없이는 이러한 품위있는 삶을 위한 기술개발도 별 소용이 없을 것이다. 자생력이야 말로 자국민을 제대로 살 수 있게 하는 일에 가장 중요한 정신적 지주임을 깨달아야 한다. 선진국이 개발도상국을 한 번은 지원해 줄 수 있지만 계속적·지속적으로 지원해 줄 수는 없으며, 그것이 개발도상국에서 바람직하지도 않다.

그리고 기술보다는 인간이 더 중요하며, 결국 변화는 인간에 의한 인간을 위한 것임을 자각할 필요가 있다. 한국도 전지구적 관심사에 적극적으로 관심을 기우리고 참여하여야 한다. 그것이 한국과 한국민이 이 지구위에서 품위있게 살아가는 중요한 하나의 방법이다. 대한민국 정부도 대한민국 학술원에서도 이러한 숭고한 인류의 행복한 삶을 이루기 위한 국제적인 노력에 지혜와 경험을 나누고 참여와 지원을 더욱 왕성히 하여야 한다. 그것이 바로 대한민국 국민들이 국격을 갖춘 아름다운 대한민국을 만들어 성숙한 세계시민으로서 살아가는 길이며, 또한 오늘날과 같은 지구촌 시대에 대한민국 국민들이 인간답고 품위 있게 살아가는 길이다.

<대한민국 학술원 통신, 2014. 7. 1.>

제 4 편

淨谷의 삶과 學問生活 및 學問世界

13. 淨谷의 삶

목 차

Ⅰ. 개 설

학문은 대학교수가 됨으로써 본격적으로 시작되었다고 평가할 수 있다. 충북대학교 사회과학대학 법학과의 전임교수가 된 것이 1981년 9월이었다. 충북대학교는 그 예전에 내가 교수가 된다면 충북대학교에서 교수생활을 하고 싶다는 생각을 한 곳이었다. 1977년 내가 방위생활을 하면서 가정교사로서 키운 학생이 충북대학교 생물학과에 입학시험을 치룰 때에 내가 데리고 왔었다. 그러나 그 학생은 弱色盲이라 결국 합격을 하지 못하였다. 그 때까지 약색맹인 것을 본인도 모르고 있었다. 참 낭패였다. 그 후에 나는 그 학생의 집에서 나와 불도 집히지 않는 고향 면소재지에 사신 장로님의 외딴 방으로 거처를 옮기게 되었다. 그 때에 충북대학교에 갔던 것이 처음이었다. 그 후에 결혼을 하고 신혼여행을 보은 법주사로 갔다가 돌아오는 길에 다시 충북대학교 교정을 둘러보았다. 그 때도 역시 참 아름다운 캠퍼스였다. 그 때에도 역시 내가 교수가 되면 충북대학교에서 교수생활을 하고 싶다는 강한 생각이 들었다. 그리하여 그 후에 충북대학교의 교수가 되었다.

나의 삶은 대학교수가 되어서는 학문하는 생활이 삶의 전부였기 때문에 대학교수생활 이전의 삶의 부분만을 나의 삶으로 엮기로 한다.

II. 유년기과 소년기: 똑 바르게 잘 큰 시절

교수가 되기 전 30년동안 학문생활을 하기 위한 준비를 하였다 시골에서 태어나서 자랐기 때문에 항상 들로 산으로 쏘다니면서 어린시절을 보냈다. 야생마로 컸다고 할 수 있다. 봄이면 진달래꽃을 따고, 여름이면 못에 가서 목욕하고 소먹이고 풀 뜯고, 가을이면 소 먹일 낙엽을 따고 겨울에는 산에 가서 나무를 해 왔다. 아주 어린 시절의 기억은 약간 난다. 자연속에서 자연 그대로 살았다. 그리고 학교는 늦게 입학을 하였다. 아버지께서 출생신고를 늦게 하시면서 출생일을 한 해 늦추셨다. 그리하여 호적상의 나이보다 실제의 나이가 한 살 더 많다. 완전히 야생으로 자연이 주는 것을 먹고, 자연과 더불어 놀았다. 그 결과 지금도 자연 다큐먼터리가 그렇게 좋다. 위의 형님과는 연년생이기 때문에 내 나이 또래는 형님과 같이 놀고 나는 늘 혼자 남았다. 학교도 혼자 다녔다. 학교까지의 거리는 왕복 20리였다. 광목으로 된 책보자기를 둘러메고는 달려야 했다. 그래도 개근을 한 해도 있었다. 혼자서 다니니까 아랫동내의 못된 아이들이 나를 때리고 나는 울면서 집으로 오기도 했다. 아버지가 나를 데리고 그 때린 아이를 찾아 혼내 줄려고 아랫동내로 내려가기도 하였다. 학교로 가다가 보면 싸움질을 걸어오는 아이들도 있었다. 얻어맞기도 하고 싸우기도 하였다. 코피를 흘리기도 하였다. 싸우면 그것을 칭찬하는 아이들도 있었다. 그 때 그 아이들 다들 무엇을 하고 있을까? 어떻게 지내고 있을까? 아마도 세상을 떠난 사람들도 있을 것이다. 만나도 그렇게 반가울 것 같지는 않다. 그 때에 나를 괴롭혔던 아이들이었으니까? 언젠가 나를 그렇게도 괴롭히던 그 때의 그 아이가 나이가 들어서 전화를 한 번 해온 적이 있었다. 전화로만 얘기하고 그것으로 끝났다. 그렇게 반갑지는 않았다. 그 아이들, 지금은 무엇을 하면서 어디에 살고 있을까?

학교에서도 선생님들이 왜 그렇게도 모질었는지 모르겠다. 1학년 때에 창문을 통해 교실안을 드려다 본다고 선생님으로부터 그렇게도 많이 얻어 맞을 수가 없었다. 그 때의 선생님은 왜 그렇게 잔인했을까? 매 학년마다 공부를 잘 했는데, 10명에 한 명씩 주는 우등상을 3학년까지는 받지 못했다. 驛長의 딸은 우등상을 받았다. 내가 공부를 더 잘 한 것 같았는데 나는 빠졌다. 4학년이 되어서 총각선생님이 담임으로 오셨다. 그 선생님은 공정하셨다. 그 때부터 그 총각선생님의 공정한 평가로 우등상을 받게 되었다. 그 때는 교실이 없어서 오전 오후반으로 나누어 수업을 하였으며, 여름에는 수양버드나무 아래에 비료포대 종이를 깔아놓고 야외수업을 하였다. 그 때는 읽을 책도 별로 없었고 책이 있어도 살 형편은 전혀 못되었다. 오로지 교과서로 공부하는 것이 전부였다. 동화책, 소설책은 구경을 못하고 지냈다. 내가 입학을 한 해가 1956년이었으니까 9살에 입학을 하였다. 1959년에는 사라호 태풍이 내 고향 시골동네를 지나갔다. 그 날이 8월 추석이었다. 바람이 하도 불고 비가 와서 문풍지가 비에 젖어 떨어져 나가 가마니로 문을 가려야 했다. 나는 어려서 몰랐는데 제사를 지내러 오신 삼촌들과 아버지와 형님은 물가에 있는 논의 둑이 터지지 않도록 겨울 땔감으로 준비해 놓은 나무로 둑이 터지지 않게 막고 계셨다. 그러나 결국 막고 있던 윗부문이 아닌 아래 부분의 둑이 터지고 말았다. 태풍이 지나가고 비가 좀 잦아지자 그 때에서야 바깥에 나가보니 온 논둑이 다 터져 있었다. 태풍으로 인하여 그 해 겨울은 참으로 잔인하였다. 무너진 논둑을 복구하느라 사람도 소도 그렇게 힘든 시간을 보냈다. 불도저가 내가 살았던 고향동네까지는 길이 좁아서 들어올 수가 없었기 때문이었다. 그 사라호 태풍결과로 가을 운동회가 취소되어 열리지 못하였다. 그 전에는 가을 운동회를 참 잘 하였다. 들국화를 꺾어서 학교정문에 아취를 만들었다. 너무나 좋았었다. 나도 고향동내에서 들국화를 꺾어 한 짐 지고 학교에 가져가서 그것으로 아치를 만들고 달리기를 했던 기억이 오롯이 생각난다. 참 좋은 그 때였다.

이때에는 나는 참으로 부지런히 쏘다니고 씩씩한 아이였다. 그러니 코피를 잘 흘렸다. 하도 코피가 잘 나니까 언젠가는 코피가 나는 것을 막지 않고 그냥 계속 흘렸더니 얼마나 흘렸는지 스스로 멈추었다. 그 때에 흘린 코피가 청석비

탈에 흥건하였다. 그것을 나중에 뒤따라 오신 어머님이 보신 것이었다. 그 때의 어머님의 마음은 어떠했을까 싶다. 그 후로 기운이 없는 느낌을 자주 느꼈다. 그리하여 어머님은 보약을 한 재 지어 주셨다. 참으로 미련한 어린 시절을 보냈다. 그렇게 자란 아이가 바로 그 때의 나이었다.

4학년이후부터는 공부도 잘 하고, 반장도 하고, 즐겁게 학교생활을 하였다. 졸업반인 6학년 때에는 그 때에 5.16쿠데타로 인하여 학교의 정풍작업이 심하게 몰아쳤다. 그 결과로 6학년 때의 담임선생님이 4번이나 바뀌었다. 군대에 가시지 않은 선생님은 학교를 그만 두었던 것으로 기억된다. 마지막으로 오신 6학년 담임선생님은 기독교인이셨던 선생님이셨다. 참으로 좋으신 분이셨고, 나의 고향과 선생님의 고향이 같은 면이셨던 분이셨다. 그 선생님은 내가 다니던 초등학교를 그만 두시고는 어느 산골의 분교로 전근하시게 되어 그 학교로 걸어가실 때에는 나의 고향동내를 거쳐서 가셔야 하셨다. 해가 기울어 가실 수 없을 때에는 우리 집에 주무시고 가시기도 하셨다. 목사수업을 받으셔서 목사님으로 활동을 하셨다. 돌아가시기 前해에 선생님을 찾았을 때에는 목회활동도 접으시고 건강이 이미 좋지 않으셨다. 내가 중학교에 다닐 때에 입학원서를 제출하기 위해 오셨을 때에 그 선생님은 나에게 용돈을 주시고 가시기도 하셨다. 참 좋으신 선생님이셨다.

초등학교 졸업철이 다가오자 중학교에 가야 하였다. 집에서는 내가 경주의 이름없는 중학교에 가라고 하셨다. 그 중학교에 가면 장학생이 될 것이니 그 학교로 가라고 하셨다. 나는 가지 않겠다고 하였다. 너무 후진 학교이었기 때문이었다. 그러나 나의 주장을 관철시키지 못하고 그 중학교에 입학을 하였다. 그래도 그 중학교에 근 1년을 다녔다. 공부는 내가 제일 잘 하였다. 그 중학교는 지금 없어졌다. 여자고등학교로 남아 있다. 학교가 정상이 아니었다. 중학교에 다닐 때에는 형님과 같이 자취를 하였다. 함께 밥해 먹고 한 이불속에서 잤다. 자취하던 곳이 유기그릇을 만들던 곳이었다. 자취집 주인 할머니가 참 좋으셨다. 나는 그곳에서 급성디프테리아에 걸렸다. 갑자기 숨을 쉴 수 없는 병이었다. 형과 자취집 할머니의 도움으로 경주에 있는 병원에 갔다. 주사를 맞고 살아났다. 형은 집에 알리러 가야 하기 때문에 집으로 갔다. 저녁에 집에 도착하여 경주로 급히 어머님이 오려고 했으나 기차가 없어 밤새 뜬눈으로 지내시고 아침에 첫 차로 경주로 오셨다. 지금도 눈에 선하다. 머리에 이고 아침도 거르시고 형과 같이 자취방으로 오신 것이었다. 밤새 죽지 않았을까 걱정을 하셨지만 죽지 않고 살아 있었다. 그렇게 어머님의 애를 태운 나였다.

경주의 중학교에서 1년 가까이 지냈지만 통 마음에 들지 않아 도저히 학교에 다닐 수가 없었다. 아버지께 그 중학교를 다니지 않겠다고 말씀드렸다. 그랬더니 아버지께서 자식의 눈을 좀 뜨게 하려고 했더니 할 수 없다고 한 숨을 지으셨다. 그 때의 기억도 생생하다. 그리하여 그 때가 마침 이듬해의 입학시험철이었기 때문에 대구에 있는 중학교에 다시 입학시험을 치룰 생각을 하였다. 그런데 이미 1차시험 원서접수는 마감을 하였다. 할 수 없이 2차시험을 준비하였다. 대구중학교가 2차 시험학교였다. 대구중학교에 원서를 내고 입학시험 준비를 꼭 보름간 하였다. 시험을 치루었다. 그 때에는 체육실기 시험도 치루었다. 넓이뛰기를 하는데 그만 뒤로 주저 앉아 만점을 못받았다. 그 때에 시험관 선생님께 한 번 더 뛰겠다고 말했더니 뛰라고 하여 다시 뛰었다. 만점을 받았다. 그 넓이뛰기에서 만점을 못받았더면 대구중학교 시험에 합격할 수 없었다. 성적은 꼴찌였다. 간신히 턱걸이로 합격을 하였다. 그리하여 즐거움도 없고 기쁨도 없이 대구중학교를 다녔다.

대구중학교에 입학을 하여 공부해 보니 이미 지난해에 공부한 내용이라 항상 1등이었다. 그 때에 좋은 선생님이 계셨다. 생물선생님이셨다. 아마도 지금 생각하니 경북대학교 박사과정에 다니신 것이 아닐까 생각되었다. 그 후에 그 선생님은 미국으로 가셨다는 소식을 들었다. 아마도 지금은 이 세상에 계시지 않으실 것만 같다.

대구중학교에서 1년을 보내고 2학년이 되니 나의 동기생들은 중3으로 고등학교에 갈 준비를 하고 있었다. 그러나 나는 중학교 2학년이었다. 그러던 때에 나는 선생님이 수업시간에 말씀하시기를 선배 한 사람은 검정고시를 쳐서 월반하여 고등학교에 입학하였다는 말씀을 하시었다. 눈이 번쩍 띄었다. 이거다 하는 생각이 들었다. 그리하여 나는 고등학교 입학자격검정고시를 치르기로 하였다. 준비는 별달리 하지 않았다. 시험을 치루었는데 합격이었다. 그 때가 1964년 5월 24일이었다.

검정고시에 합격은 했지만 고등학교 시험을 위한 중3학년의 과목공부를 하지 않은 상태였다. 중2도 못마친 상태이고. 그래서 대구중학교에서 배려를 해 주어, 낮에는 중2반에서 공부하고, 오후 보충수업은 중 3반에 가서 공부하도록 조치해 주셨다. 점차 시간이 지남에 따라서 중2수업은 거의 받지 않았다. 그러던 사이에 같이 검정고시에 합격한 친구가 중2인데 학원에 나가서 고등학교 입학시험 준비를 하고 있었다. 그 친구가 나의 형편 얘기를 그 학원의 원장님께 말씀을 드렸던 것이었다. 그 원장님이 나를 불러주셨다. 학원에서 공부하라고 하셨다. 전적으로 무료로 하라고 하셨다. 꼭 4개월을 그 학원에서 공부하였다. 그 때에 참으로 열심히 공부하였다. 4개월을 공부하니 재수한 학생들보다 더 잘 하였다. 공부를 너무 잘 한다고 재수학생이 나를 때리기도 하였다. 요즘의 폭력학생이나 다름이 없었다. 그 학생은 그의 아버지가 경찰서장이었는데, 재수를 하면서 그의 여동생과 함께 공부를 하고 있었다. 나를 학교화장실로 끌고가 때렸다. 나는 저항도 못해보고 맞기만 하였다. 그 학생은 지금은 어떤 사람이 되어 있을까? 참으로 궁금하구나.

그 해에 대구의 어느 고등학교 특별장학생시험을 쳐서 합격하였다. 그 고등학교를 갈까 말까 하고 망설일 때에 학원 원장 선생님은 큰 고기는 큰 물에 놀아야 한다고 말씀을 해 주셔서 그 고등학교 특대생 입학을 포기하고 경북고등학교에 시험을 치기로 하였다. 4개월 공부하고 시험을 쳤으니 좋은 성적을 거둘 수는 없었다. 역시 꼴찌로 합격한 것이었다. 어쨌든 합격을 하였다.

중학교 시절 가장 마음 아프게 남아있는 기억은 김장철이 되어서 어머님이 풀을 죽인 절인 배추를 이고 대구역에서 내려 내가 자고 먹고 지내던 집까지 한 번도 쉬지 않으시고 오신 것이다. 만약에 이고 있는 절인 배추를 내려놓으면 다시 일 수가 없기 때문에 그냥 오신 것이라는 것이다. 그러시면서 기운이 다하셔서 힘없이 문지방에 걸터 앉아계시던 어머님의 모습이 눈에 선하다. 그 때가 어머님이 회갑 전이었기 때문에 아마도 50이 조금 넘었을 것이라 생각된다.

그리고 어느 땐가 아버님이 대구에 오셨다. 그 날 아버님은 그 날로 집으로 돌아가셨다. 그날 저녁에 밥상을 받았는데 그냥 눈물이 쏟아졌다. 참을래야 참을 수 없었다. 왜 그렇게도 눈물이 났는지, 아마도 남의 집에 있는 설움이 북받쳐 올라왔을 것이라는 생각이다. 그 때에 참 서러웠던 것 같았다. 밥도 제대로 못먹고, 배고프고 외로워서 서러웠던 것 같다. 그 때의 기억들이 잘 생각이 안난다. 그 형편에도 한 번도 나는 원망을 하지 않았다. 그냥 그대로 살았을 뿐이다.

Ⅲ. 청년기: 좌절과 시련기

중3을 못하고 고등학교를 입학하였다. 다른 과목은 다른 학생들과 차이가 없었다. 그러나 영어는 중 3의 1년을 공부하지 않은 것이 다른 학생들과 큰 차이가 났다. 다른 학생들과 영어 과목이 거의 비슷한 수준으로 된 것은 고3이 되어서야 가능할 수 있었다. 월반이 결코 바람직하지 않다는 것을 뼈저리게 느꼈다. 그 때에 깨달은 것은 모든 사람은 보통 사람이 가는 길을 가야지 특별한 길을 가는 것이 항상 좋은 것만은 아니라는 사실이다. 정상적으로 학교를 다녀야 하는데, 중1년을 2년하고 중3을 안하고 월반을 하여 정상적인 학교생활을 못한 것이 고등학교에 와서 절실히 느껴졌다. 그 후 나는 늘 월반하고자 하는 사람에게는 도시락을 사들고 다니면서라도 말리겠다고 하였다. 그러나 이미 돌이킬 수 없는 길이라 고등학교를 그대로 다녔다. 역시 열심히 공부했다. 자취하면서 공부했다.

고등학교 시절은 오로지 공부했다. 형편이 넉넉지 못한 상태에서 수학여행도 아예 갈 생각을 내지 않았다. 오로지 책과 씨름하는 것이 생활의 전부였다. 공부를 비교적 잘 하였다. 그러나 예전처럼 1등을 하는 기회는 극히 줄었다. 그래도 최상위권을 유지하였다. 고등학교 시절에 특별히 즐겁고 기뻤던 기억은 나지 않는다.

졸업을 할 때에 성적이 좋았기 때문에 서울대학교법과대학에 원서를 냈다. 그때 대학입학시험은 김신조 일당이 청와대를 습격하러 넘어왔을 때였다. 결과는 낙방이었다. 서울에 가서 직접 榜을 보아도 나의 수험번호는 없었다. 어떻게 하나 걱정이 태산이었지만 아무도 해결할 수가 없었다. 나는 택골의 종조부님이 계시는 산막에 들어가 혼자서 공부하기로 하였다. 그 때에 나는 내가 실력이 모자라 서울법대에 불합격했다면 내년에도 낙방할 것이다. 무엇인가 초자연적인 힘에 의하여 낙방을 한 것으로 믿어지면서 초자연적인 그 무엇에 대한 관심이 생겨나게 되었다. 꼭 열 달을 그 산막에서 공부하였다.

그 산막생활중에 교회로 나가게 되었다. 지금 목사가 된 이종사촌 목사가 간곡히 전도를 하고 이모님도 간곡히 기도하시면서 전도를 하셨다. 우리 집은 그 때에 기독교에 대하여 거부적인 태도였다. 이종 목사의 간곡한 권유로 1968년 9월 18일 교회로 나갔다. 교회에 나간 첫 날부터 아무런 거부감이 없었다. 찬송가는 모르니까 입만 벙긋거렸다. 시골교회에서의 찬송가는 구성진 것이 특징이었다. 함께 부르고 또 불렀다. 저녁예배까지 보고 밤중에 혼자서 밤길을 걸어서 집으로 왔다. 산을 넘고 밤중에 걸어 왔는데도 무섭지 않았다. 그리고 그 때에 아무리 공부를 하지 않는 날이라도 하루에 한 시간은 공부한다는 원칙을 실천하였으며, 일요일에는 오로지 성경만을 읽고 교회가고 공부는 하지 않았다. 교회에서 일요일은 안식일이기 때문에 일을 하면 안된다고 설교하셨기 때문이었다. 아침에 일어나서는 성경읽고 기도하는 생활을 그 때부터 계속하여 왔다. 종종 조용히 산막의 뒷산의 마른 풀이 있는 곳에 앉아서 기도하였다. 그 때의 기도가 가장 순수한 간절한 기도였다고 생각된다. 그 때가 참 좋았다. 기도의 생활이었다. 지금 생각하니 그 때의 그것이 작은 수도원이었다. 그러나 그 집은 지금은 없다. 집이 있었다는 기억만 남아 있을 뿐이다.

10달을 산막에서 공부하고, 다섯 달을 교회에 나가서 기도한 후에 다시 대학입학시험을 치루러 왔다. 그 때에 전차를 타고 시험장에 갔다. 기도했다. 시험장에서 기도를 하니 주님께서 내가 여기 있다고 대답의 말씀을 하셨다. 그 때의 그 경험이 바로 체험이었다. 꼭 안방에서 시험을 치루는 것 같은 느낌이었다. 수학 문제를 푸는데 답이 그대로 딱 떨어졌다. 삼각형의 重點은 한 점에 모이는 것을 증명하는 문제에 대한 답이 딱 떨어지게 되었다. 신기하였다. 지난 해의 시험때와는 전혀 달랐다. 결과는 예상대로 합격이었다. 비교적 좋은 성적으로 합격한 것이었다. 나에게 주어진 학번이 69016이었으니까 그 학번이 아마도 성적순으로 주어진 것이 아닌가하는 생각을 하였다. 그리하여 서울대학교 법과대학에 재수해서 그것도 혼자서 재수하고 주님의 은총으로 합격을 하고 처음으로 체험하게 되었다. 내가 서울법대 합격을 하니 주위에서는 내가 법조인이 되리라고 생각하고 나도 별 생각없이 법조인이 될 생각을 하였다. 그러나 그 법조인의 꿈이 나를 시련으로 몰아갔다. 법조인의 꿈에서 깨어 학문의 길로 들어서기까지는 긴 터널의 시련의 시간을 보내어야만 하였다.

이렇게 하여 1968년에 고등학교를 졸업하고, 1년을 혼자서 공부하고 주님을 영접하고, 1969년에야 대학생이 되었다. 중학교 1학년을 2년간 하고, 중학교 3학년은 안하고 월반하고, 고등학교를 졸업하고서는 재수를 하여 대학생활을 시작하였다. 그 때까지도 세상을 거의 모르고 살았다. 오로지 공부하는 일 이외는 다른 것들은 모르고 지냈다. 형편이 넉넉하지 못하였기 때문에 오로지 교과서로 공부하는 것만을 했을 뿐 다른 것들에 대해서는 알지 못하고 알려고도 하지 않았다. 누구로부터도 알라고 교육을 받지도 못하고 깨닫지도 못했다. 너무나 세상을 모르고 살았다. 오로지 공부, 그것도 학교공부가 전부였다.

이러한 삶이 나의 대학입학하기까지의 과정이었다. 1969년 내 나이 21세에 대학생이 되었다. 너무나 세상을 모르고 살았다. 오로지 공부밖에는 다른 것에 관심을 가질 수가 없었다. 참으로 세상을 모르고 살았으며 좋게 말하면 순수하게 살았고 나쁘게 말하면 너무 모르고 살았다. 그러나 그것도 지금 생각하니 주님의 섭리이었다. 주님을 영접한 것이 내 삶의 대 전환이었다. 이것도 주님의 섭리였으며 은혜였다.

Ⅳ. 꿈 많던 대학생활

대학생활을 시작하였다. 입학하여 수업을 하자마자 교련반대 데모로 수업을 제대로 못하였다. 사실 대학 4년을 한 학기도 제대로 수업을 못 받았다. 한 달을 수업하면 그것으로 끝이었다. 데모에 참가도 해 보았다. 경찰서에서 밤을 자고 나오기도 하였다. 그것은 특별히 사회에 대한 의식이 있어서가 아니라 그냥 혈기로 참가했을 뿐이었다. 나는 사회의식이 거의 없었다. 대학생은 공부만 하면 되지 무슨 이념이니 서클이니 하는 것은 안중에 없었다. 오로지 농법학회에 잠간 참여하여 동아리가 어떤 것인가를 경험하였을 뿐이다. 법 공부를 전부로 알았지 다른 것은 관심의 대상이 되지 못하였다.

대학생활을 시작하면서 늘 잊지 못하는 일은 그 때에는 학생들이 학교에는 잘 가지 않고 집이나 고시촌에 가서 공부하는 것이 유행이었고 놀음을 많이 하였다. 1년의 교양과정부 시절은 별 탈없이 지냈다. 그 중에서도 기억에 남는 것은 돌아가신 고병익 총장님께서 매주 토요일 실시하는 교양교육시간에 참 감동적인 말씀을 하신 것이 기억이 난다. 그리고 참 견디기 힘든 일의 하나로 당시에 저명한 철학자로 알려진 분이 청와대 문화수석으로 가셨는데, 교양교육시간에 오셔서 자기가 군사정권에 선택받아 청와대 수석이 된 것에 대한 변명의 말씀을 하신 것은 참 듣기가 싫었다. 曲學阿世한 분이 자기 합리화를 하시는 것이 마음에 걸렸다. 그 때의 경험이 학자는 어떻게 살아야 하는 지를 확실히 보여준 사례라 생각된다. 곡학아세하는 변절된 학자의 모습은 추하기 그지 없었다. 지금은 그 분들은 다 역사의 뒤안길에서 모두가 잊혀지고 만 사람이 되었다.

1년을 공능동에서 보내고 2학년이 되어서야 종로 5가의 법대 건물로 돌아왔다. 전공과목의 시작이었다. 숙소도 금호동의 숭덕학사로 옮겼다. 숭덕학사는 돌아가신 박영출 목사님께서 일본에서 崇德寮를 설립하여 시작된 육영기숙사로서 금호동에 있었다. 숭덕학사에서는 참아들 운동을 모토로 하여 운영되었다. 참아들은 가정의 참아들, 겨레의 참 아들, 하나님의 참 아들 세가지가 내용이었다. 그리고 새벽에 일찍 일어나 태극기를 계양하면서 애국가를 불렀다.

대학본과 3년 동안은 공부를 하는 둥 마는 둥, 보냈다. 그러나 고시공부를 하였다. 그런데 되돌아보니 공부방식이 고시공부방식이 아닌 것이 문제였다. 고시공부는 요령있게 하는 것으로 잘 정리하는 기술이 필요하고 단권으로 밑줄을 치면서 원칙부분을 졸졸 외워야 하는 방식이었다. 그러나 나는 그것을 모르고 공부만 하면 되는 줄로 알고, 고시잡지도 구하고 이책 저책의 중요한 내용을 노트에 정리하는 방법으로 공부를 하였다. 그러니 이 책에서는 이 說을 얘기하고 다른 책에서는 다른 학설을 얘기하여 통일성과 체계화가 안되었다. 뭐가 뭔지를 몰랐다. 공부방법이 전적으로 잘못된 것이었다. 공부의 량은 많았지만 요령과 기술이 전적으로 잘못되었다. 그러니 고시에 걸릴 수가 없는 것이었다. 그냥 공부하였던 것이었다. 그 때에는 사법시험을 대학 3년을 마쳐야 응시할 수 있었기 때문에 일찍이 고시를 치룰려면 예비시험이란 것이 있었다. 나는 대학 2학년 때에 그 시험에 합격하여 3학년이 되기 전에 고시를 치를 수 있었다.

당시에는 학생데모가 심하여 계엄령과 위수령이 발동되는 사례가 흔하여 학교는 군인이 장갑차를 몰고와서 지키고 있어서 학생들은 학내로 들어갈 수가 없었다. 시험도 칠 수 없었다. 리포트는 써서 수위실에 제출하던 시대였다. 교수님들은 그 때에 수업을 안하셨기 때문에 그 기간에 교수님들은 책을 쓰셨다고 하셨다. 그 때에 학생들은 학교 밖으로 내동댕이 쳐진 상태였다. 제대로 공부할 분위기도 제대로 가르쳐 주시는 분들도 없었다. 아무런 학문적 배경을 갖지 못한 나는 마냥 공부는 했으나 결과는 좋지 않았다. 고시도 하긴했으나 번번이 실패하였다. 요령이 없었던 것이었다.

숭덕학사에는 학사교회인 숭덕교회가 있었다. 학사생들과 외부의 학사생 친구들이 참여하여 예배를 드렸다. 어버이날이면 부모님들께 보낼 선물을 목사님이 준비하셔서 기도하고 보내셨다. 목사님께서 부모님이 담배를 피우시면 담배를 선물하라고 하셨다. 그리고 헌금을 많이 하면 그 헌금을 찾아가라고 하셨다. 언젠가 어느 누군가가 5,000원을 헌금한 일이 있었다. 헌금을 너무 많이 했다고 그 헌금을 한 사람은 그 돈을 찾아갈 것을 말씀하셨다. 그리고 목사님의 아들들도 다 예배에 참석하시고, 며느리들은 한 의자에 나란히 앉아서 시아버님이셨던 목사님의 설교를 들으셨다. 참 아름다운 모습이었으며 부러웠다. 그렇게 헌신적으로 학생들을 위하여 사랑을 베푸셨기 때문에 자녀들이 다 잘 되었다고 생각하였다. 숭덕교회에서 나는 입교문답과 세례를 받았다. 대표기도도 하였다. 또 숭덕교회에서 아내를 만나 결혼을 하게 되었다.

대학을 졸업하고 시험은 안되고 白首가 되었다. 서울대학교 대학원 석사과정에 시험을 치루었다. 합격을 하였다. 목사님이 입학금을 지원해 주셨다. 나는 입학금을 납부하고 곧바로 휴학을 하였다. 대학원에서는 휴학계를 매학기 제출하여야 하는데 나는 그것을 모르고 2학기에는 휴학계를 내지 못했다. 3학기째 되던 해에 복학을 하러 서울대학교 대학원을 찾았더니 휴학계를 계속 제출하지 아니하여 나는 재입학을 해야 한다고 하였다. 재입학을 하기 위해서는 입학금을 다시 내야한다는 것이었다. 그리하여 당시에 사립대학교에서 고시합격생을 배출하기 위하여 고시장학생을 선발할 때였다. 나는 단국대학교의 고시반장학생으로 선발되어 단국대학교 대학원에 입학을 하게 되었다. 그 때가 1974년 9월이었다. 그러니까 1973년에 졸업을 한 후 3학기를 지난 때였다. 단국대학교 대학원에서 고시공부를 하였지만 여전히 성공을 못하였다. 또한 군대를 가야하는 절박한 사정도 생겼다.

그 후 방위병 생활 1년 1개월이 나에게는 아까운 허송생활이었다. 마이너스 생활이었다. 그 때부터 군대는 장교로 가는 것이 좋다는 생각을 갖게 되었다. 장교는 통솔력도 기를 수 있고 월급도 받으니까 경제력도 키울 수 있기 때문이었다.

고시공부를 하면서 나는 또한 중요한 체험을 하였다. 고시에 걸리기 위해서 공부도 했지만 산기도도 가고 목사님으로부터 안수기도도 받고 나름대로 기도를 하면서 주님의 은혜를 구하였다. 기도를 할 때마다 머릿속에서 너는 안된다는 음성이 들렸다. 그래도 그것이 주님의 뜻일 수 없다고 의지로 물리치고 고시에 응시하였다. 그러나 번번이 낙방이었다. 그 때에 나는 고백하였다. 그런 음성을 들었다는 것을 누구에게도 말을 할 수가 없었다. 그래서 내가 실력이 없어서 안된다고 고백하였다. 그 후에 깨달은 것이지만 나는 안된다는 음성이 바로 주님의 말씀이었고 그것이 두 번째의 체험이었다. 결국 고시의 길은 막혀 버리고 나는 고시에 걸린 친구들 앞에서는 한없이 작아졌다. 그러나 그것은 작아진 것이 아니라 주님을 만난 중요한 계기였음을 이제와서 깨닫는다. 고시를 접고 국토연구원에서의 연구원 생활을 끝내고 충북대학교 교수로 되었을 때에 공부나 실컷 해 보자는 독백은 이런 과정을 거쳐서 내면에서 울어나온 절규였다. 그러니 그 절규가 주님께 상달되었는지, 학문의 길에서는 승승장구하여 오늘에 이르게 되었다.

대학생활은 고시 때문에 엉망이 되고 말았다. 제대로 공부도 못하였던 것 같고 그렇다고 고시를 합격한 것도 아닌 참으로 고생스러웠고 큰 가치를 실현하지 못한 시절이었다. 그렇다고 대학생활의 낭만을 구가한 것도 아니고, 웅지를 품고 사회생활을 준비한 기간도 아니었다. 그저 서울대학교 법과대학의 학생이었다는 것 뿐이었다.

그 때에 학생들은 거의가 독학을 하여 오늘에 이르게 되었다고 생각된다. 그리고 오로지 서울법대생이라는 이름 하나로 지나온 시기였다고 생각된다. 지금 생각하니 참 몰랐다. 그 때에 독일 유학은 할 생각만 하였으면 장학금을 받아 독일 유학을 갈 수 있었던 시기였다. 그것도 모르고 지냈다. 대학생활의 낭만도 없었으며, 공부를 제대로 해 보지도 못하였으며, 친구를 사귀지도 못하였으며, 뭐 하나 제대로 대학생활을 보낸 것 같지가 않다. 그렇게 하여 청춘을 별 의미 없이 보내고 말았다. 1969년 대학에 입학하기 까지는 알차게 의미있는 삶을 엮어왔다. 그러나 1969년 대학에 입학하고, 1973년에 졸업한 기간 까지 학교는 다녔으나 특별히 인생을 바꾸어 놓을 만한 삶은 전혀 살지 못했다. 문제의식도 없었고, 공부를 아주 잘 하지도 못했고, 졸업은 했지만 결실은 전혀 얻지 못하였다. 1973년에서 1974년 8월까지는 휴학생활을 하면서 고시공부를 했으나 아무 결실을 얻지 못하였다. 1974년 9월부터 단국대학교 대학원에 입학하여 공부를 하였지만 역시 결실을 얻지 못하였다. 군대를 마치고 국토연구원에 연구원으로 생활을 하면서 석사학위논문을 썼다. 그 때는 학위가 필요하였기 때문이었다. 그 결과 석사는 입학으로부터 5년이 지난 1979년 9월에 받게 되었다. 석사학위 받는데 5년이 걸렸다. 단국대학교 대학원이 끈이 되어 학문을 할 수 있게 되었다. 참으로 기이한 인연의 삶을 살았다.

박사과정은 1980년에 서울대학교 대학원에서 시작하였다. 단국대학교에서 석사학위를 받을 때에 지도교수님께서 나에게 서울대학교 대학원으로 가서 황적인 교수님을 지도교수님으로 하여 공부를 하라고 하셨다. 지도교수님께서 그런 말씀을 하시지 않으셨어도 서울대학교 대학원으로 갈 생각을 하고 있었다. 1979년 9월에 석사학위를 받고 그 다음해 3월에 서울대학교 대학원 박사과정에 입학을 하였다. 그 때는 국토연구원에서 연구원으로서 근무를 할 때이었다. 그 때에는 학문생활을 하여야 하겠다는 생각을 한 때였기 때문에 박사과정에 입학을 하지 않을 수 없었다. 1980년 3월에 박사과정에 입학하여 연구원 생활과 충북대학교 교수생활 중에 박사과정을 이수하였다. 그리하여 1986년 2월에 박사학위를 받았다. 그 때에는 열심히 공부하였다. 강의하면서 학위논문을 써서 학위를 받았다. 학위논문제목은 황적인 교수님께서 우리나라에서의 등기제도의 개선을 위한 대안으로서 미국의 권원보험과 권원조사에 관하여 쓰라고 하셔서 영미법을 공부하여만 하였다. 그런데 영미법에 대한 지식은 全無한 상태였다. 미국에 가서 자료를 모으기로 하고 충북대학교의 지원을 받아 1983년 6월 1일부터 8월말까지 3개월간 University of California, Berkeley의 법과대학(Boalt

Hall)에 가서 자료를 모았다. 그 때에 권원보험에 관한 전문변호사를 두 분 만났다. 한 분은 Kerstter 변호사이었고 다른 한 분은 Hosack 변호사이었다. 그 분의 도움으로 미국변호사들이 실무에 쓰는 권원보험에 관한 실무자료와 판례를 모을 수 있었다. 참 좋은 자료였다. 어느 출판사에서는 Real Property Law of California의 책을 한 세트 기증을 해 주었다. 자료를 많이 모아서 왔다. 그러나 영미의 재산법을 이해하는 것은 극히 어려웠다. 영미법 책으로 영미재산법을 이해할 수가 없었다. 그리하여 다시 독일 함부르크의 막스 플랑크 외국사법 및 국제사법 연구소(Max-Planck-Institut für Ausländisches und Internationales Privatrecht)로 연구하러 갔다. 그곳에서 독일어로 된 영미법 책을 보니 그 때서야 영미재산법이 이해되었다.

V. 가정생활

나이가 드니까 결혼하고 싶다는 생각이 들었다. 그 때는 얼른 나이가 들어서 결혼하고 싶다는 생각이 간절하였다. 그러나 그 때는 시간이 참으로 천천히 흘러갔다. 그 때에 나는 참으로 순진하였다. 그러면서도 나는 처음으로 만나는 여자와 결혼하겠다고 마음을 먹고 있었다. 순수하게 만나면 그것으로 족하며, 사람이 사람을 선택하고 비교하는 것은 잘못이라고 생각하였다. 그리고 프랑스의 드골대통령은 그의 부인된 여성을 미술관에 서로 반대방향으로 걸어오는데 드골이 그 부인될 여자분이 마음에 들어서 그 자리에서 사랑을 고백하고 그렇게 만난지 1주일 만에 결혼을 했는데도 그렇게 훌륭한 사람이 되었다는 것이 나에게는 깊은 감동으로 와 닿았기 때문에 나도 처음 만나는 사람과 결혼하겠다는 참으로 몰라도 너무 모르는 순진한 생각을 하고 규수를 기다리고 있었다. 가진 것이라고는 아무 것도 없었다. 대학 졸업을 하니 몸 하나 밖에는 없었다. 정말 나 혼자 덩그러니 던져진 상태였다.

크리마스 이브날 숭덕학사의 숭덕교회에서 성탄절 전야의 어린이춤과 노래의 프로그램이 진행하고 있는 그 시간에 숭덕교회에서 아내와 만나게 되었다. 내가 교회에 들어서니까 앞에 아리따운 처녀가 앉아있었는데 그 처녀가 바로 나와 만나기로 한 처녀였다. 뒤에서이지만 얼굴을 잠깐 볼 수 있었는데, 참으로 이상하게도 나는 여학생들 앞에서는 말을 제대로 못하였는데, 그 처녀(아내)를 보는 순간에 내가 자신이 있다는 생각이 들었다. 참으로 이상한 나의 마음의 현상이었다.

14. 淨谷의 學問生活과 學問世界

목 차

Ⅰ. 개 설

2015년 2월 28일로 33년 6개월의 대학교수의 생활을 마감한다. 나에게는 정년이라는 것이 없는 줄로만 알고 연구에 정진하고 맹진해 왔지만 결국 기어이 대학을 떠나야할 그 날이 다가오고 있다. 교수생활을 33년 6개월, 연구원 생활 2년 8개월, 합하면 학문생활을 36년을 한 셈이다. 짧지 않은 기간이다. 학문의 길에서는 아무 문제가 없이 순탄하게 잘 풀렸다. 그리고 최고의 영예의 자리까지 올라왔다. 아무 부러울 것이 없는 학문생활이었다.

奧地의 산골마을에서 그저 자연과 벗하여 살아온 촌사람이 문명의 세계를 만나 도시로 서울로 그리고 세계의 이곳 저곳을 많이도 다녔다. 見聞도 넓히고 깨달은 것도 많고 좋은 것도 많이도 체험하였다. 돌이켜 보면 그 시골의 촌아이가 아무런 학문적 배경도 없는 데서 시험을 치니 합격하였기 때문에 더 높은 학교로 가게 되었고, 이것 저것 보고 겪고 글을 쓰고 가르치고 발표하여 국내는 물론 세계의 대학자들과 만남의 시간들을 가지면서 무던히도 애쓰다가 이제 교수로서는 마지막 몸 담았던 대학을 떠나게 된다. 그러나 終身職인 대한민국 학술원 회원이기 때문에 학문은 평생토록 학술원을 통하여 계속할 수 있다. 그 촌아이가 평생토록 연구할 수 있는 자리에 오기까지의 지난날들을 되돌아 보고자 한다. 아름다움의 세계였는지 아니면 무엇이 누가 이렇게 그 촌아이를 이렇게 키워 주었는지, 그리고 무엇을 연구하였고 무슨 가치있는 학문세계를 개척하였는지 정리해 보고자 한다. 그리고 어떠한 자세로 연구에 매진하였는지를 정리하고 싶다.

사람은 일생에 일반적으로 세 번의 변화의 시기를 맞는다고 한다. 나는 나서 대학교수가 되기까지 스스로 서서 일할 수 있기까지의 준비기간을 30년을 보냈다. 31살이 되어서 비로소 교수가 되어 학문생활을 한 것은 33년 6개월이다. 교수가 되기 전에 국토개발연구원(현재 국토연구원)에서 연구원으로서의 연구생활을 2년 8개월 정도 하였다. 그 기간을 합치면 36년 정도를 연구와 집필에 혼신의 정열을 다하였다. 공부나 실컷 해보자하고 시작하였던 교수생활 동안에 많이 이루었다고 스스로 평가한다. 오로지 학문의 외길을 걸어왔다고 생각한다. 성공적인 학문생활이었다고 自評한다. 후회없는 학문생활이었다. 아쉬움이 없는 학문생활이었다.

준비의 30년, 활동한 33년 6개월, 한 학기를 더 지나면 이제 정리기의 세 번째의 변화기에 들어간다. 돌이켜 보면 나는 공부하는 길 이외에는 다른 길을 걷지 않았다. 잠간 삼성에서 1년 반 정도 근무한 일이 있었던 것이 학문생활을 하기 전의 外道였다고 할 수 있다. 그 외의 기간은 참으로 알뜰하게 시간을 善用하였다. 충북대학교에서의 5년 동안은 법학의 기초를 닦는 일을 하였다. 민법은 물론 법제사 강의를 하면서 전공분야가 민법과 법제사로 결정이 되고 그 후에 독일의 막스 플랑크 외국사법 및 국제사법연구소(Max-Planck-Institut für Ausländisches und Internationales Privatrecht)에서 법을 연구하게 되고, 교회생활을 통하여 신앙의 묘미를 깨달으면서 교회법에 관심을 갖게 되고 자연히 법사상에 대해서도 눈을 뜨게 되었다. 그리하여 민법, 성서, 역사에 관심을 갖게 되어 민법은 물론 비교법, 교회법, 자연법에 특별한 관심을 갖고 집대성을 하고자 노력하였다.

한양대학교로 자리를 옮겨와서는 고시반 지도교수를 하면서 고시학생들과 함께 別棟의 고시반에서 연구를 하여 이것 저것 많이도 공부하였다. 도시락을 두 개 싸가지고 가서 저녁까지 학교에서 먹고 밤늦게 귀가를 하였다. 그 때의 열정적인 연구가 그 후의 학문전개에 바탕이 되었다.

연세대학교로 자리를 옮겨와서는 그간에 준비하여 涉獵해 왔던 결과를 글로 정리하고 발표하는 일을 계속 하였다. 보직이라고는 하지 않았고 오로지 연구실과 집을 오가면서 학문생활을 하였다. 연세대학교 앞 신촌은 술집이 즐비한 곳이었지만 연세대학교 교수생활 22년 동안에 술집에는 한 번도 가지 않았다. 지나놓고 보니 참으로 특이한 연세대학교에서의 학문생활을 하여 왔다는 생각이 든다. 보직은 나와는 거리가 있었으며, 논문쓰고 책쓰고 출판하는 것에 온 정열을 다 쏟아 부었으며, 교목실에서 주관하는 교수성서연구모임에 참석하여 목사님의 말씀을 들은 것이 더욱더 성서에 관심을 갖게 되고 교회법에 관하여 연구하게 된 계기가 되었다고 생각된다. 성서연구의 모임이 참으로 유익한 대학생활이었다고 생각된다. 참으로 좋은 기회였다. 연세대학교에서의 학문생활은 어쩌면 수도사 같은 생활이었다고 평가하고 싶다. 현대판 유배생활이라고도 할 수 있을 것이며, 왕따를 당한 시절이었다고도 평가할 수 있을 것이다. 거의 다른 교수들과의 일상적인 교류도 없었고 보직도 기회가 주어지지 않았기 때문에 학교행정은 거의 모르고 지냈다. 학장실 근처에 가는 일도 거의 없었다. 오로지 연구에 몰두하였다. 그러면서 기도와 신앙생활의 묘미를 깨달은 시기이기도 하였다. 그 결과로 신학대학의 몇 교수님과 교목실의 몇 목사님을 알고 지낼 정도에 불과하였다. 정말 부지런히 연구한 시기였다. 학자는 연구이외는 다 草芥같이 버려야 제대로 공부할 수 있다고 되뇌이면서 오로지 연구에 연구를 더 했던 시절이었다.

이러한 연구에의 열정과 정진으로 대학으로부터는 우수연구교수상을 수상하고, 독일의 훔볼트재단으로부터는 훔볼트학술상(Humboldt Forschungspreis)를 수상하고, 이어서 59세의 나이로 최연소 대한민국 학술원 회원으로 선임이 되어 아직도 인문·사회과학분야는 최연소 학술원 회원이다. 그리고 외국에 공부하러 자주 그리고 많이도 다녔다. 정년을 한 학기 남긴 지금도 독일에서 연구할 기회를 가지는 나 같은 履歷의 사람도 그리 흔하지 않을 것으로 생각한다.

저 시골 촌아이가 정년이 되기도 전에 어떻게 이런 영광의 자리에 까지 오를 수 있었을까? 나의 노력으로, 나의 지식으로, 나의 재주로 여기까지 왔다고는 추호도 생각되지 않는다. 학문적 깊이가 있는 집안에서 어릴 때부터 공부를 하였기 때문인 것도 추호도 아니다. 노력은 했다. 그러나 노력만으로 된 것은 추호도 아니다. 창조주 하나님의 섭리와 은혜로 이루어진 것이다. 전적으로 주님의 은혜로 오늘의 내가 있는 것이다. 주님은 나를 학문의 길로 인도해 주시고, 학문의 길에서는 실패함도 어려움도 없이 주님의 예정대로 다 이루어주셨다. 모든 것을 주님이 다 준비해 주셔서 오늘의 내가 있게 된 것이다. 나의 나된 것은 나의 노력과 재주가 아니라 전적으로 주님의 사랑과 섭리와 은혜로 이루어진 것이다. 나는 주님의 사랑을 한없이 받은 사람이다. 부족하고 허물많은 이 촌사람을 이렇게 축복해 주시다니, 그것은 주님의 전적인 섭리이었음을 진정으로 고백한다.

나를 낳아주신 부모님, 長壽하신 어머님의 사랑이 보태어졌음을 고백한다. 어머님은 나의 위대한 스승이시다. 참으로 훌륭하신 나의 어머님이시였다. 아버님은 일찍 세상을 떠나셨지만 어머님은 사랑으로 나를 교육하셨다. 스스로 本으로 교육하셨다. 시골의 촌할머니셨지만 이 못난 자식에게는 가장 위대한 이 땅의 스승이셨다. 어머님의 사랑과 주님의 섭리로 오늘의 내가 있음을 고백한다. 가장 위대한 두 분의 사랑과 은혜로 그 촌아이가 학문의 길에서 제대로 학문하려고 노력하였다고 고백하고 감사드린다.

II. 학문생활

1. 학문생활의 결정자

돌이켜 생각해 보면 나의 학문생활의 시작은 내가 결정한 것이 아니었다. 대학을 졸업할 때까지만 해도 학문이라는 것을 몰랐다. 나의 학문생활은 국토연구원에 연구원으로 채용되어 토지법과 토지정책을 연구함으로써 시작되었다.

토지법은 인류의 애환이 깃든 인류의 역사의 법이기도 하였다. 그러한 법의 기초를 공부하기 시작하였다. 마음에 들었다. 열심히 공부하였다. 가장 기본적인 토비법의 내용을 공부하였다. 지금은 너무 첨단의 토지법으로 발전되었지만 그 당시의 토지법은 너무나 기초적인 분야라 너무나 좋았다. 그리하여 국토개발연구원에서 2년 반 정도를 지났다.

국토개발연구원 생활 중에 법학석사학위를 받고, 대학원 박사과정에 입학을 하였다. 그리하여 학문의 길에 들어서게 되었다. 학문의 길에서는 아무런 장애가 없었으며, 하는 일마다 잘 풀렸다. 승승장구 하여 오늘의 내가 있게 되었다. 독일로부터 훔볼트학술상을 수상하고, 59세의 최연소의 나이로 대한민국 학술원 회원으로 선임이 되었다.

누가 나를 학문의 길로 들어서게 하였으며, 누가 나를 이렇게 학문의 길에서의 성공을 가져다 주었을까? 그것은 내가 아니었다. 나의 지식도 노력도 행운도 아니었다. 그것은 전적으로 나를 창조해 주시고 사랑해 주신 전능하신 주님의 전적인 섭리에서 이루어진 것이었다. 학문의 길로 들어서게 하신 이도 주님이시고, 학문의 길에서 연구하게 하신 이도 주님이시었으며, 학문의 길에서의 지금까지의 성취도 모두가 주님의 섭리와 사랑이셨다. 주님의 섭리와 사랑이 아닌 것은 하나도 없었다. 전적으로 나의 삶을 주관하신 이는 주님이셨다. 지금도 주님이 나의 삶을 주관하시고 계심을 굳게 믿는다. 어머님과 아버님이 나를 낳으시고 길러 주셨다. 아이들을 낳고 공부하도록 하셨다. 그러나 늘 말씀하시기를 어머님과 아버님은 고시에 합격하는 것은 재주만으로 되는 것이 아니고 집안이 그럴만한 집안이어야 한다고 하셨다. 그러나 우리 집은 고시합격해서 판검사가 나올 만한 집안은 아니라고 하셨다. 그러고 보면 부모님은 내가 고시에 합격해서 판검사가 될 것은 전혀 기대를 하시지 않으셨다. 그저 눈을 뜬 자식이 나오기 만을 소망하셨을 뿐이었다.

연구원 생활 중에 박사과정에 입학하여 학문생활의 조건을 갖추는 일을 시작하였다. 석사학위를 5년이나 걸려서 받고 그것도 후배들의 도움을 받아서 이루었다. 실낱같은 고리가 끊어지지 않고 이어져서 비로소 석사학위를 받게 되었고, 박사과정에 입학을 하게 되었다. 연구원 생활 중에 대학교수가 되어야 하겠다는 생각이 들기 시작하였다. 그러니 자연히 학문으로서의 법학공부를 시작하였다.

국토개발연구원에서 연구를 하는 중에 지금까지도 간직하게 된 중요한 가치는 토지의 특성과 토지는 土地價의 증가라는 불로소득이 발생하게 되는 데 그것의 사회환수와 사회환원이 이루어져야 함을 깨닫게 되고, 토지는 인류의 삶의 기초이기 때문에 인류의 역사가 바로 토지법과 토지제도의 역사이며, 역사적으로 토지제도의 변혁은 피를 흘린 다음에라야 이루어졌음을 알게 되었다. 그 결과로 역사에 관심을 갖게 되고, 토지의 사소유권을 부인하는 사회주의에 대해서도 관심을 갖게 되었다. 개발이익의 사회환수에 대한 경제학자인 헨리죠지의 사상을 연구하는 링컨연구소에 대해서 알게 되고, 대만의 토지개혁훈련소에 대해서 알게 되고, 토지개혁을 주장한 손문과 장개석이 同壻之間으로서 두 사람간의 우정에 관해서도 알게 되었다. 그 때는 정말 공부하는 것이 신기하기도 하고 재미있었다. 전부가 다 未知의 새로운 세계였기 때문이었다. 연구원 생활은 새로운 연구분야의 연구에 埋沒되어 하는 일 자체에 대한 불만은 전혀 없었다. 오로지 순수하게 학문생활을 하여야 한다고 생각하고 오로지 그 길을 갔다.

연구원 생활중에 12.12사건, 광주의 5.18 사건등이 터졌다. 그리하여 군사정권이 들어서서 정부기관이외에 비상대책위원회라는 것이 생겨서 군인들이 득세를 한 때였다. 그 때에 군사정권의 최고위원회의 전문위원으로 올 것을 권유받았다. 나는 그 때에 단호히 거절하였다. 그리고 청와대 비서로 가지 않겠느냐는 제안도 받았다. 그 때에도 一言之下에 거절하였다. 그 때는 권력기관에 갈 생각이 조금도 나지 않았다. 오로지 공부하고픈 생각뿐이었으며 권력기관에 가는 것은 꿈에도 생각하지 않았다. 내가 무슨 사상이 투철해서도 아니고, 의식이 분명해서도 아니고 그냥 공부하고 싶었을 뿐이었다.

2. 학문생활의 시작: 국토개발연구원에서의 연구원 생활

나의 학문생활은 국토개발연구원의 연구원으로서 토지법과 토지정책을 연구함으로써 시작되었다. 당시는 연구원의 설립 초기였기 때문에 부동산법의 가장 기초단계부터 연구하기 시작하였다. 토지법은 참으로 재미가 있었다. 그리고 토지정책과 함께 토지사상도 연구하게 되었다. 그러한 토지법연구의 시작으로 인하여 평생토록 물권법을 주된 전공으로 하여 연구하였다. 그리고 그 때의 토지법의 초기 연구를 바탕으로 토지소유권법사상을 집필하고, 당시의 토지정책의 이념적 수단이었던 토지공개념을 孫文이 주장한 平均地權의 한국에서의 토지사상으로 설명하고자 하였다. 그러나 토지공개념에 관하여는 민법학자들이 많이 반대하였다. 왜냐하면 토지공개념은 사회주의란 말을 쓰지 않은 사회주의의 실천이라는 비판이 심하였기 때문이다.

나는 반대의 생각을 하였다. 토지공개념은 그 용어는 좀 어색한 면이 있으나 그 내용은 토지정의를 실천하려는 평균지권의 사상이라고 설명하고자 하였다. 그리하여 토지공개념 3대 법률인 토지초과이득세법, 택지소유상한에 관한 법률, 개발이익환수에 관한 법률의 제정에도 참여하였다. 그 때에 택지소유상한제의 실시를 찬성하면서 가구당 100평으로 택지의 소유상한을 설정함이 좋다고 주장하였다. 그러나 택지소유상한에 관한 법률에서는 200평으로 높혔다. 그리고 개발이익의 사회환수에 적극 찬성하였다. 그러나 토지공개념 3개법률은 모두 헌법불합치 결정으로 失效하게 되었으며, 개발이익 환수제도 종합부동산세로 이를 실현하고자 하였으나 이것도 결국 유명무실하게 되었다. 그리고 개발제한구역의 지정과 활용에 관해서도 연구를 하였다. 개발제한구역을 그대로 묶어만 두지 말고 시민들이 여가공간으로 활용할 방안을 찾을 것을 제안하였다.

또한 토지법에 관심이 커서 대만의 토지개혁훈련소에 한 달간 공부하러 가게 되었으며, 손문과 장개석 간의 동서지간이면서 우정이 돈독한 관계에 많은 감명을 받았다. 그리고 부동산등기 특별조치법의 제정과정에 발표자로 참여하여 동법의 문제점을 제기하였으며, 등기신청의무주의는 등기신청권이 私權이 아니라 公權이기 때문에 공권에 의무를 부과한다고 하여 사적자치를 근본적으로 침해하는 것은 아니라는 주장을 펼쳤다. 그리고 중간생략등기 및 명의신탁의 금지조항은 단순한 단속규정이 아니라 효력규정으로 해석하여야 한다는 주장을 하여 지금도 그 생각에 변함이 없다.

3. 대학교수로서의 학문생활

(1) 충북대학교에서의 학문생활

국토개발연구원에서 연구원의 생활을 하면서 대학교수로 갈 준비를 하고 있었다. 그 당시에는 군사정권이 대학생 정원을 30% 늘렸다. 그 때문에 교수가 부족하였다. 그 결과로 그 때에는 쉽게 교수가 될 수 있을 때였다. 나는 연구원생활을 하고 있던 중이었기 때문에 학교로 가야만 할 사람이었다. 당시에는 석사학위만 있으면 교수로 채용될 수 있었다. 충북대학교에서 사회과학대학이 생기고 그 대학에 법학과가 소속해 있는 초창기의 법학과에서 민법교수 채용의 공고가 있었다. 난 뜻을 두었다. 그 때가 1980년 말이었던 것으로 기억된다. 그 때는 충북대학교에서 신임교수채용을 필기시험을 쳐서 뽑았다. 그러나 예정보다 한 학기 늦은 1981년 9월 4일 날짜로 충북대학교 사회과학대학 법학과에서 전임강사를 시작하였다.

충북대학교의 교수로 되기 전에 나는 시간강사를 한 일도 조교를 한 일도 강의를 한 일도 전혀 없이 바로 교수가 되어 강의를 하였다. 충북대학교에서 민법의 기초를 스스로 닦았다. 그리고 미국으로 3개월간 갈 연구할 기회도 주어졌다. 그리하여 U.C. Berkeley로 가서 미국의 권원보험과 권원조사에 관한 자료를 모아오기로 하였다. 그리고 그 때에 독일에도 공부하러 가고 싶어서 노력하던 중에 함부르크 소재의 막스 플랑크 외국사법 및 국제사법연구소의 도서관장님이셨던 Ralph Lansky 박사님의 법학문헌책을 볼 수가 있게 되었다. Lansky 도서관장님께 막스 플랑크 연구소에서 연구하고 싶다는 뜻과 장학금을 좀 받을 수 있게 도와줄 것을 부탁하는 편지를 내었다. 나의 편지를 받은 Lansky 관장님이 인품이 좋으셨던 분이시라 나의 편지를 당시의 막스 플랑크 소장님이셨던 Mestmäcker 교수님께 드렸던 모양이었다.

독일의 연구생활 중에 Basedow와 얘기를 자주 나누었다. 그 때에 한국은 군사정권이 들어서고 광주사태로 세계인들의 관심이 그런 불행한 한국상황에 쏠려 있었다. 그 때에 내가 Basedow에게 한국의 지역감정, 역사 등에 관하여 수

첩의 지도를 펴놓고 설명을 하였다. 내 독일어가 신통치 않으니 제대로 설명할 수가 없었다. 그 때에 내가 바제도우에게 내가 독일어를 제대로 못해서 제대로 한국상황을 설명할 수 없어 안타깝다고 하였더니, 바제도우는 나에게 "나는 한국말을 한 마디도 하지 못하지 않느냐"고 하였다. 그 때에 받은 감동은 아직도 나로 하여금 바제도우를 존경케 한다.

막스 플랑크 외국사법 및 국제사법연구소에서 10달을 머무르면서 바제도우와 깊이 사귀고, 바제도우의 소개로 트리어 대학에 있던 Bernd von Hoffmann 교수님이 토지법에 관하여 하비리타치온(Habilitationsschrift)을 섰다는 것을 알게 되었으며 서로 연락을 하게 되었다.

(2) 한양대학교에서의 학문생활

충북대학교에서의 5년간의 민법의 기초를 닦은 후 당시의 한양대대학교 법과대학 학장님의 호의로 한양대 법대의 교수로 자리를 옮기게 되었다. 서울로 오는 것이 더 없는 영광이었다.

한양대에 와서는 얼마 안되어 고시반 지도교수가 되어 고시반 기숙사의 건물의 연구실로 내려갔다. 그 때에 고시반 지도교수의 연구실에는 덥다고 당시의 학장님께서 에어컨을 설치해 주셨다. 법대건물의 연구실은 비어두고 고시반 연구실에 내려가 학생들과 함께 공부를 하였다. 도시락을 두 개를 써서 저녁까지 먹고 공부하였다. 그리고는 밤늦게 집으로 돌아왔다. 그 때에 참 공부를 많이 하였다. 고시반을 운영함에 있어서는 원칙을 분명히 정하고, 한 학기에 한 번씩 전체회의를 해서 한 학기 동안의 경과를 보고하고 다음 학기의 계획을 얘기하였다. 그 외에 다른 간섭은 하지 않았다. 그 때에 결과가 좋았다. 합격자도 많이 나오고 수석합격자도 나왔다. 나는 한양대학교에서의 교수생활 거의 대부분을 고시반에서 지내고 고시반 지도교수를 오래 하였다.

그리고 학회활동도 열심히 하였다. 한국민사법학회 간사도 하고 한독법률학회의 간사도 하였다. 여러 학회에 가입해서 활동을 많이 하였다. 부지런히 활동을 하였다. 고시반 지도교수였기 때문에 훌륭하신 분들을 고시반 특강 교수님으로 모셨다. 그리하여 그 때에 여러 교수님과 인사를 하는 기회도 가졌다.

한양대의 교수로 있는 동안 나도 고시반 특강교수로 부름을 많이 받았다. 연대에 와서도 계속하였지만 전국의 거의 모든 대학에 가서 특강을 하였다. 그 때에 참 힘들었다. 그러면서도 특강을 하였다. 특강도 거절하지 않았다. 그러나 특강을 해도 족집게 과외하듯이는 못하고 교과서의 내용을 전반적으로 설명하는 방식으로 하였다

학회의 간사도 여럿이 세웠지만 내가 도맡아 다 했다. 그것이 좋았다. 실컷 공부하고 싶었고 나에게 부과된 일은 몸을 아끼지 않고 했다. 그리고 나는 쉽게 타협하지 않았다. 그러나 몇 안되는 가까운 분들은 참으로 깊이 사귀었다. 진정한 친구였다. 항심으로 사귀어 왔다. 그러한 친구가 바로 바제도우 교수였다.

(3) 연세대학교에서의 학문생활

한양대 시절에 공부를 열심히 하고 고시반 지도교수를 오래 한 까닭에 내가 고시배출에 노하우를 갖고 있다는 소문이 났었던 모양이었다. 실은 아무런 노하우를 갖지 못한 나였다. 그저 고시반을 안정시키고 말썽이 날 일들을 없애고 신뢰하고 안정적으로 공부할 수 있도록 분위기를 안정시킨 것 외에는 아무런 특이한 방법을 갖고 있지 않았다. 사사로이 일을 처리하지 않고 원칙에 따라서 처리하였다. 그러니 다 신뢰하고 안정된 분위기를 유지할 수 있었다. 또한 고시반 학생들과 같이 공부하였기 때문에 고시반 학생들이 학생들보다 교수인 내가 더 공부를 많이 한다고들 하였다. 그래서 고시에는 특별한 기술을 가진 사람으로 널리 알려진 모양이었다. 나는 전혀 아무런 기술도 갖고 있지 아니하였으며 고시를 위한 특별한 방법을 개발하지도 않았다. 연세대학교에서는 오로지 공부만 하였다. 일절 행정에는 관여하지 않았고 밥도 같이 먹으로 가지 않았고 도시락을 두 개 싸와서 먹고 공부하였다. 술집에 가는 일은 상상도 못했다. 그리하여 연대에 가서는 지금까지 술집이라고는 가지 않았다. 오로지 공부하고 논문 쓰고 한양대에서 준비해 두었던 자료로 교과서를 썼다.

민법 재산법 교과서를 다 쓰는데 9년 정도 걸렸다. 그 때에는 속이 답답해서 긴 터널의 중간에 갇힌 기분이었다. 돌아갈 수도 없고 앞으로 갈 수밖에 없는데 가야할 남은 터널은 아직도 너무나 남아 있었다. 가슴이 답답하였다. 오로지 공

부 그것뿐이었다. 그리고 독일에는 자주 갔다. 자료를 모아 글을 계속 썼다. 그리하여 바제도우에게 연구년 때에 독일에 체재할 장학금을 좀 받게 해달라고 하였는데 바제도우가 나를 훔볼트 학술상 후보자로 추천을 하였다. 훔볼트 상이라는 것이 무엇인지도 모르는 때였다. 나중에 알고 보니 심사는 일본에 보내져서 일본에서도 심사를 거쳤다. 2006년 10월에 훔볼트 학술상의 수상자로 결정되었다. 상은 2007년에 받게 되어 있었으나 곧바로 갈 수가 없어서 그 다음 해인 2008년에 가서 받았다. 전적으로 바제도우가 나를 훔볼트상의 수상 후보자로 천거하여 일이 이루어진 것이었다. 너무나 큰 영광을 바제도우가 나에게 안겨준 것이었다. 너무나 고마운 바제도우였다.

나는 연대에서의 교수생활을 고독하게 하였다. 그 때에 나는 교수생활의 고독을 현대판 유배라고 하였으며 그것을 왕따라고 하였다. 그래서 제대로 된 교수가 되려면 유배를 당하거나 왕따가 되어야 한다고 스스로 되새겼다. 나는 오로지 연구에 열중하였다. 그리하여 책을 많이 썼고 논문도 많이도 썼다. 그 결과로 연구업적우수상을 받았고, 훔볼트상을 수상하였고 끝내는 최연소 대한민국 학술원 회원이 되었다. 이렇게 학문에 있어서 내가 두각을 나타내니까 훔볼트 상을 받았을 때에는 칭찬을 해 주고 총장님도 화분을 보내 주셨다. 그러나 대한민국 학술원 회원이 되니까 시기와 질투의 연속이었다. 학장도 총장도 반겨하지 않았다. 나는 전혀 상관하지 않는다.

오로지 공부, 오로지 기도로 대학교수생활을 하였다. 그것이 오늘의 나를 있게 하였다. 나는 무한히 주님께 감사할 뿐이다. 보직은 오로지 연대출신으로만 보하기 때문에 아예 생각도 않았다. 연대로 와서 책을 많이도 출판하였다. 이제는 전문서적의 출판이 어려워졌다. 로스쿨이 되고서부터 나타난 현상이었다. 이제는 출판비를 주고 출판을 하여야할 시기에 왔다. 로스쿨이 실무중심의 교육으로 바뀌다 보니 전문서적은 시장성을 상실하여 법학의 不在時代로 접어 들고 있다. 연구는 부지런히 하여 책을 집필하였으나 나의 책이 베스트셀러는 되지 못했다. 그러나 실망하지 않았다. 나의 고뇌를 글로 썼다는 자부심이 강하다. 더 두꺼운 책을 쓸지언정 가벼운 참고서용 교과서는 추호도 쓰지 않겠다는 생각을 굳게 하였다. 법학교육은 영혼이 없는 법학을 하는 방향으로 진행되고 있다. 이러한 환경 속이지만 역사가 있고 이론이 있고 철학이 있는 전문서적을 출판하고자 한다.

연대에서의 22년간은 고독한 시간의 연속이었지만 나를 잃지 않고 붙들었으며 신앙을 키웠다. 나만의 학문연구의 왕국을 만들어 왔다. 그것이 좋았다. 전혀 방해 받지 않는 상태에서의 연구의 계속이었다. 보직과는 거리가 멀었다. 오로지 학문의 길만을 걸었다. 현대판 유배의 생활을 하면서 오로지 학문연구에 온 정열을 다 바쳤다.

고독속에서 학문을 이어왔다. 나에겐 그것이 좋았다. 그러한 형편이었지만 추호도 나를 잃지 않고 지조를 지키며 열심히 강의하고, 철저한 교수로서의 교수상을 심어갔다. 나는 고집스럽게 나를 지켜 나왔다. 추호도 타협을 하지 않았다. 주님이 지켜 주시고 인도해 주셨다. 반듯한 나를 만들어 나갔다. 오로지 학문의 길에서 주님만이 알아주시면 족하다는 마음으로 연구에 정진 또 정진하였다. 주님은 알주시겠지 하는 마음으로 그리고 그러한 믿음으로 학문생활을 하였다.

법학공부를 하면서 교과서를 다 쓰고, 토지법을 중심으로 하여 물권법을 주된 관심분야로 하여 연구를 하였기 때문에 물권법분야를 집대성하겠다고 작정을 하였다. 그리하여 물권법 교과서, 물권법 주석서, 토지법, 미국부동산법론, 등기의 공신력과 부동산거래의 공증에 관한 연구, 비교동산담보법, 근저당권비교연구, 토지소유권 법사상 이렇게 8권의 물권법분야의 저서를 집필 출판함으로써 물권법을 집대성하였다고 스스로 평가를 하였다. 그리고 그 동안에 쓴 논문들을 모아 민사법연구 시리즈로 엮어서 지금까지 8권을 출판하였으며, 내년에 제9권을 정년기념으로 출판하려고 한다. 그리고 그 동안 연구한 것이 너무 제도 중심이었기 때문에 좀 철학이 있고 역사가 있는 민법분야를 연구하기 시작하여 한국법제연구원으로부터 재정지원을 받아 먼저 3권의 법사와 법정책의 책을 쓰고 그것을 모아서 서양법사와 법정책, 한국법사와 법정책 2권으로 나누어 피엔시 미디어에서 올해 출판을 하고 지금은 자연법론과 법정책의 책을 집필 중이다. 이 3권으로 자연법론을 집대성하고자 한다. 그리하면 개별 민법제도도 알고 민법의 역사적, 사상적 배경도 제대로 이해할 것으로 생각한다. 앞으로 자연법론과 법정책을 쓰고, 바제도우와의 관계를 내용으로 하는 友情史를 쓰고, 그 다음에는 자서전으로서 가족을 포함하는 懺悔錄을 쓰려고 한다. 그리고 그 다음에는 연구소를 통하여 매년 한 권씩 100면을 초과하지 않는 책으로 민법과 성서와 역사 분야의 아주 근본적인 주제로 계속 연구하고 발표하고 출판을 하고자 한다.

4. 학회활동을 통한 학문생활

학문에 뜻을 둔 후로부터는 학회에 부지런히 나갔다. 가장 중요한 학회는 한국민사법학회였다. 한국민사법학회의 간사를 2번 하였다. 그리고는 이사를 계속하다가 부회장이 되었다. 그리고 2007년에는 회장이 되었다. 그 당시에 회장의 임기가 2년이었으나 나는 회장의 임기를 1년으로 줄이고 수석부회장제도를 두어 학회의 활성화를 도모하고자 하였다. 그 때에 한국민사법회가 처음으로 국제회의를 하였다.

그리고 한독법률학회의 간사를 4년을 하였다. 2011년 2월에 한독법률학회의 회장의 직을 맡아 이제 3년 반을 지나고 있다. 내년 정년과 함께 회장의 직도 그만 둘 예정이다. 독일과의 국제회의 성사를 위해서 독일에 가는 중에 두 번이나 만하임의 타우피츠 교수님을 만나러 갔다. 같이 국제회의를 하자고. 그러나 당시의 회장님들이 움직이지 않아 성사되지 못하였다. 내가 회장이 되고나서 바로 성사시켰다. 먼저 서울에서 국제회의를 하도록 결정하였다. 부족한 대로 2012년에 서울에서 잘 치루었다. 학회지는 년 1권씩 차질없이 출판을 하였다. 독일법이 퇴조세를 보이고 미국법이 강한 영향을 주고 있고 로스쿨이 영미식 법학교육방법이기 때문에 독일법연구의 열기가 식어 가고 있다. 그 영향으로 한독법률학회의 활동도 아주 왕성하지는 못하다.

그리고 한국토지법학회의 부회장과 2년간의 회장직을 수행하였다. 2006년에 회장을 맡아 열심히 하고 중국의 서남정법대학과 교류협정을 맺어 중경에도 갔었다. 한국토지법학회가 사단법인으로 등록을 하게 되어 그 때부터 회장직을 2년을 더하라고 하였으나, 2년의 임기를 마치고는 그만 두었다. 그리고는 한국토지법학회가 수여하는 학술상을 수상하였다.

5. 해외에서의 학문생활

학문생활을 시작하고서 외국에 나가서 공부를 참 많이 하였다. 제일 먼저 간 곳이 미국의 U.C. Bekeley의 법과대학, Boalt Hall 이었다. 그곳에서 미국의 권원보험과 권원조사에 관한 자료들을 모아 와서 박사학위논문을 썼다. 참 좋은 학교에 가서 공부하였다. 그리고는 독일 함부르크 소재의 막스 플랑크 외국사법 및 국제사법 연구소(Max-Planck-Institut für Ausländisches und Interantionales Privatrecht)에서의 연구였다. 그곳에서 바제도우 교수님을 만나서 우정을 쌓았으며 바제도우 교수님이 사랑과 호의로 훔볼트상도 받고 대한민국 학술원 회원으로 선임이 되었다. 그 막스 플랑크 비교사법연구소에는 그 후에도 여러 차례 방문하여 연구하였다. 막스 프랑크 외국사법 및 국제사법 연구소는 총 5회에 걸쳐서 연구를 하였다. 그곳이 나의 학문의 뿌리가 되었다. 비교법을 연구하였으며 그 결과로 비교법 책을 3권을 썼다. 비교계약법, 비교동산담보법, 근저당권 비교연구는 바로 그 막스 플랑크 연구소에서 비교법을 접한 결과의 결실이다. 그곳에서 중요한 자료를 많이 가져왔고 나의 집필 저서도 거의 그 도서관에 비치되도록 하였다. 그 연구소에서의 연구를 통하여 Bernd von Hoffmann 교수님과의 교제가 이루어져 국제회의를 2번이나 하였다. 그리고 그 연구소에서 같은 시기에 함께 연구함으로써 만났던 분들로 폴란드의 다짜크 교수, 스위스의 베버 변호사, 중국 청화대학의 한세원 교수 등과 친구가 되었다. 그리고 유명한 Zimmermann 교수님과의 만남도 참으로 좋았다. 오늘까지도 관계를 잘 유지하고 있다. Drobnig 교수님과의 만남도 중요하였고, 바로 바제도우 교수님의 지도교수님이셨다는 것을 나중에 알았다. 그리고 그 곳에서 한독민법심포지움을 하였던 것도 좋았다. 그곳이 바로 나의 학문의 産室이었으며 나의 학문의 고향이었다. 그곳을 빼고 나의 학문생활을 논할 수 없는 곳이다.

그리고 또 연구한 곳이 Frankfurt/M의 막스 플랑크 유럽법사연구소(Max-Planck-Institut für Europäische Rechtsgeschichte)이다 두 번에 걸쳐서 공부를 하였다. 그곳에서 법사학의 자료를 모으고 연구를 하였다. 그 결과로 법사와 법정책 3권을 썼다. 그곳에서 만난 분으로 Lena Foljanty 박사다. 그 분이 자연법의 재생을 하비리타치온(Habilitationsschrift)으로 썼기 때문에 그 책(Recht oder Gesetz)이 나의 자연법의 재생 부분을 쓰는데 지침이 되었다.

그리고 또한 Trier대학교에서도 2번 공부를 하였다. von Hoffmann 교수님이 계셨기 때문에 토지법에 관한 국제회의도 하였다. 트리어대학의 호프만 교수님의 수업시간에도 한국의 부동산법에 대해서 발표를 하였고, 법정책연구소(Institut für Rechtspolitik)에서 우리 민법의 1차 개정작업에 관하여 발표를 하였다. 트리어에서의 기억도 참 아름다웠다. 아름다운 곳이었다. 그리고 쾰른 대학에서는 그곳의 주택법연구소에 가서 동서독 통일 후의 독일의 주택정책의 변화에 대한 자료를 모았다.

그리고 뮌헨대학교의 신학대학에서의 교회법과 자연법의 재생에 관한 연구를 2차례에 걸쳐서 하였다. 그 대학교에서는 신학대학이 구약학 신학대학과 신약학 신학대학 2개가 있었다. 그러나 도서관은 동일하였다. 지난 해와 올해 두 번에 걸쳐서 연구를 하게 되었다. 자연법론과 법정책을 쓰기 위해서였다. 자료를 많이 구했다. 에탈 수도원(Kloster Ettal)에 갔던 것이 참으로 유익하였다.

그러고 보니 함부르크의 막스 플랑크 외국사법 및 국제사법 연구소에서의 5회, 트리어 대학에서의 2회, 쾰른대학에서의 1회, 프랑크푸르트의 막스 플랑크 유럽법사연구소에서의 2회, 뮌헨대학교 신학대학에서의 2회 그래서 총 12회에 걸친 독일에서의 연구였으며, 바제도우 교수님, 찜머만 교수님, 하우 교수와의 만남이 특히 좋았다.

그리고 일본에서도 공부를 하였다. 와세다 대학에 머물면서 근저당권에 관한 연구를 하여 우리 민법상의 근저당권의 법규정에 대한 역사적 뿌리와 우리나라에서의 근저당권에 대한 학설대립의 원인을 규명하였다. 와세다대학에서 연구를 하고 나서 근저당권비교연구를 집필하였다.

그리고 홍콩의 중문대학에 가서도 잠간 머물렀다. 그곳에서 UB 심포지움이 있었기 때문에 민중신학을 그곳에서 접하게 되어 나의 삶의 변화의 중대한 계기가 되었다. 그 때에 뵈었던 서광선 목사님은 참으로 훌륭한 목사님이셨으며, 그 목사님이 써 주신 "敬"의 한자 붓글씨는 액자를 하여 귀히 걸어 놓고 있다. 내가 좋아하는 글자 중의 하나이고, 그 敬의 글자는 퇴계선생의 삶의 지표였다고 한다.

또한 대만의 토지개혁훈련소에서도 손문의 토지사상을 연구하고 대만의 토지개혁에 관한 훈련과 교육에 관하여 접하게 되었다. 그 때에 대만의 중요한 곳을 여행하였던 것이 너무나 좋았다.

그러고 보니 내가 가서 연구할 나라는 거의 다 가서 연구하였다. 미국의 버클리, 독일의 막스 플랑크 연구소와 대학들, 일본의 와세다 대학, 홍콩 및 대만에서 연구를 하였다. 그러고 보니 우리 민법에 영향을 줄 만한 나라는 다 가서 연구하였다.

중국에는 발표하러 포럼에 참석하러 가기는 하였지만 장기체류하면서 연구를 하지 않았다. 산동대학 법학원의 왕리핑 교수가 산동대학에 장기 연구와 강의를 위해 올 것을 초청하였다. 일본의 기독교 대학인 동지사 대학에 가서는 일본의 기독교에 관해서 좀 공부하려고 하며, 바제도우 교수님의 70회 생일이 될 때에는 독일에 다시 가려고 한다. 그 때에 友情史를 헌증하려고 한다.

이렇게 공부하러 외국에도 많이 갔다. 독일에 제일 많이 갔고, 좋은 분들을 만났다. 스위스에는 UNESCO회의에 참석하느라 로잔과 제네바를 방문하였다. 그 때의 회의가 참 인상적이었다. 이러한 해외에서의 연구를 통하여 나에게 큰 변화가 있었다. 가장 큰 변화의 과정을 되돌아보면, 내가 1968년에 교회에 나가게 된 것이 가장 중요한 변화의 계기였으며, 그 후 2004년 홍콩에서 민중신학을 접하고 법을 이해함에 있어서 법을 만들고 적용하는 사람의 입장에서 법의 지배를 받는 사람의 입장에서 법을 이해하는 법을 보는 눈이 바뀌게 되었다. 그리고 금년 2014년 6월 초의 로잔에서의 유네스코회의를 통하여 못살고 어려운 사람들로서 인격자로서 대접을 받지 못하는 사람들을 위하여 일하여야 한다는 사명감을 되새기게 되었다. 물론 자연법을 통한 학문에 의하여 이를 이루고자 한다.

해외에서의 연구가 장기간의 연구는 아니었지만 곳곳에서 우리 법의 발전에 영향을 준 나라는 다 가서 공부하였다. 너무나 감사하다. 유학이라고는 알지도 생각지도 못한 내가 비록 유학은 아니지만 여러 나라에서 연구를 할 수 있었으며 이는 분명히 하나님의 섭리이었음에 틀림이 없다고 나는 그렇다고 확신하다. 끈질기에 노력하였다. 참 잘 하였다. 장하다. 주님께 무한 감사드리며, 그 동안 사귄 나의 학문의 벗들에게 무한 감사드린다.

6. 좋은 학문생활의 道伴들

학문을 함에 있어서 특별히 사사받음이 없이 거의 독학을 하다싶이 하였다. 스스로 터득하였다. 특별한 학설에 의해서 영감을 받은 것도 없고 나 나름대로의 깨달음에 터 잡아 연구를 하였다. 국토개발연구원에서 토지법을 연구하기 시작한 것이 토지법과 물권법을 연구하게 된 계기가 되어 물권법이 주전공이 되었다. 그리고 토지법을 연구하면서 터득한 토지정의로서의 평균지권론과 개발이익의 사회환수와 사회환원에 관하여 평생토록 가치의 중심이 되었다. 그리고 법학을 공부하였지만 역사에 관심이 많아서 법사학 공부도 병행을 하였으나 민법교과서를 쓸 때에는 법사학 공부를 제대로 하지 못하였다. 아마도 홍콩에서 서광선 목사님으로부터 민중신학을 접한 후로부터 자연법에 관하여 관심을 갖게 된 것으로 생각된다. 그 이후로 계속해서 자연법과 법사학에 관한 자료를 모아 법사와 법정책의 3권의 책을 쓰면서 우리 법이 가야할 방향은 자연법이어야 한다는 생각을 굳게 하였으며 자연법에 관한 자료를 계속 모았다. 그리고 자연법을 연구하기 위해서는 교회법도 연구하여야 하기 때문에 교회법에 관해서도 관심을 갖게 되었다. 그리하여 자연법에 관한 논문을 쓰기 시작한 것은 대한민국 학술원 회원이 되고 나서 학술원 논문집에 자연법의 역사적 발전과정에 관하여 논문을 씀으로써 시작이 되었다.

법학을 공부하고 자연법을 연구하고 법사학을 공부하면서 특별히 누구의 학문세계에 심취하여 연구하지는 않았다. 그러나 학문을 하고 책을 읽으면서 영향을 받은 사람으로는 간디의 절대진리론, 토인비의 도전과 응전론, 죤록크의 자연법론 등에 감화를 많이 받았다. 그리고 법을 통하여 曲學阿世한 칼 쉬미트, 칼 라렌츠, 칼 맑스, 절대주의를 옹호한 마키아벨리를 가장 싫어하였다. 학문을 왜곡하여 인류를 불행으로 이끈 사람들로 생각하였다. 보다 나은 이상의 세계로 이끈 자연법론자들이 가장 훌륭한 법학자들이었다. 법실증주의자들이 극히 싫었다. 논리에 맞는 법도 중요하지만 理致에 맞는 법이 더 중요하다고 생각하였다. 이책 저책을 봤지만 죤 밀턴의 실락원이 가장 감동을 준 책이었다. 그리고 넬슨 만델라 대통령이 참으로 존경스러운 위인이었다. 27년간을 감옥살이를 했는데 어떻게 보복을 하지 않고 진실만을 밝힐 수 있었는지 참으로 위대한 인물이라 생각한다. 아마도 그는 간디의 비폭력무저항주의의 영향을 받은 사람으로 생각된다.

이렇게 사상가 또는 철학자들로부터는 사상적으로는 영향을 받았지만 법학의 결과물로부터는 큰 영향을 받지 않았다고 생각된다. 내 나름의 법학을 하였지만 자연법 사상으로 법학을 하려고 하였을 뿐이었다. 그리하여 학문함에 더없이 좋은 친구들은 만났지만 그 분들의 학문세계의 영향을 크게 받은 것 같지는 않다. 특별히 눈에 띠는 법학의 연구결과물을 접하지는 못하였다.

학문을 하면서 학문의 벗으로 사귄 사람들은 대부분 외국 법학자들이었다. 바제도우 교수님, 찜머만 교수님, 오미 교수님, 하우 교수, 호프만 교수님, 왕리핑 교수, 한세원 교수, 따짜크 교수 등과 친하게 지냈다. 다들 좋은 분들이셨다. 다들 인품이 훌륭하였다. 찜머만 교수님은 학문을 위하여 독신을 택하신 분이셨다고 생각하고 있다. 그리고 나의 학문에 큰 도움을 주셨던 분들은 센프란시스코의 Kerstter 변호사, Hosack 변호사 등이었다. 참으로 고마운 분이셨다. 나에게 미국의 권원보험을 이해할 수 있도록 한 절대적인 성원자들이다. 국내의 학자들로서 나에게 감화를 준 분은 생각이 거의 나지 않는다. 황적인 교수님이 참으로 알뜰하게 강의를 해 주셨고 열심히 연구하셨으며, 나를 대한민국 학술원 회원으로 만들어 주셨다. 거의 전적으로 독학이었다고 함이 가장 적절한 평가라 생각한다.

나의 친구들은 수는 많이 않지만 깊이 그리고 오래 사귀었다. 그것이 나의 큰 자산이었다. 바제도우 교수님, 왕리핑 교수님, 오미 교수님, 하우 교수는 오래 사귄 참 좋으신 도반들이었다. 내가 준 것 보다는 내가 받은 것이 훨씬 더 크다. 감사하고 감사하다.

또한 독일에서의 연구활동에 중에 만난 중요한 두 분의 여성법률가로서는 구동독에서 포츠담대학 교수를 역임하신 Ellenor Oehler 교수님과 Slyvia Pfaff-Hofmann 변호사가 있다. 웰러 교수님은 독신으로서 구동독에서 법학을 가르치신 여교수로서 독일통일이 된 후에 포츠담에서 만났으며, 역사적인 포츠담회담이 열렸던 곳도 견학을 시켜 주시고, 구동독의 법학자료를 보내주시도 하셨으며, 드레스덴이 자기의 고향이라 매년 성탄절에는 드레스덴의 명물인 설탕을 많이 바르고 건포드를 넣은 큼직한 빵을 걸르지 않고 보내주셨다. 웰러 선생님을 만나러 2008년에 선생님의 집을 찾아 포츠담에 갔으나 아마도 몇 달전에 돌아가시고 그의 유품들을 전문유품수집가가 매각을 하기 위하여 정리를 하고 있었다. 참 좋은 선생님이셨다.

그리고 Pfaff−Hofmann여자 변호사는 1997년 트리어에서 그녀가 트리어 법대의 학생이었을 때에 만났다. 그녀는 독일가정에 입양된 사람으로서 그의 생모는 서울에서 살고 있고, 생부는 미국에서 살고 있었다. 생부모를 찾은 직후였다. 서울에 와서 한국어를 공부하는데 지원을 드렸으며, 그 때부터 지금까지 가깝게 지내고 있다. 그 변호사로 인하여 나는 고영복 간첩사건과 관련이 있는 사람을 만났다는 혐의를 받아 안전기획부의 조사를 받기도 하였다. 전혀 그러한 사람이 아니었다. 함께 초등학교를 다닌 독일 남자와 결혼하여 아이 다섯을 나은 여장부이다. 그녀의 양부모님도 3번 찾아 뵈었고 그녀의 시부모님도 3번 찾아 뵈었다. 프랑크푸르트에서 한 시간 정도의 그림같이 아름답고 밀과 감자농사를 하는 농촌이 그녀의 고향마을과 시집마을이 있다. 지금은 친딸처럼 여기고 지낸다. 한국인의 피가 흐르는 강인한 여자 변호사이다.

그리고 성서에도 나오는 나오미의 신앙의 길이 너무 좋았다. 恒心의 여인이었다. 어머님의 하나님의 나의 하나님이며 어머니 가는 곳에 나도 가리이다라는 구절은 너무나 감동적이었다. 그리고 구약성서의 창세기, 출애급기, 시편, 잠언, 룻기가 참 좋았다. 그 부분을 자주 읽었다. 아직도 성서에 대한 지식은 극히 부족하다. 그리고 초대교회의 신앙의 순수성이 좋았고 수도원이 그렇게도 마음에 든다. 뮌헨에서 1시간 반 정도의 거리에 있는 에탈 수도원은 영원히 나의 마음의 안식처이다. 에탈 수도원은 세 번 갔다. 또 가고 싶고, 그 곳에 좀 머물고 싶다. 그러할 때가 오리라 믿는다. 나는 신앙이 그립다. 깊은 신앙의 경지에 머물고 싶다.

7. 학문분야와 학문방법

나의 법학은 논리의 법학이 아니라 역사의 법학이었고 가치의 법학이라 할 수 있다. 만들면 법이라는 법실증주의를 극히 싫어하고 이치에 맞는 선하고 좋은 법을 추구해 왔다. 그것이 자연법이었다. 자연법적인 민법을 추구해 왔다. 교회법을 연구하였다. 토지법을 중심한 물권법이 중심 법학이었고, 법사학이 두 번째의 법학이었으며 법사상인 자연법론이 세 번째의 법학이었으며 교회법이 또한 나의 중심 법학의 한 내용을 이루고 있다. 판례공부는 판례연구를 통하여 판례를 넘어서야 한다는 생각이지 판례에 메이는 법학이어서는 안된다고 생각하였다. 처음에는 판례평석을 하고 책도 냈지만 그 다음부터는 학자는 판례를 끌고 가야지 판례에 메여서는 안되다고 생각하여 판례공부, 판례평석과는 거리가 생겼다. 그리하여 로스쿨에서 실무중심의 교육방식에 나는 적응하기가 힘들다는 것을 느꼈다. 하급심 판례를 쉽게 구할 수도 없고, 대법원 판례가 이치에 맞는 않는 판결들이 많아서 도저히 존중할 수가 없다. 명의신탁의 유효성은 인정한 판례, 관계적 소유권을 인정한 양도담보의 판례, 물권변동과정을 진실 그대로 공시하지 못하는 진정명의회복을 등기명의로 하는 소유권이전등기 인정의 편례, 중간생략등기의 유효성을 인정하고 중간생략등기를 처벌하는 법규정을 단속규정으로 인정한 판결, 소멸시효와 취득시효의 판결이 서로 모순되게 인정하는 판결들, 그리그 근저당권을 2원적으로 인정하는 판결 등 민사법 분야만 하더라도 대법원 판결을 그대로 인정할 수 없는 판결들이 많다. 그런 판례의 법적 유효성을 아무런 비판없이 인정하는 법학교육을 나는 반대한다. 이치에 맞고 사리에 맞는 법이어야 한다. 부실등기의 유효성을 인정하는 판례와 법률들도 반대한다. 그리고 보니 대법원 판례는 너무 법실증주의적인 입장에 있다. 자연법론에 입각한 판례들을 나는 존중하고 그러한 방향으로 연구를 하고 있다.

나는 영미법도 접하고 대륙법도 접하였다. 그러니 자연스럽게 비교법적으로 법을 연구하였다. 그리고 역사를 좋아하였기 때문에 법사학적 방법의 연구를 많이 하였다. 그리고 법정책적으로 법의 발전방향을 논하는 일을 많이 하였다. 그리하여 법을 법정책적인 입장에서 바라보았다. 그러나 교과서는 아무래도 해석론 위주로 쓸 수밖에 없었다.

그리하여 나는 법을 입체적, 동적으로 관찰하였다. 법의 始原과 현재의 상태에 대한 분석 그리고 비교법적 고찰과 법발전에 관한 법정책적인 발전방향을 제시하는 방법으로 법학연구를 하였다. 물권법을 주로 많이 공부하고 물권법을 나름대로 집대성하였다. 그리고 법을 사상적으로 법규정의 배경을 찾아 설명하려고 하였다. 법에 사상적 바탕이 없으면 단순한 기술에 불과하기 때문에 법의 사상을 인류의 보편적이고도 객관적인 가치에 두었다. 그러한 가치를 담은 법이 아니면 법은 악용될 수 있기 때문이다. 그리고 그러한 인류의 보편적이고도 객관적인 가치가 무엇이냐를 찾아나가고 있다. 그리하여 사상적으로 법학의 기초를 든든히 하고, 법을 입체적, 그리고 동적으로 파악하고자 하였다.

그리하여 공부하는 것이 즐거움이었다. 오로지 학문의 길에서 침잠해 왔다. 책상 앞에 있는 것이 삶의 거의 전부이었으며 마음이 집중되고 좋았다. 그러나 용량이 한정되어 있는 나의 머리를 너무 혹사하여 소위 고대가 넘는 줄도 모르고 정신이 나간 것이 스무 번도 넘는 것 같다. 그렇게 살아왔다. 내부의 집안에서는 妻家와 本家 분들과의 삶의 태도의 차이로 불편했지만 연구하는 생활은 힘들었지만 좋았다. 이렇게 몸이 부서지도록 하면 무슨 결과가 나오겠지 하는 마음으로 열심히 공부하였다. 그리고 자료를 모으고 글을 쓰고 책의 교정을 보는 것은 오로지 혼자서 다하였지 누구에게도 부탁을 하지 않았다. 지금도 그렇다. 그것이 나의 생활이었고 공부방법이었으며 공부하는 태도였다. 참으로 무리하였다. 그래도 결과는 좋았다. 연구실적이 쌓이고 연구할 과제가 많았고 연구할 기회가 많았다. 오로지 연구에 맹진하였다. 감사한 나의 연구생활이었다. 이러한 연구생활을 이해해 주고 힘이 되어준 가족들에 감사하고 감사하다.

8. 학문생활의 결실: 연구실적들

국토개발연구원에서의 연구원 생활을 시작으로 하여 연구한 결과물들은 참으로 많다. 우선 책은 교과서와 전문서적을 합하여 30권이상을 집필하였으며, 논문은 현재까지 500편 이상을 썼다. 그러고 보니 학문생활 동안 내내 책은 1년에 한권 이상, 논문은 거의 3주에 한 편씩을 썼다. 참으로 많이도 썼다. 양이 질을 결정한다는 생각으로 쓰고 또 썼다. 그렇다고 자랑하지는 않는다. 실컷 공부하고 싶었을 뿐이다. 어깨가 빠지고 정신이 나간 적이 한 두 번이 아니었지만 그래도 죽지 않고 살아서 이렇게 많이도 썼다. 누가 읽어주기를 바라지도 않았다. 누가 참고해 주기를 바라지도 않았다. 오로지 나의 생각과 고뇌를 글로 정리하였을 뿐이었다. 책을 가장 소중히 여겼으며 책을 가장 많이 모았다. 책 사는데는 돈을 아끼지 않았다. 독일의 서점과 거래를 터서 외상으로도 얼마든지 책을 살 수 있게 되었다. 이사를 하면서 책을 많이 정리하기도 했지만 그래도 책이 많다. 복사도 참으로 많이 하였다. 그러나 복사물은 잘 읽지 않게 되었다. 글자가 오래되면 퍼지기 때문이었다. 나는 늘 생각하기를 내가 모은 책의 내용의 이삯을 주어서 글을 쓴다고 생각하였다. 충분히 잘 이해되지 않는 내용들이 대부분이었다. 다 알고 싶었지만 제대로 다 알 수가 없었다. 나의 머리가 좋지 않았기 때문이었다. 글도 내가 할 수 있는 최선을 다하여 썼다고 생각하였다. 실컷 먹고 실컷 일하자는 것이 나의 모토였다. 이제는 실컷 먹는 것에 좀 벗어나야 한다. 정년을 한 학기 남기고도 이렇게 외국에서 공부를 하고 자료를 모으는 것이 나의 행복이고 주님의 섭리이며 은혜라 생각한다. 고집스럽게 학문의 외길을 걸어 왔다. 이 세상의 즐거움을 다 물리치고 오로지 책과만 씨름하였다. 그러나 가볼만한 곳은 거의 갔다.

그런데 신기하게도 나는 그 흔한 한국연구재단(그 전에는 한국학술진흥재단)의 연구비를 한 번도 받아보지 못했다. 한양대에 있을 때에 연구비 신청을 두 번이나 하였으나 않되어 그 후에는 아예 연구비 신청을 하지 않았다. 좋은 글을 쓰면 되지 꼭 돈을 받아야 하는 것도 아니고 좋은 잡지냐 아니냐 구분하지 않았다. 어떤 잡지이든 논문내용이 좋으면 된다는 생각으로 글을 쓰고 또 썼다. 쓰고 싶은 것은 다 써서 발표를 하였다. 이제는 쓴 논문을 실어주면 좋고 안실어주면 그 뿐이며 나의 논문집 시리즈 민사법연구에 게재하면 되기 때문이다.

독일은 큰 도시는 거의 다 가보았다. 독일 대통령 궁에도 갔다. 훔볼트 상을 받고 독일 연방대통령의 초청으로 대통령 궁에 갔다. 그 때에 내가 당시의 대통령과 얘기를 나누지 않았다. 내가 더 연구를 하고 자연법을 집대성하여 세계평화를 외칠 때, 그 때에 독일 대통령과 세계평화를 논하겠다고 생각하였다.

조금도 후회는 없다. 내 스스로 장하다고 생각한다. 그러나 누가 나를 알아주기를 추호도 바라지 않는다. 오직 연구한 것으로 만족한다. 주님께 무한 감사를 드린다. 그리고 나를 낳아주신 위대한 나의 어머님께 이 결과를 보고 드리고 싶다. 어머님의 아들이 이렇게 살아 왔다고. 어머님은 항심이셨고, 일을 그렇게도 많이 하셨으며, 누구에 대해서도 험담하시지 않으셨으며, 못난 자식을 위하여 있는 것을 다 내어 주셨다. 나에게는 가장 위대한 스승이 나의 어머님이셨다. 그리고 가장 기억되는 것이 늙으신 어머님의 등을 집의 목욕탕에서 밀어 드리고 목욕을 시켜 드린 일이었다. 그리고 짜장면을 한 그릇 사드렸더니 그렇게 맛있게 잡수시던 기억이다. 어머님은 드시는 것은 가리는 것이 없었다. 맛없는 것이 없었다. 그리고 체구는 작으셨어도 많이 당차게 드셨다. 그리고 할아버지가 노환으로 누워 계셨을 때에 내가 아니면 저 늙은이를 누가 돌보겠느냐고 하시면서 할아버지를 돌보시었다. 化粧이라고는 시집올 때에 사가지고 오셨던 분 한 통이 평생의 전부였었다. 용돈으로 자식들이 드리면 그것을 꼭꼭 모았다가 그 돈으로 손자와 손녀들에게 다 하나씩 선물을 해 주셨으며 결혼하는 일이면 꼭 선물을 해 주셨다. 너무나 좋으신 우리 어머님이셨다. 그렇게 험한 음식을 드시고 일을 많이 하시고 힘들게 살으셨어도 장수하셔서 96세를 壽하셨다. 우리 어머님이 나에게는 이 땅의 사람의 중에 가장 위대하셨다. 늘 어머님이 나의 중심에 계신다.

나도 부지런히 살았다. 늦잠은 안잤다. 일어나면 성경 읽고 기도하고 하루의 일을 시작하였다. 그것이 주님보시기에 아름다웠던 것 같다. 그리고 가능한 한 하루에 한 시간 이상은 공부를 하려고 하였다. 그러지 못할 때가 나이가 들면서 생겼음은 부인할 수 없다.

그리고 나는 모험심과 호기심이 많아서 독일의 함부르크에서 홍콩까지 한진해운의 컨테이너선을 타고 왔다. 한진해운 사장님의 허락을 받아서 당시에는 가장 큰 컨테이너선이었던 한진런던호를 타고 27일을 걸려 함부르크에서 홍콩까지 2000년에 타고 왔다. 그 배는 홍콩에서 바로 미국을 가는 배였기 때문에 홍콩에서 내려 홍콩까지 마중나온 아내와 함께 비행기로 홍콩에서 서울로 왔다. 그 후에 내가 홍콩의 중문대학에 UB(UBCHEA: United Board for Christian Higher Education in Asia) 주관의 6주간의 심포지움에 참가하고 다시 한진해운의 컨테이너선인 한진상하이호를 타고 홍콩에서 부산까지 3박 4일을 걸려서 왔다. 그러고 보니 지구의 반바퀴를 배를 탄 것이었다. 좋은 경험이었다. 항해의 기술이며, 海圖를 읽는 방법, 기상을 보는 방법, 해상교통의 여러 가지를 익힌 의미있는 기회였다. 그 때에 도버해협을 지나고 지브랄타를 지나고 수에즈 운하를 지나고 인도양을 거쳐 말라카 해협을 지나고 남지나해를 거쳐 그리고 나중에 대만해협을 지나 부산의 오륙도 앞에서 바다에 떠 있다가 신선대 부두에서 내렸던 기억이 난다. 지금 생각하면 어떻게 그런 무모한 짓을 내가 저질렀는가 싶다. 그 때에는 역시 용기백배하였다. 바다여행은 보이는 것은 물이니까 道를 닦는 求道의 여행임을 체험하였다 그런 고요의 경지가 있음을 인도양에서 체험하였다. 좋은 경험이었다. 그 때에 너무 힘들어 발목이 아픈 일이 생겼다. 하루에 세 번 밥을 먹고, 세 번 자고 세번 글을 써서 여행기인 바다와의 대화의 책을 법원사에서 출판하였다. 그 때가 좋았다. 참으로 무모한 도전이었다. 그러나 좋고 좋았다.

학문활동을 통하여 쓴 책과 논문들을 통하여 얻은 구체적인 법제도들은 먼저, 토지거래허가제에 관하여 그 때의 허가는 강학상의 허가가 아니라 인가라는 것을 주장하여 대법원이 그것을 받아드렸으며 그 판결문은 타입캡슐에 묻여있다. 그 판결에서 무효 중에서 유동적 무효의 이론을 내가 처음으로 독일의 이론을 받아서 이를 전개하였다. 서울 定都 1000년이 되는 해에 개봉하게 되어 있다. 토지거래허가제와 관련하여 허가가 있기 이전에 매수인이 매도인에게 준 계약금의 법적성질에 관하여 유동적 비채변제의 특수한 부당이득의 유형을 만들어 내었다. 그리고 중간생략등기의 무효를 계속 주장하였으며, 명의신탁의 무효도 계속 변함없이 주장하였다. 관계적 소유권이론은 소유권의 혼일성에 반하는 이론이라는 것을 주장하였다. 그리고 권원보험에 관한 영미법의 부동산거래의 안전제도를 제대로 한국에 알리었으며 우리나라에서는 저당권의 유동화 때에 활용할 가치가 있음을 주장하였다. 그리고 신탁법이 개정되기 이전에 신탁에 의한 담보방법, 즉 신탁담보에 관한 이론을 정립하여 부동산신탁회사들이 처음 설립되어 일거리가 없었을 때에 부동산신탁회사에서 이러한 신탁담보의 일을 영업으로 하도록 하여 지금도 실행이 되고 있다. 그리고 신탁법 개정 때에 위원장을 맡아 신탁이 널리 이용될 수 있도록 그 때의 위원들의 주장을 대폭 받아드려 신탁의 이용의 폭을 대폭 넓혔다. 그리고 북한 주민들이 남한 피상속인의 상속재산을 상속하여 북한으로 가져갈 수 있도록 하는 북한 주민의 한국 피상속인으로부터의 상속과 북한으로 송금을 위한 특별법을 제정할 때에 위원장을 맡아서 일을 하였다. 그 후로 북한법 관련 일을 많이 하였다. 그리고 재단법인 출연재산의 귀속시기는 현행 민법의 규정 그대로 재단법인이 성립한 때에 법인 재산이 된다는 것이 재단법인의 본질에 부합된다고 일관되게 주장하였다. 그리고 토지법의 이상으로서 토지공개념을 지지하였으며, 택지의 소유상한제를 지지하였으며, 개발이익의 사회환수를 강력히 실천할 것을 주장하였다. 개발이익의 사회환수는 토지정의를 실천의 핵심내용이라 여전히 생각하고 있다. 그리하여 토지는 하나님이 인간 모두에게 주셨기 때문에 토지소유자의 노력에 의하지 않은 토지가치의 증대분은 공동체의 소유로 하여야 한다고 생각한다. 그것이 평균지권의 핵심내용으로 생각하고 있다.

그리고 나는 민법을 공부하면서 항상 실체적 진실을 존중하는 법학을 하여야 한다고 주장하고 실천하였다. 외관존중의 이론은 商法에서는 타당하다고 할 수 있지만 민법에서는 실체적 진실존중주의가 맞다고 생각하고 이를 실천하였다. 이러한 외관보다는 실체를 존중하는 법이론의 정립은 영미법으로부터 영향을 받은 바가 큰 것으로 생각한다.

그리고 연구기관과 정부의 자문위원으로 또는 위원으로도 참여하였다. 한국법제연구원에서는 연구원이 설립된 때로부터 지금까지 20년이 넘게 자문위원으로 일하였다. 아마도 최장수 자문위원일 것이다. 그리고 민법개정위원으로 일한 것도 좋았고, 두 개의 특별법 개정 및 제정에서 위원장으로서의 역할도 의미가 있었다. 나는 회의를 진행할 때에 가능한한 골고루 위원들이 발표하도록 독려하였다. 그저 주어진 낮은 위치의 위원회에서 활동을 하였다. 그러나 지긋이 오래 하였다. 그것이 좋았다.

9. 훔볼트상의 수상

나의 학문생활에 있어서 신상의 변화를 가져다 준 가장 중요한 계기는 독일 훔볼트재단으로부터의 흄볼트상의 수상이었다. 그 때가 2006년 10월이었다. 그 해 말에 어머님이 소천하셨다. 그 때는 어머님이 편찮으시다가 소천하셔서 분방할 때였다. 훔볼트상을 받으리라고는 전혀 예상을 못했으며 상의 이름도 그렇게 상금을 많이 주는지도 몰랐다. 돌이켜 보니 훔볼트상의 수상은 전적으로 주님의 섭리에 의한 바제도우의 사랑과 노력의 결과였다. 바제도우가 나를 위하여 훔볼트재단에 학술상 후보로 천거를 한 것이었다. 훔볼트상은 독일 학자만이 외국학자를 추천하여 수상하는 상이었다. 그 때에 바제도우가 정성을 다하여 추천서를 썼다. 나중에 그 추천서를 받아 보았는데 정말 명문장이었다. 그 때에 그가 동산담보법에 관하여 연구할 것을 제안하였다. 나는 그러자고 하였다. 그런데 동산담보법에 관여는 Drobnig 교수님이 세계적인 권위자였다.

훔볼트 상의 수상은 나의 학문생활에 큰 전기가 되었다. 알고보니 법학분야에서는 한국에서 내가 두 번째로 받았다. 독일에서 유학한 사람이 수없이 많은데 독일유학을 하지 않은 내가 그 상을 받았으니 異變이었다. 2006년에 수상통지를 받고 2007년에 상을 받으러 독일에 가야 했으나 2008년이 나의 연구년이라 1년을 미루기로 하였다. 훔볼트재단에서 연기를 흔쾌히 수락을 하여 주었다. 수상을 하러는 Bamberg로 갔다. Bamberg는 신성로마제국의 수도였으며, 고풍스런 도시였다. 그곳에 훔볼트수상자들이 다 모였다. 수상식이 4일간이나 계속되었다. Bamberg에서 시상식이 끝나고 6월말에는 베를린의 연방대통령 궁에서 수상자들이 모였다. 대통령과의 대담도 있었다. 대통령이 오랫동안 수상자들과 얘기를 나누었다. 스프레 강에 배를 타고 식사를 하는 기쁨도 가졌다. 훔볼트상이 법학에서의 노벨상이라고 칭찬을 많이 받았다.

10. 대한민국 학술원 회원으로서의 선임

대한민국 학술원의 최연소 회원으로의 선임은 전적으로 주님의 섭리와 은혜였다. 아마도 주님께서 학자로서 학문을 통하여 역사에 남을 주님의 일을 하라는 명령으로 알고 있다. 영광스런 대한민국 학술원 회원이 되어 벌써 만 5년이 지났다. 최연소 회원으로 선임이 되었다. 59세의 나이로 회원이 된 것은 아마도 학술원 사상 처음이라 생각된다.

참으로 영광된 일이었다. 나같은 촌사람이 이렇게 대한민국 학술원 회원이 되다니 이 일은 나의 노력과 재주가 아니라 전적으로 주님의 은혜와 섭리로 되었으며 지도교수님과 바제도우 교수가 큰 힘이 되어 가능하였던 일이라 생각한다. 회원으로 선임된 달부터 수당으로 적금을 부어 연구에 보태어 쓰게 되었으며, 연구소 운영도 그 돈으로 할 예정이다. 그리고 해외에 연구하러 가는데 경제적인 문제가 없어졌다. 앞으로도 없을 것이다. 지도교수님께서 수당은 연구자에 대한 예우로 국가가 주는 것이기 때문에 생활비에 보태쓰는 것은 안된다고 하시면서 연구에 써야 한다고 하셨다. 그 말씀을 실천하고 있다.

Ⅲ. 삶의 철학, 死生觀과 사상의 변화의 계기들

1. 성격과 철학

지난 65년을 살면서 내가 어떠한 사람이었는가를 돌이켜 보면, 나는 무엇보다도 끈질긴 사람이었다. 목표를 정하면 그것을 이루기 위하여 나를 다하여 끈질기게 일을 수행하여 왔다. 아무리 끈질기게 일을 하여도 주님이 허락지 않으면 이루어지지 않았다. 그럼에도 불구하고 의지로 끈질기게 일을 하여 왔다. 학문의 길에서는 끈질기게 민법과 법사학과 교회법과 자연법을 공부하여 오늘에 이르렀다. 참으로 끈질겼다. 인내심이 강하였다. 죽어라고 일했다. 몸을 아끼지 않는 삶이었다. 이러한 끈질긴 성격은 시골에서 살아가기 위하여는 끈질기지 아니할 수 없었다. 늦잠이라는 것은 상상할 수 없었다. 일찍 일어나야 하고, 10리길의 학교를 일찍 일어나지 아니하면 지각이었다. 밤에도 비가 오면 일어나서 비맞을 물건들을 다 치워야 하였다. 이러한 끈질긴 성격으로 인하여 민법학에서 내가 쓰고 싶은 제목의 글은 다 썼다. 끈질기게 썼다. 자료가 있는 곳을 찾아 갔다. 편지쓰고 찾고 구하고 문을 두드려 끈기로 오늘까지 왔다.

그리고 변함없는 마음의 恒心이었다. 쉽게 이랬다 저랬다 하지 않았다. 꾸준하였다. 변함없는 마음으로 살았다. 그것이 항심이었다. 쉽게 마음을 바꾸지 않았다. 존경하는 교수님은 항심으로 모셨으며, 좋아하는 친구와도 항심으로 우정을 지속하였다. 항심으로 살려고 하다보니 한 번 관계가 비틀어진 사람과는 다시는 돌아보지 않는 좋아함과 싫어함이 분명하였다. 好不好가 너무 분명하여 그것이 얼굴에 그대로 나타난다고들 하였다. 좋아하는 사람은 한없이 좋아하고 싫어하는 사람은 다시는 뒤돌아 보지 않는 선이 분명한 삶을 살아왔다. 그것이 장점이기도 하고 단점이기도 하였다.

정직하고 순수하였다. 하나라도 거짓없이 살려고 하였다. 물로 그대로 다 실천하지는 못하였다. 그러나 나의 삶은 순수를 최고도로 추구하여 왔다. 거짓이 없는 삶, 있는 그대로의 삶을 추구하여 왔다. 초대교회의 교인들이 박해를 받으면서 오로지 메시아의 도래를 기다리며 기도하던 순수한 그 모습을 가장 좋아하였다. 학문도 목적을 위한 학문이 아니라 학문 그 자체의 순수학문을 추구하였다. 법학도 순수한 법학을 추구하였다. 그리하여 자연법에 접하고 교회법에 접하게 되었다. 일점일획도 틀림이 없는 삶을 살려고 하였다. 순수, 그것을 극단적으로 추구한 나머지 조그만 순수하지 않고 정직하지 않는 일에는 상처를 크게 받았다. 나 혼자이고 주님만이 나의 구원자이실 뿐이다. 잔꾀를 부리는 사람이 가장 싫다.

호기심도 많고 모험심도 많다. 무엇인가를 찾아 보고자 하는 호기심이 많다. 그 호기심으로 배를 타고 바다여행을 하였고 이것 저것 많이 보려고 하였다. 어제도 뮌헨 본역에 일부러 나가서 오고가는 사람들의 모습을 보고 왔다. 키가 큰 사람, 작은 사람, 흑인 백인, 눈만 내놓은 여인, 가방을 들고 어디로 가야할지 멍하게 서 있는 아프칸에서 온 난민으로 보이는 사람, 구걸하는 여인네들, 일거리가 없어 그늘에 죽 늘어 앉아서 잡담하는 터키인들, 고함을 지르는 터키의 등치 큰 여인, 참으로 많은 다양한 인간군상을 보고 왔다. 그 중에 나도 한 사람이라는 것을 생각하였다. 참으로 많은 생각들이 교차하였다. 모험심도 있다. 그러나 아주 용기있는 사람이라고는 생각하지 않는다. 정의를 주장은 하지만 투사는 못되었다. 그런 강력한 행동하는 사람은 아니다. 생각하는 사람이다.

그리고 나는 곰곰이 생각하고 생각하고 생각하는 사람이다. 순발력이 없다. 아주 예리한 통찰력의 사람은 아니다. 하나의 주제를 가지고 생각하고 생각하고 생각한 그 다음에 결정하는 성격의 사람이다. 늘 생각한다. 늘 나와 대화한다. 그렇기 때문에 혼자 있는 것이 편하다. 사람들과 같이 있는 것이 불편할 때가 많다. 아무 문제가 없는 관계의 사람하고는 얘기도 잘 되고 얼굴이 맑다. 관계에 문제가 있는 사람하고는 같이 있는 것이 너무나 불편하다. 얘기가 되지 않는다. 말이 없어지고 얼굴이 굳어진다. 나는 누구를 미워하지는 않는다. 높은 사람, 잘 난 사람보다는 힘들고 어렵게 사는 사람에 더 관심이 간다. 인간으로서 대접을 받지 못하고 사는 사람들에 대해 더 관심이 간다. 그런 일이 많았다. 술만 먹고 사람대접을 받지 못하는 사람과 얘기가 잘 된다. 나는 그런 사람들이 너무나 안쓰러움을 느낀다. 그런 일이 많았다.

나는 무슨 일을 결정을 할 때에는 곰곰이 생각을 한 다음 마음에 결정이 되면 그것을 나의 결정으로 받아드렸다. 기도하면서 생각하고 생각한 다음에 가슴에 와 닿으면 그 때에 결정을 한다. 그리하여 머리로 생각해서 가슴으로 결정하는 형이다. 글로 마음을 표현하지 말로를 표현하는 것이 어려웠다.

그리고 나는 독립심이 강하다. 무엇이든지 내 스스로 하지 남에 부탁하거나 시키지 않으려고 하였다. 내가 스스로 죽으라고 하는 형이다. 자기의 일을 쉽게 남에게 시켜서 이룬 것은 나의 것이 아니기 때문에 극히 거절하였다. 그리고 계산도 분명히 하였다. 대충하는 것이 싫었다. 줄 것은 주고 받을 것은 받는 형이다. 줄 것은 빨리 주어야 마음이 편하였다. 좀 강박증도 있다. 그리고 미리미리 준비하는 형이다. 무엇이든지 미리 준비해서 일이 임박해서 허둥지둥 하는 것은 아주 싫어한다. 미리미리 준비해도 완전치는 못하였다. 무엇인가 빠진 것이 있을 때가 많다. 너무 계산을 분명히 하니까 그것도 한국사회에서는 인간관계에 찬바람이 부는 것이 되었다. 그리고 절약과 알뜰함으로 살았다. 정말 아끼고 절약하고 하나도 헛되게 버리지 않았다. 그것은 어머님의 성품이셨다.

또한 나는 누구에게도 의지하지 않았다. 의지하려고도 하지 않았다. 내 스스로 일어서도록 노력하였다. 몸이 부셔지도록 했다. 밤잠을 설치면서 일을 했다. 그렇다고 몸이 부셔지는 것은 아니하였다. 고집스럽게 나 혼자서 다 했다. 누구에게도 꾸러 가지 않았다. 생활비를 위하여는 절대로 꾸지 않았다. 들어오는 수입의 범위 내에서 지출하여야 한다는 것이 나의 신조였다. 지극히 검소하게 살았다. 여행도 여행을 위한 여행은 하지 않았다. 일이 있어서 여행을 하였다. 좀 지독히 줄이고 절약하며 살았다. 매정할 정도로 절약하였다. 그래서 큰 아이를 유학보냈다. 그리고 둘째도 박사과정에 입학시키고, 며느리를 볼 때에는 예물이고 뭐고 일절 받지 않고 하였다. 예물을 주고 받는 것은 매매혼이라 생각한다.

나는 청첩장도 보내지 않았다. 왜 남의 돈으로 자기 자식 장가를 보내려고 하는가 하는 의문을 가지고 거부하였다. 줄 것이 없으면 받을려고 기대를 하지 말아야 한다는 것이 나의 생각이다. 누구도 남의 탓으로 돌리지 않았다. 다 내 스스로 하자는 것이 나의 삶의 태도였다. 스스로 주님을 붙들고 독립적으로 살자는 것이 나의 확고한 삶의 방식이었다. 나는 극히 내 스스로 살자는 것이 나의 소신이었다.

강의도 힘을 다하여 했다. 의자에 앉아서 강의는 절대로 하지 않았다. 그렇게 나약한 나이고 싶지 않았다. 이렇게 살았으나 조금도 후회도 여한도 없다. 정년이 기쁨으로 닥아온다. 나는 실무중심의 판례교육이 바른 법학교육이라고 생각하지 않는다. 그리하여 나는 현재의 판례중심의 법학교육에 적응을 할 수가 없다. 이제는 떠날 때이다.

그리고 사치를 극히 싫어하였다. 학생 때는 골덴바지가 최고였다. 평안하니까. 지금도 옷에는 전혀 신경이 가지 않는다. 허술한 옷이라도 깨끗하기만 하면 된다. 돈도 아껴썼다. 써야할 곳에는 거금도 쓰지만 쓰지 말아도 될 일에는 철저히 절약하였다. 먹는 것도 쉽게 남겨 버리지 않았다. 마지막 한 톨까지 깨끗이 먹는 것이 나의 식생활이다. 든든히 먹고 묵묵히 학문의 길에서 가고 또 가야 한다는 것이 나의 삶의 태도였다.

그리고 나는 자연을 좋아한다. 특히 자연다큐가 좋다. 자연을 완상하는 것이 가장 좋다. 몽고의 초원, 천산산맥 속의 초원지대가 너무나 좋다. 유럽의 잘 가꾸어진 자연도 좋다. 초원을 걷고 또 걷고 싶다. 한 없이 걷고 걸으며 사색하고 싶다. 나는 수도원을 건설하여 운영하고 싶다. 자연과 어울려 주님을 모시고 살고 싶다. 기도하고 싶다. 그러한 곳에서 무한한 평화를 느끼고 싶다.

그리고 나는 신앙심을 돈독히 가지려고 한다. 나는 교회에 처음 나갈 때부터 교회가 좋았다. 체험도 하였다. 주님이 여기까지 나를 인도해 주시고 섭리해 주셨음을 확실히 믿는다. 주님이 나의 삶의 전부라는 사실을 깊이 되새기고 있다. 믿음이 승리의 길임을 믿고 확신한다. 자녀들에게도 믿음을 강조한다. 믿음의 식구들이 되기를 기도하고 기도한다. 나의 삶의 궁극은 주님이심을 믿는다. 며느리도 믿음만 돈독하면 다른 것들은 고려의 대상이 아니다. 그리고 나는 외길로 가는 성격이다. 하나를 잡으면 그것으로 고지고식대로 가는 성격이다. 옆을 보지도 않고 가는 외골수의 사람이다. 죽으라고 공부하여 오늘에 이르렀다. 아무런 후회가 없으며 감사하고 감사할 뿐이다.

학문을 함에 있어서도 작은 주제에 만족하기 보다는 큰 주제가 흥미로왔다. 예리한 비판은 못했다. 큰 바른 길로 나가는 것을 추구하였다. 역사가 있고 사상이 있는 법학을 공부하였다. 조문 분석을 하고 甲說 乙說을 주장하는 것이 그렇게 좋아보이지 만은 않았다. 사상이 있는 책이 좋았다. 한 권을 써도 그 한권을 위하여 평생을 위해 궁구한 결과를 쓴 그 한 권의 책을 써야 한다고 생각하였다. 지식으로 책을 쓸 것이 아니라 깨달음으로 책을 써야 한다고 생각하였다. 그리고 순수한 마음으로 써야지 악한 마음으로 글을 쓰면 글도 악해진다고 생각하였다. 좀 사상이 있고 철학이 있고 자신의 고뇌가 담긴 무게있는 책을 써야 한다고 생각하였다. 그러나 아직 그 한 권의 책을 나는 쓰지 못하고 있다. 그리고 어느 한 분야를 집대성하여야 한다고 생각해 왔다. 그리하여 나는 물권법을 나름대로 집대성하였다고 생각한다. 이제는 자연법론을 집대성하고자 노력하고 있다. 법사와 법정책에 자연법론과 법정책을 쓰면 자연법론을 집대성하게 된다. 물론 나로서의 집대성이다. 그러면 연구한 학자로서의 일을 했다고 자부할 수 있다고 생각한다. 대학교수로서의 학문생활은 성공적이었다고 생각한다. 전적으로 주님의 은혜이었으며, 어머님의 가르침이었으며, 바제도우 교수와 지도교수님의 사랑의 결실이었다.

나도 좋은 성격만을 갖고 있는 것이 아니다. 나에게도 단점이 많다. 오로지 외길 만을 고집하여 세상의 다양한 면을 보지 않으려고 하였고 타협하지 않았다. 그것이 장점이자 약점이었다. 학문생활을 하지 않고 다른 직업을 갖고 사회생활을 했다면 저항적인 사람이 되었을 것이다. 그리고 예스와 노가 분명하였다. 어정쩡한 중간을 가지 않았다. 외길을 마냥 그대로 죽자고 간 것이었다. 누가 뭐래도 나의 길을 바꾸지 않았다. 그러니 인정이 없는 사람으로 비쳤다. 그러나 똑바로 살자고 했을 뿐이며 나를 지키고자 하였다. 그래도 나에게 은혜를 베푼 분들에게는 작은 마음이지만 감사의 표현을 하려고 하였다. 특히 은혜를 베풀어 주신 선생님들에게는 그래도 은혜에 감사를 표시하려고 하였다.

그러고보니 나는 나를 지키면서 나대로는 최선의 삶을 살았다. 아픔은 있었지만 후회없는 삶을 살았다. 잘 살았다고 생각한다. 복에 복을 더하여 받았다고 생각한다. 아내도 자녀들도 며느리도 다 천사이고 효자이다. 이제까지는 나를 만들려고 노력하였지만 이제는 받은 것을 다 되돌려 주는 일을 하고자 한다. 몸도 재물도 지식도 다 되돌려 주고자 한다. 머리에 든 지식과 가슴에 담아둔 사상은 정리하여 책으로 엮어두는 것으로, 모두 되돌려 드리고 영원한 평화의 나라로 가고자 한다. 잘 살았다. 나를 다하여 살았다. 값지게 살았다. 충실하게 살았다. 옳곧게 살았다. 많이 이루었다. 아무 것도 남기지 않고 아무와도 거리낌이 없는 남은 삶을 살고자 한다.

2. 死生觀

나는 죽고 사는 것을 두려워하지 않는다. 열심히 살다가 언제 떠나가도 후회 없는 알찬 삶을 살려고 하였다. 주님이 전적으로 생명을 주관하심을 믿는다. 언제 불러도 갈 수 있는 충실한 삶을 살려고 하였다. 뭐 영웅이 되어 살려고 하지는 않았다. 내 자신에 거짓이 없고 충실하고 나를 다한 삶을 살려고 하였다. 그것으로 만족하고자 하였다. 최선의 생활을 하고자 하였다. 누구와도 타협하지 않았다. 구차하게 살지 않으려고 하였다. 화려하게 살려고 하지도 않았다. 성실하게 정직하게 바르게 항심으로 주님에 대한 믿음으로 가진 모든 것을 다 쏟아 결과를 찾으려고 하였다. 힘들고 어렵게 사는 사람들과 교류하였다. 마음이 따뜻한 천사같은 분들과 친하게 지내고자 하였다. 권력이 있는 자, 보직이 있는 자, 돈이 있는 자, 권위를 앞세우는 자, 거들먹한 자, 자기 자랑을 많이 하는 자, 말이 많은 자들과는 멀리 있었다.

정년을 맞이하면서, 이미 오래 전부터 마음에 간직하여 왔던 일로서 내 몸으로 작은 사랑을 실천하고 싶어, 세브란스병원에 시신기증을 약속하고 2014년 10월 7일 세브란스병원으로부터 시신기증등록증을 발급·교부받았다.

3. 변화의 계기들

나의 삶에 변화를 준 계기들이 있었다. 시골에서 태어나 아무 꾸밈없이 자연과 더불어 산 것이 순수하게 살아가고자 한 바탕이 되었으며, 1968년 교회에 처음 나가게 된 것이 사상의 변화와 나 자신을 돌아보게 된 중요한 계기가 되었다. 그것이 나의 삶에서 중요한 변화의 계기가 되었다. 그리고 2004년 홍콩의 중문대학에서의 UB 심포지엄에 6주간을 참여하면서 민중신학을 접한 것이 법을 바라보는 시각의 근본적인 변화를 가져 왔다. 그리하여 민중의 입장에서 법을 연구하고 관찰하여 민중법을 발전시켰다. 그리고 2014년 스위스 로잔에서 열린 유네스코 회의에 참석하여 인간다운 삶을 살지 못하는 저개발국의 인류를 위하여 일하는 아름다운 마음의 사람들의 헌신에서 많은 깨달음을 얻었다. 나도 이제는 되돌려 주는 일에 더욱 노력을 하여야 하겠다는 생각을 하였다. 받기보다는 주는 삶으로의 삶의 변화가 있을 것으로 생각한다. 돌려 줌에도 내가 가진 것이 지식과 신앙 그리고 내 몸이므로 글로 돌려 드리고 몸도 돌려 드리고 지식과 가슴의 사랑은 글로 정리하여 돌려드리고자 한다. 그리고 영혼만이 주님께로 가고자 한다. 이제부터는 머리도 가슴도 마음도 배도 다 비우고 있는 것은 다 되돌려 드리는 일을 하고자 한다.

Ⅳ. 상 훈

초등학교 시절에는 상장을 참 많이 받았다. 주로 학교시험성적을 기준으로 주는 賞이었다. 그리고 중학교에서도 3학년까지 다니지는 못하였지만 그래도 상장을 탔다. 우등상장 보다는 개근상이 더 의미가 있었다고 생각한다. 그리고 고등학교에서는 상장을 받는 회수가 크게 줄었다. 지금 기억으로 고등학교 졸업 때에 3년 정근상을 받았던 것 같다. 그것이 귀하였다. 부지런히 그리고 열심히 학교에 나가고 공부하였다. 끈기로 공부하였다. 무던히 공부하였다. 열심히 공부하는 것은 몸에 베었다.

대학에 들어와서는 상장을 받은 기억이 없다. 잘 하는 사람들이 많았고 나는 좀 꾀가 없었다. 그냥 양에 관계없이 있는 것을 다 알려고 하였으며, 창의력이나 時宜適切한 착상 등은 못하는 편이었다. 생각하는 근원을 캐는 공부를 하였다. 그러한 공부는 쉽게 눈에 띠지 않는다. 책은 참 많이 구하려고 하였다. 청계천의 고서점을 자주 가서 귀한 책들을 모았다. 나중에 보니 그 때에 모은 책들이 한 번은 쓸 일이 있었으며, 법사와 법정책을 쓰면서 다 이용하였다.

그리고 대학교수생활을 하면서 기초를 충실히 닦다가 연세대학교 교수생활 중에 연구업적우수교수상을 수상하고 또 다른 상을 받았다. 그런 상을 알았더면 일찍부터 연구한 결과물을 본부연구실적란에 충실히 탑재하였을 것인데 승진할 때에 필요한 양 정도를 연구실적란에 탑재한 것이 자주 상을 받지 못한 사연이었다는 생각을 하였다. 나는 나를 내보일려고 연구하고 발표하지는 않았다. 내 공부는 내가 하는 것이지 누구에게 보일려고 하는 것이 아니다라는 마음으로 연구를 하였다. 학술원 회원이 되어서 외국에서의 발표, 신간저서의 출판, 특강 등을 학술원 통신란에 올리지 않았다. 나는 그러고 싶지가 않다. 어느 잡지에 쓰든지 내용이 좋으면 되지 굳이 저명학술지에 쓸려고도 하지 않았다. 그리고 연구는 나의 고뇌의 결과를 정리·발표한 것이므로 굳이 그것을 다른 사람들이 알도록 할 필요는 없다고 생각한다. 나의 책을 읽고 좋으면 인용하고 따를 것이며, 그렇게 나의 의지에 의하지 않고서 자연스럽게 알려지고 읽혀지는 방법이 옳은 방법이라 생각하며, 그러한 책이 진정한 내용이 있는 책이라고 생각한다.

그리고 외국인명사전에 이름도 올랐다. 한 번 올리고 그 다음부터는 무슨 명패를 사라고 하도 연락이 와서 그 이름을 올리는 것의 가치를 그렇게 높이 평가할 만 것도 아니다라는 생각을 하였다. 인명사전은 주로 상업용으로 출판되는 것이 많다는 생각이 들었다. 주님만이 알아주시면 그것으로 족하지, 누가 나를 알아 달라고, 나의 책을 읽어 달라고, 사달라고 하는 일은 하고 싶지 않다. 내용이 좋은 책이면 자연스럽게 독자가 생기리라 믿으며, 당대에 읽혀지지 못한 책이 후대에 읽혀지기고 하며, 제대로 자기 고뇌를 담지 않은 책은 비록 나의 책이라고 하여도 더 좋은 책을 읽어야 하지 굳이 나의 책을 읽을 가치는 없다고 생각한다. 나는 학생들에게 꼭 나의 책을 읽어야 한다고 강조하지 않았다. 나의 책으로 나는 강의를 하지만 학생들은 나의 책보다 더 좋은 책으로 공부를 하여도 상관이 없다고 하였다. 나는 나의 고뇌를 담은 책을 내놓겠다는 생각 뿐이다. 그러나 그 내용의 중심가치는 인류보편의 객관적인 가치를 지향하여야 한다고 생각하였고 지금도 그렇고 앞으로도 그럴 것이다. 자연법이 나의 학문의 중심영역이다.

그리고 힘없고 실력없고 힘들게 살아가는 민중에 더 관심이 간다. 권세있고 재물많은 사람에게는 큰 관심이 가지 않았다. 오히려 멀리 하였다. 이름도 없이 빛도 없이 조용히 주님만을 믿고 살아가자는 것이 나의 생각이며, 창조주께서 나의 중심을 보고 계시고 알아주실 것이기 때문에 그것으로 족하다. 다 비우는 것이 나의 과제이다.

훔볼트 학술상의 수상은 전적으로 바제도우의 작품이다. 추호도 나의 의지나 노력이나 지식의 결과가 아니다. 후보자의 全 연구실적을 평가하여 주는 상이기 때문에 내가 훔볼트상을 받았지 어느 특정분야의 눈에 띠는 괄목할 만한 연구결과물만으로 평가했다면 아마도 훔볼트학술상을 받지 못하였을 것이다. 전인격적으로 평가하였기 때문에 가능하였다고 생각된다. 그리고 대한민국 학술원 회원으로의 선임도 특정주제의 논문이나 저술로 주는 상같은 것이었더면 나는 대상이 아니다. 그러나 평생토록 연구과정과 연구실적, 그리고 학문적 노력과 인격에 대한 전반적인 평가로 주어지는 지위였기 때문에 가능하였다고 생각된다. 학술원 회원으로서의 선임도 전적으로 주님의 섭리였으며, 학술원 회원님들을 움직이셨다고 생각한다. 나의 능력, 나의 노력, 나의 지식만으로는 추호도 될 수 없는 지위이다. 그러고 보니 나의 주관자는 주님이시고 나는 그의 도구로서 무던히 갈고 닦았을 뿐이다. 나는 극히 부족한 사람이다. 내 놓을 것이 없는 사람이다. 이런 사람을 학문의 길을 가고, 학문의 길에서 영광의 길을 가게 하신 것은 전적으로 창조주 하나님의 섭리와 사랑과 은혜였다.

이렇게 외국에도 많이 가고 정년을 맞이하는 해에 까지 외국에 나가서 자료를 모으고 파김치가 되어 돌아와 그 일들을 되돌아보는 것, 이것이 바로 나의 가장 자랑할 만한 상이다. 이 상이 가장 큰 상장없는 상이며, 길이길이 얘기할 상이다.

한국토지법학회가 주는 학술상도 받았다. 토지법을 집대성하였다는 결과에 대한 상이라 생각한다. 참 좋은 상이다.

2015년 2월에 정년을 하면서 옥조근정훈장을 수여받고, 연세대학교 명예교수로 敍任받았다.

V. 앞으로의 삶

정년을 하고 계속 이루어 나가야 할 일이 많다. 먼저 써야할 책들을 열거해 보면 자연법론과 법정책이다. 이 책은 2015년 동안 더 정리 보충하여 2016년에 출판할 예정이다. 그리고 민사법연구 제9권은 정년을 기념하는 책으로서 2015년에 출판을 할 계획이다. 그리고 참회록을 쓸 계획이다. 또한 바제도우의 70회 생일날에 헌증할 우정사를 쓸 계획이다. 그리고 법와 성서와 역사연구소를 통하여 법과 신앙과 역사에서의 기본적인 주제들에 관하여 2015년부터 바로 시작한다. 그리고 지도교수님을 위한 추모논문집을 출판할 예정이다. 시기는 2015년 2주기에 맞추어 출판이 이루어지도록 할 예정이다.

다음으로 하여야할 일은 비우는 일과 되돌려 드리는 일이다. 지금까지는 나를 만드는 일에 열중하여 왔다. 어느 정도는 만들었다. 이제는 비우고 되돌려드릴 때이다. 비우는 일은 마음을 비우고, 가슴을 비우고, 머리도 비우고, 배도 비운다. 그리고 글 쓰는 일, 자료 모으는 일도 좀 비워나간다. 그리고 있는 가진 것을 되돌려 드린다. 법과 성서와 역사연구소는 매년 한 분에게 연구비를 지급하여 발표를 하고 그것을 책으로 엮어서 출판을 한다. 법과 역사와 신학 부분으로 출발을 한다. 재원은 학술원으로부터 받는 수당으로 조달한다. 세부적인 운영방법에 관하여는 정관으로 작성하며, 10년에 한 권씩 그간에 발표한 논문들로써 책으로 엮으며, 발표논제는 내가 하나하나 근본적인 주제로서 사람의 품격을 높이고 나라의 국격을 높이는 주제를 선정하도록 한다.

나는 학문의 계속과 기도의 계속, 그리고 나의 지식과 사랑을 책으로 정리하여 엮어 나간다. 다른 것은 기대하지 않는다. 어떠한 것도 바라지 않는다. 텅 비인 마음으로 정리해 나간다. 학문과 신앙을 통하여 이웃을 배려하는 일을 한다. 말없이 조용히 진행한다. 학문과 신앙을 통한 깨달음을 계속해 나간다.

조용히 지조있고 체통있고 믿음이 있는 가정을 이루어 나간다. 기독교신앙의 집안을 만들어 나간다. 그것이 궁극적인 목표이다. 기독교 신앙에 바탕을 둔 집안을 만들어 나간다. 아름다울 것으로 생각한다. 천천히 대를 이어서 기독교 집안을 만들어 자신과 가정과 사회와 나라를 만들어 나간다.

Ⅵ. 회고와 평가 그리고 새로운 각오

고생도 많았다. 그러나 학문의 길에서의 삶은 성공적이다. 모두가 주님의 섭리와 은혜이다. 과거는 보람되었다. 결과가 있었다. 학문의 결실로서 말한다. 모두가 감사할 일 뿐이다. 영광의 마침이었다.

이제는 믿음과 학문정리 그리고 알고 있는 것을 책으로 정리하여 전달하고, 법과 성서와 역사연구소를 통하여 근본적인 주제들에 관하여 글로써 정리하고자 한다. 그것을 작은 책으로 출판하여 나누어 가진다. 학문활동은 중단없이 계속한다. 그러나 기대나 소망이나 바람은 없다. 텅 비인 마음으로 사회의 발전과 나라의 융성에 지식으로 믿음으로 참여한다. 텅 비인 마음으로, 근본적으로는 인격의 배양을 통하여 이를 이루어 나간다. 또한 믿음으로 이루어 나간다. 믿음이 나를 건설해 왔으며 앞으로도 계속 그렇게 나간다. 순수한 말씀의 나라를 이루어 나간다. 믿음의 나, 믿음의 가정, 믿음의 집안, 믿음의 사회와 나라를 만들어 나간다. 나는 자연법론과 기독교 신앙으로 이루어 나간다. 믿음의 나라, 믿음의 나를 만들어 나간다.

지금까지의 성공적인 학문의 삶에 감사, 감사하고, 앞으로의 믿음이 나의 실현을 위하여 천천히 무리하지 않고 긴 역사적 안목으로 계속 갈고 닦아 나간다. 나의 全삶이 가장 보람되고 믿음으로 충만되고 순수의 신앙으로 순수하고 품격 있는 세계를 만들어 나갈 것이다.

제 5 편

華甲 以後 淨谷의 研究結實들

15. 研究活動

(1) 해외연구 및 발표

2010. 7. 24 －8. 6.	세계비교법학회(International Academy of Comparative Law)가 주최한 미국 Washington DC에서의 제18차 비교법국제학술대회(The XVIIIth International Congress of Comparative Law, July 25 － August 1, 2010, Washington DC)에 참석.
2011. 1. 24－26.	日本, 오사카, 교토 및 나라 여행. 연세대학교 법학전문대학원 워크샵 참석.
2011. 9. 17.－ 11. 1.	독일 막스 플랑크 외국사법 및 국제사법 연구소에서 Eurohypothek 연구. 2011. 10. 22. Halle에서 개최된 독한법률학회에서 “culpa in contranhendo in Korea” 발표
2011. 12. 1.－ 2012. 2. 15.	일본 동경의 와세다대학에서 한국, 일본, 중국, 대만, 구만주국의 근저당권에 관한 비교연구.
2012. 10. 13－16.	中國, 延吉市 소재 延邊大學에서 개최된, 延邊大學主辦(主催), 延邊大學亞洲硏究中心 承辦(實行), 韓國高等教育財團 贊助(後援), 豆滿江(圖們江)學術論壇2012: 多元共存與邊緣(邊方)的 選擇에 참석하여 “東北亞共同體 및 東北亞普通法을 向하여” 논문 발표; Host: Yanbian University, Undertaker: ARC of Yanbian University, Sponsor: The Korea Foundation for Advanced Studies, China, Yanji, Tumen River Academic

	Forum 2012: Multi－cultures Co－existence and the Choice of Marginal Area, "Toward Establishing a Common Community and Common Law in the North－East Asian Region", 발표.
2013. 2. 22－25.	日本, 東京 訪問, 製造物責任法 발표. 崔光日 教授 초청, 學習院大學에서 개최, 韓·日·臺灣製造物責任法 比較 발표(2013년 2월 23일). 發表論文題目: 韓國에서의 製造物責任法의 內容과 製造物責任의 運用實態
2013. 7. 15.－ 8. 26.	독일 München대학교 舊約學神學大學(Katholisch－Theologische Fakultät)에서 교회법이 세속법이 미친 영향에 대한 연구. 교회법, 자연법, 법실증주의, 절대주의, 민법에 관한 자료 수집.
2013. 10. 20－23.	中國 延邊大學校 主催, 第6回 豆滿江포럼 參席, 全體會議 基調 發表. 發表論文: 東北亞의 平和를 위한 提言
2013. 10. 30－11.3.	中國 北京에서 韓國法制研究院, 中國航空航天大學 주최, 中 · 韓韓國法論壇: 經濟成長及韓國法發展方向에서 "韓國民法의 最近動向"의 論文 發表.
2014. 1. 12.－15.	오키니와 방문: 연세대학교 법학전문대학원 교수워크샵
2014. 6. 2. － 9.	스위스 로잔(Lausanne)에서 개최된 UNESCO 주최, 로잔연방공과대학(EPFL: École Politechnique Fédérale Lausanne) "협력 및 개발센터"(Cooperation & Development Center) 주관, "발전을 위한 기술: 무엇이 본질적이고 핵심적인 것인가?" UNESCO Chair in Technologies for Development(UNESCO Tec4Dev): What is Essential?) 주제의 국제회의 참가.
2014. 7. 16. － 8.9.	독일 München 대학교 舊約學神學大學(Katholisch－

	Theologische Fakultät)에서 지난 해에 이어 2차로 교회법, 자연법의 再生 연구. 2014. 7. 22−23. 오스트리아 빈에서 개최된 세계비교법대회(The XIXth International Congress of Comparative Law) 참석.
2014. 11. 28−12. 1.	대만 타이페이 국립대만대학교에서 개최된 동아시아민법대회에서 발표. 발표논문: 한국에서의 특별법에 의한 물적담보제도
2015. 1. 22−1. 24.	일본 벳부, 연세대학교 법학전문대학원 워크숍 참석
2015. 12. 14−2016. 2. 28.	일본 同志社대학 연구초청 확정

(2) 경력

2015. 3. 1.	연세대학교 명예교수

(3) 대외활동

2010. 1. 27.− 2012. 1. 26.	법무부 법무자문위원회 위원
2010. 4. 1. −2016. 3. 31.	법원행정처 사법등기제도개선위원회 위원
2010. 12. 1. − 현재	法曹誌 논문 심사위원
2011. 5. 6. − 현재	개성공업지구관리위원회 법률자문단 자문위원장 겸 개성공업지구지원재단 법률자문단 자문위원장
2012. 3. 26.− 현재	법무부 법무자문위원회 남북법령연구특별분관위원회 위원장.
2012. 4. 13− 2014. 4. 12.	법제처 국민법제관(주택·토지분야)(국민법제관의 구성 및 운영에 관한 규정 제4조에 근거).
2013. 4. 5.−	폴란드의 Die Zeitschrift Forum Prawnicze의 자문위원(wissenschaftlicher Berater)로 선임.

(4) 학회활동

2011. 2. 23. −2015. 2. 28. 韓獨法律學會 會長

(5) 종교

2010. 10.− 현재 성민장애인교회 출석

(6) 수상

2010. 11. 13. 한국토지법학회 공로상 수상
2013. 1. 25. 한국토지법학회 학술상 수상
2013. 5. 11. 20년 근속 표창장, 연세대학교
2015. 2. 28. 옥조근정훈장 수훈

16. 著書

1. 비교동산담보법, 법원사, 2011, xvi,335면.
2. 民事法硏究(8), 法元社, 2013, viii,372面.
3. 民法總則, 제2판, 화산미디어, 2013. 28, 764면
4. 물권법, 제2판, 화산미디어, 2013. 40, 864면.
5. 根抵當權比較硏究, 화산미디어, 2013. 398면.
6. 민법총칙, 제3판, 화산미디어, 2014, 30, 765면
7. 韓國法史와 法政策, 피앤씨미디어, 2014, xiii, 324면.
8. 西洋法史와 法政策, 피앤씨미디어, 2014, xviii, 574면.
9. 債权總論, 제2판, 화산미디어, 2014. 20, 530면.
10. 債权各論, 제2판, 화산미디어, 2014. 44, 900면.

17. 論文

1. "物權行爲에 관련된 法理의 再檢討와 再定立", 學術院論文集: 人文·社會科學篇, 제49집 제1호, 대한민국 학술원 편, 2010. 9, 161－201면
2. "履行拒絕의 法的處理에 관한 比較考察", 법학연구 제20권 제1호(통권 제45호), 연세대학교 법학연구원, 2010. 3., 1－38면; "履行拒絕の法的處理に關する比較", 債權法の近未來像: 下森先生傘壽記念論文集, 李妍淑 譯, 酒井書店, 2010. 12, 201－230面
3. "민법(재산법)개정의 목적과 방향", 민사법연구(7), 2010, 3－10면.
4. "중국 불법행위법 개관", 민사법연구(7), 법원사, 2010, 362－388면.
5. "教會法의 理解와 硏究의 必要性", 大韓民國學術院通信(Monthly Newsletter,

The National Academy of Sciences, Republic of Korea), 제200호, 2010. 3. 1., 2－4면.

6. “眞正名義回復을 登記原因으로 하는 所有權移轉登記請求權 認定의 判例에 대한 批判的 檢討“, 토지법학, 제26－1호, 한국토지법학회 편, 2010. 6, 1－25면.
7. “민법(재산법)개정안중 문제조항들에 대한 의견”, 국회법제사법위원회 입법조사관들과의 민법개정안에 대한 간담회 논문, 국회법제사법위원회, 2005; 5. 30. 10:00－12:00 발표; 민사법연구(7), 법원사, 2010, 59－76면.
8. “國格과 法制: 法政策 方向으로서의 自然法”, 법연, 한국법제연구원, 2010. 4.(ISBN 2093－1247), 4－6면.
9. “敎會財産의 管理에 대한 現行 法律과 判例의 檢討”, 연세대학교 연합신학대학원 고위자과정 발표, 2010. 5. 3; 법조, 통권 제645호, 법조협회, 2010. 6, 31－77면.
10. “나의 인터뷰 내용”, 21st 연세법학, 제21집, 연세대학교 법과대학 학생회 편, 2010, 98－115면.
11. “제4편 민사법학”,중, “제1장 개설” 및 “제4장 채권법”, 한국의 학술연구, 법학 II: 인문·사회과학편 제11집, 대한민국 학술원, 2010, 273－285면, 324－339면.
12. “동산담보물권의 실행에 관한 비교고찰: 우리 민사집행법, 독일민법전 및 미국통일상법전의 실행규정을 중심으로”, 법학연구, 제20권 제4호(통권 제48호), 연세대학교 법학연구원, 2010. 12., 1－37면.
13. “日帝의 實證主義法에 抵抗한 우리 民衆의 自然法 思想과 그 實踐” － 自然法 思想에 기초한 우리 民衆의 抵抗權을 중심으로－, 법제연구 제39호, 한국법제연구원, 2010. 12, 181－221면.
14. 북한주민에 대한 한국민사법의 적용(세미나 5)의 “사회자 인사말”: 제7회 한국법률가대회<특집호>, 저스티스, 통권 제121호, 한국법학원, 2010. 12, 287－288면.
15. “독일 괴팅겐 학술원의 역사와 운영현황”, 大韓民國學術院通信(Monthly Newsletter, The National Academy of Sciences, Republic of Korea), 제215호, 2011. 6. 1., 5－10, 13면.
16. “土地法의 目標로서의 平均地權 思想”, 한국토지법학회 기조발표, 2011. 6.

24. 서남대학교 아산캠퍼스; 한국토지법학회, 2011년 하계토지법학술대회 주제발표논문집, 2011. 6. 24., 3－8 면.

17. 함철훈, "원자력배상체제의 신페러다임의 구축 필요성과 전망"에 대한 토론, 한국과학기술법학회 주최, 원전 수출을 위한 법적대비 방안(III): 원자력 르네상스 시대의 과제와 전망, 발표회, 2011. 6. 16. 화이트 홀

18, "動産, 債權 및 知的財産權 등을 目的으로 하는 登記·登錄에 의한 擔保權의 比較考察", 登記의 理論과 實務에 관한 諸問題 IV, 한국등기법학회, 2011. 9., 9－67面.

19. "Lehre der culpa in contrahendo in Korea", 독한법률학회 발표, 2011. 10. 22. 독일 Universität Halle에서 개최.

20. "韓國の法學專門大學院における法理論と法實務教育の統合: 理想と現實", 法科大學院時代における研究大學院の教育改革と展開(A New Era of the educational reforms and innovations in Graduate School of Law, Waseda University), 早稻田大學大學院法學研究科 組織的な大學院教育改革推進プログラム實施委員會 編, 東京, 日本評論社, 2011, 27－35面.

21. "Die dingliche Rechtsänderung nach dem Sachenrecht in Korea"; in: 50 Jahre Koreanisches Zivilgesetzbuch: Ein Deutsch－Koreanisches Symposium: ADeKo－Schriftenreihe 1, herausgegeben von Yu－Cheol Shin und Reinhard Zimmermann, Seoul, Bobmunsa, 2011, SS. 325－349.

22. "컨시더레이션(consideration)에 관한 小考", 한독법학 제17호, 한독법률학회 편, 화산미디어 刊, 2012. 2, 1－46면.

23. "西洋에서의 自然法論의 生成, 發展 및 影響에 관한 硏究: 古代에서부터 近世까지", 대한민국 학술원 인문사회 제4분과 요지발표, 2012. 4. 27; 學術院 論文集: 人文·社會科學篇, 第51輯 1號, 大韓民國學術院, 2012.8., 139－216面

24. "재단법인의 기본재산인 토지에 대하여 지상권을 설정함에 있어서 주무관청의 허가를 얻어야 하는지 여부"에 대한 의견개진, 법무법인 광장의 자문요청에 대한 답신, 2012. 3. 21. 제출; 법무법인 김&장의 의견에 대한 반론제출, 2012. 4. 28.

25. "監修의 글", 신탁법 해설, 법무부, 2012. 4. 23. 5－6면(총2면).

26. "根抵當權에 관한 比較法制史的 考察: 근저당권에 관한 법규정과 금융실무간의 不符合의 原因究明과 克復을 중심으로", 법조, 통권 669호, 法曹協會, 2012.6. 1., 225-283面.
27. "법학은 人類愛의 길": 법무사회지 권두언, 법무사, 대한법무사회, 2012. 5., 4-5면.
28. "근저당권에 있어서 피담보채권의 발생범위와 우선변제의 범위에 관한 비교", in: 民事法의 理論과 實際: 德泉 尹方鉉 敎授 停年紀念論文集, 光州, 금성정보출판사, 2012, 263-291면.
29. "信託의 擔保方法으로의 活用方案", 한국민법의 새로운 전개: 雲路고상룡교수고희기념논문집, 법문사, 2012. 6., 310-338면.
30. "저당권의 실행에 관한 비교", 법과 정책연구, 제12집 제2호, 통권 제26호, 한국법정책학회, 2012. 6., 693-737면.
31. "김&장 법률사무소의 의뢰에 의하여 K 교수 및 S 교수가 참고자료로 개진한 의견에 대한 반론", 2012. 5. 17. 법무법인 광장에 제출.
32. "김&장 법률사무소의 의뢰에 의하여 S 교수가 참고자료로 개진한 의견에 대한 재반론", 2012. 7. 26. 법무법인 광장에 제출.
33. "개정신탁법의 시행에 즈음하여", 선진상사법률연구(Advanced Commercial Law Review), 통권 제59호, 권두언, 법무부, 2012. 7., 1-3면.
34. "한국에서의 신탁의 역사, 유형 및 신탁법의 대개정", 신탁법국제학술회의 기조발표, 신탁법의 새로운 전계: 사단법인 한국비교사법학회 국제학술대회 자료집, 한국비교사법학회, 한양대학교 백남학술정보관 6층 국제회의실, 2012. 8. 16., 1-8면.
35. "Elektronisierung der Grundbucheintragung und deren Ergänzungen in Korea", 한독국제학술회의 발표논문, 서울시립대학교 법학연구소, 한독법률학회 공동주최, "전자시대의 법학"(Rechtswissenschaft im elektronischen Zeitalter) 주제의 한독국제학술회의(Ein bilalterales koreanisch-deutsches Kolloquium) 자료집, 서울, 2012. 10. 5-6. 123-131면 수록. 2012년 10월 5일 연세대학교 법학전문대학원 교수회의실(광복관 412호)에서 발표.; 韓獨法學 第18號, 한독법률학회, 2013, 2, 77-92면.

36. “東北亞共同體 및 東北亞普通法을 向하여”, 延邊大學 主辦(主催), 延邊大學 亞洲硏究中心 承辦(實行), 韓國高等敎育財團 贊助(後援), 豆滿江(圖們江)學術論壇2012: 多元共存與邊緣(邊方)的選擇 論文集, 2012. 10. 14－15., 323－345面; “Toward Establishing a Common Community and Common Law in the North－East Asian Region”, Tumen River Academic Forum 2012: Multi－cultures Co－existence and the Choice of Marginal Area, Collection of Papers, Host: Yanbian University, Undertaker: ARC of Yanbian University, Sponsor: The Korea Foundation for Advanced Studies, China, Yanji, 2012. 10. 14－15., pp. 323－345.
   실제로는 위의 論文을 縮約하여, “東北亞普通法의 發見과 創造”(Finding and Creating the North－East Asian ius Commune)로 발표, 豆滿江(圖們江) 포럼 2012 發表, 中國 吉林省 延吉, 延邊大學, 2012. 10. 14.
37. “Wywiad z Sang Yong Kimem: “Vorstellung des koreanischen Rechts und der ostasiatischen Rechte”, Forum Prawnicze, Numer 4(12), Poland, Warsawa, Sierpień 2012, pp. 3－8; 폴란드 Poznan 대학 Herr Prof. Dr. Wojciech Dajczak과의 서면 인터뷰.
38. “북한의 토지이용제도와 외자유치를 위한 토지임대법의 개정”, 북한법연구회, 뉴국제호텔 두메라 룸, 2012. 8. 31. 발표; 북한법연구 제15호, 북한법연구회, 2013, 109－135면.
39. “東北亞共同體와 東北亞普通法에 관한 構想과 實踐의 提案” 東北亞法硏究, Vol. 6, No. 2, 전북대학교 동북아법연구소. 2012, 9. 30., 165－197면.
40. “북한의 사회주의토지제도의 형성과 변천 및 통일 후의 처리 방향”, 부동산 Focus Vol., 53, 한국감정원 부동산연구원, 2012. 10, 64－78면.
41. “書評: 법과 정의·복지”, 金哲洙 著, 진원사 刊, 학술원 통신, 제232호, 2012. 11. 1., 18－19면: 법률신문, 법률신문사, 2012. 11. 1.
42. “추천의 글”, 원자력손해배상법, 함철훈 著, 진원사 刊, 2013, 3－6면.
43. “書評: 崔建遠 敎授 著, 物權: 規範과 學說: 中國物權法의 解釋論을 中心으로 (上, 下)“ (北京, 淸華大學出版社, 2011, (上), XIII, 1－486面; (下), XIII, 487－963面), 2012. 12. 28.

44. "晴軒 金曾漢의 生涯와 法思想", 正心法學포럼 발표, 국도호텔, 2013. 3. 31 (일). 17:30－19:20.
45. "한국에서의 제조물책임법의 내용과 제조물책임의 운용실태", 최광일 교수님 초청 동경, 학습원대학에서의 발표: 2013. 2. 23.
46. "抵當權과 利用權의 關係에 대한 比較法制史的 考察", 한독법학 제18호, 한독법학회 편, 화산미디어 간, 2013. 3. 265－318면.
47. "平均地權論": 한국토지법학회 학술상 수상 答辞, 한국토지법학회, 2013. 1. 25. 부산 동의대학교 법정대학에서 수여받음; 민사법연구(8), 법원사, 2013, 수록
48. "믿는 자의 학문하는 자세", 연세대학교 대학원생들 위한 체플 말씀, 2013. 3. 20. 12:00－13:00.
49. "역사에서 정반대의 길을 간 두 私法學者: Ulpianus와 Larenz", 법연,Vol. 38, 한국법제연구원, 2013. 3－4, 38－41면.
50. "誠軒 黃適仁 先生님께 올리는 追慕의 글", 大韓民國學術院通信 제243호, 2013. 10. 1. 15－18면.
51. "東北亞의 平和를 위한 提言", 2013년도 두만강포럼 기조발표논문, 중국 延吉, 2013. 10. 21. 발표
52. "韓國民法의 最近動向", 中國 北京 개최. 韓國法制研究院·中國航空航天大學 주최, 中·韓 韓國法論壇: 經濟成長及韓國法發展方向에서의 기조발표(2013. 11. 1.)논문, 韓國法制研究院, 中·韓 韓國法論壇 資料集, 北京, 2013.10.31－11. 1., 386—416面.; "韓國民法的最近動向與臨的課題", in: 韓國法論壇, 李源 主編, 中國政法大學出版社, 2014, 133－155面.
53. "法實證主義에 관한 一考察", 한독법학 제19호, 화산미디어, 2014, 265－313면.
54. "북한의 토지법제와 통일 후의 정책적 과제", 부동산포커스, Vol. 70, 한국감정원 부동산연구원, 2014. 3., 4－17면.
55. "근세 자연법론이 근대 민법의 제정에 미친 영향", 학술원 통신, 제249호, 대한민국 학술원, 2014. 4.1. 2－6면.
56. "誠軒 黃迪仁 先生님의 삶과 學問世界", 한국민사법학회 발표, 2014. 4. 19., 2014년 한국민사법학회 춘계학술대회 자료집 1－10면 수록; 민사법학 제67

호, 한국민사법학회, 2014. 6., 9-24면.

57. "UNESCO主催, "開發을 위한 技術: 무엇이 本質的이고 核心的인가?" 主題의 國際會議參加記, 人類의 所望과 希望을 심어가는 아름다운 마음을 가진 世界市民들의 崇高한 獻身", 대한민국학술원통신, 제252호, 2014. 7. 1., 15-24면.

58. "韓國의 傳貰權, 中國의 典權과 日本의 不動産賃借權의 比較", 토지법학 제30-1호, 한국토지법학회, 2014. 6., 281-315면.

59. "북한의 토지이용제도와 외자유치를 위한 토지임대법의 개정", 북한법연구회, 뉴국제호텔 두메라 룸, 2012. 8. 31. 발표; 북한법연구 제15호, 북한법연구회, 2013, 109-135면.

60. "根抵當權의 基本契約에의 附從性 認定에 관한 立法意見", 법률신문 제4249호, 2014. 8. 25., 12면 全面(연구논단 게재).

61. "誠軒 黃迪仁 會員의 발자취", 앞서가신 회원의 발자취Ⅱ, 대한민국 학술원, 2014. 8. 30, 182-194면.

62. "民法思想史: 로마법 발전에 영향을 미친 사상들", 학술원논문집 인문·사회과학편, 제53집 1호, 대한민국 학술원, 2014. 8. 30. 311-380면.

63. "한국에서의 특별법에 의한 물적담보제도", 동아시아민법대회 발표, 臺灣, 타이페이, 2014. 11. 30.; 민사법학, 2015. 6. 30. 게재

64. "신앙과 학문의 조화", 연세대학교 대학원 채플 발표, 2014. 11. 21., 민사법연구(9), 피앤씨미디어, 2015.

65. "純粹知性의 힘", 연세대학교 학부생 채플 발표, 2014. 11. 20., 민사법연구(9), 피앤씨미디어, 2015.

66. "誠軒 先生님의 로마法과 西洋法制史에 관한 가르침", 성헌 황적인 교수님 추모논문집, 2015.

67. "성헌 선생님의 독일법에 대한 가르침", 성헌 황적인 교수님 추모논문집, 2015.

68. "김상용 회원의 학술활동", 학술원 60년사(1954-2014), 대한민국학술원, 2014. 8., 299-300면.

69. "정곡의 학문세계와 민법사상사", 고별강연, 연세대학교 법학연구원 주최, 2014. 11. 24. 12:00-14:00, 광복관 412호실(교수회의실). 법학연구, 2015.

3. 31.

70. "노유자시설 건축허가 관련 분쟁", 2014. 8월말부터 계속.

71. "남북법령연구특별분과위원회 연말총회 인사문", 법무부, 2014. 12. 8. 18:00

72. "한국토지법학회 창립 30주년 기념축사", 韓國土地法學會 三十年史, 부산, 한울문화사, 2015, 9면.

73. "손해배상책임면제 법리로서의 合法的 代替行爲의 抗辯理論(Einwände der rechtsmäßigen Alternativverhalten)에 관한 의견서 작성·제출", 법무법인 광장, 2015. 1. 3.; "피해자의 손해최소화의무에 관한 의견서 작성·제출", 법무법인 광장, 2015. 1. 7.

74. "誠軒 黃適仁 教授님의 現代民法論 I(民法總則)에서의 가르침", 성헌황적인 교수 추모논문집, 2015.

75. "담보신탁에서의 간주취득세 부과대상자의 결정", 감사원 질의에 대한 답변, 2015. 3. 12.

76. "자연법의 재생", 한독법학 제20호, 한독법률학회, 2015. 4.

색 인

[저자 약력]

김 상 용(金 相 容)

서울대학교 법과대학 법학과 졸업(법학사)
서울대학교 대학원 법학과 졸업(법학박사)
독일, 훔볼트 학술상(Humboldt Forschungspreis) 수상(2006), 한국토지법학회 학술상 수상(2013)
독일, Max-Planck-Institut für Ausländisches und Internationales Privatrecht에서 비교사법 연구
독일, Max-Planck-Institut für Europäische Rechtsgeschichte에서 법사학 연구
독일, Trier대학교에서 토지법 비교연구
독일, Köln대학교에서 주택법 연구
독일, München대학교 가톨릭신학대학에서 교회법 연구
미국, School of Law(Boalt Hall), University of California, Berkeley에서 영미사법 연구
중화민국, 토지개혁훈련소에서 토지사상 연구
Hong Kong, 중문대학교에서 아시아문화와 기독교와의 관계 연구
일본 早稻田대학에서 담보법 연구
한양대학교 법과대학 교수 역임
한국민사법학회 회장, 한독법률학회 회장, 한국토지법학회 회장 역임
옥조근조훈장 수훈
현재: 대한민국 학술원 회원
연세대학교 명예교수

주요저서

한국법사와 법정책, 피앤씨미디어, 2014
서양법사와 법정책, 피앤씨미디어, 2014
민법총칙, 제3판, 화산미디어, 2014
물권법, 제2판, 화산미디어, 2013
채권총론, 제2판, 화산미디어, 2014
채권각론, 제2판, 화산미디어, 2014
비교계약법, 법영사, 2002
비교동산담보법, 법원사, 2011.
근저당권비교연구, 화산미디어, 2013
불법행위법, 법문사, 1997
민사판례평석(1), 법원사, 1995
민사법연구(2), 법원사, 1997; (3), 2000; (4), 2000; (5), 2004; (6), 2007; (7), 2010; (8), 2013.
토지소유권 법사상(대우학술총서: 인문사회과학 87), 민음사, 1995
미국부동산법론, 삼지원, 1986
부동산담보법(개정판), 법원사, 1996
토지법, 증보판, 법원사, 2004
부동산거래의 공증과 부동산등기의 공신력 연구, 법원사, 2008
물권법, 서울대학교 출판부, 1991
주석민법(Ⅱ): 물권법, 개정판, 법원사, 1992(공저)
민법주해[V]: 물권(2), 박영사, 1992(공저)
물권법해설(圖解,판례중심), 청림출판, 1994(공저)
민법총칙, 법원사, 2004(공저)
주석민법 제3판: 채권각칙(2), 한국사법행정학회, 1999(공저)
바다와의 대화(여행기), 법원사, 2001

민사법연구(9)

초판인쇄 2015년 4월 25일
초판발행 2015년 4월 30일

지은이 김상용
펴낸이 박노일

총괄기획 김중용
편 집 심성보 · 김인숙

펴낸곳 피앤씨미디어
경기도 고양시 일산동구 강송로 153 310-1501
등록 제396-2012-000203호
전 화 070)7550-3758 팩 스 02)718-8554
홈페이지 www.pncmedia.co.kr 이메일 pnc@pncmedia.co.kr
ISBN 979-11-5730-198-0 94360
979-11-5730-199-7 (세트)

정 가 20,000원